U0134899

家庭暴力
理論政策與實務

柯麗評　王珮玲　張錦麗
合著

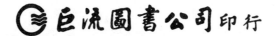
巨流圖書公司印行

國家圖書館出版品預行編目資料

家庭暴力：理論政策與實務／柯麗評、王珮
玲、張錦麗著. --初版. --臺北市：巨流，
2005〔民94〕
　　面；　　公分
　　參考書目：面

ISBN　978-957-732-219-7(平裝)

1. 家庭暴力　2. 受虐婦女

544.18　　　　　　　　　　　　93024629

家庭暴力：理論政策與實務

著　者：柯麗評、王珮玲、張錦麗
發行人：楊曉華
總編輯：蔡國彬
出版者：巨流圖書股份有限公司
地址：802 高雄市苓雅區五福一路57號2樓之2
電話：(07) 2265267
傳真：(07) 2233073
編輯部：234 新北市永和區秀朗路一段41號
電話：(02) 29229075
傳真：(02) 29220464
帳號：01002323
戶名：巨流圖書股份有限公司
E-mail: chuliu@liwen.com.tw
http://www.liwen.com.tw
法律顧問：林廷隆　律師
電話：(02) 29658212
出版登記證：局版台業字第1045號
ISBN　978-957-732-219-7 (平裝)
2005年1月初版一刷
2018年9月初版十刷
定價：420元

目錄

表次目錄

圖次目錄

家庭裡的「潘朵拉盒子」
——家庭暴力

　　從大規模的戰爭到個人之間的鬥毆，「暴力」始終是人類歷史的一部分。而發生在家庭成員間的暴力對許多人來說，雖然可能已熟悉到成為其日常生活的一部分，卻極可能是家庭裡的「潘朵拉盒子」，是不可、不敢，也不願意開啟的秘密。到底是什麼原因讓我們即便滿身是傷也不願求助？又是什麼因素讓我們寧願搗住耳朵，矇上眼睛也不願承認我們所愛的人正在傷害我們所在乎的人？

　　在個人所負責撰寫的前三篇中，將敘述的重心放在婦女身上，並非表示在我們的社會，受虐者只有婦女，事實上，也有可能是男性、兒童等。作者會以受虐婦女作為敘述的主角，僅是為了顯示家暴的受害人以女性佔絕大多數。另外，在此要特別強調的是，「受虐婦女」並非是專有名詞，更非屬於特殊人口，而是一種狀態或經驗的描述。其更精確的書寫方式應是「遭受到虐待的婦女」。而其重點乃在於女性遭到其有婚姻關係或不具婚姻關係的親密伴侶虐待時，可能會有的處境及困難。

　　誰會是「受虐婦女」？或「這些人」的情況如何？表面上這些問題似乎是一種好奇或關心的表現，然而在這些問題的背後，卻隱含著我們想要區隔自己（優越者或拯救者）與受虐婦女（劣者或不幸者）的意圖，藉由區隔，我們得以告訴自己，我們是較優秀的，或我們不至於這麼倒楣碰到這些事情。事實真的是如此嗎？這樣的心態和認為自己不可能會遭遇強暴，其實是如出一轍。事實上，不管是強暴或受虐，自古以來，有相當高比例的女性皆曾遭遇過，而這個受害者有可

能是你的親友、同學、甚至是你本身。我們對這些問題雖然這麼熟悉，卻甚少瞭解。因此與其說關心親密伴侶暴力是在協助被害婦女，制止加害人的暴力行為，不如說是在減少我們每個人受暴的可能。

在作者負責撰寫的篇幅中，試圖避免使用「個案」這樣的用詞，而儘可能以讀者可以理解的其他字眼來表達所關注的對象。雖然在台灣，個案（client）似乎是對於受協助對象的通稱，不過似乎鮮少對於這個用詞進行討論。事實上，「個案」是相對於「協助者」的一種用詞，在「施比受有福」的文化下，個案相對於協助者其實是較為不幸，甚至位階較下的一種表徵。在此種關係中，所謂的平等的伙伴關係是難以存在的。作者猶記得 1997 年於布里其維（Bridgeway）婦女中心（the Women's Center）實習時，機構不斷地強調工作人員與受虐婦女之間姊妹情誼（sisterhood）的互助平等關係，而這種平等關係的基本實踐則是不再稱呼當事人為個案，而是以名字稱呼，即便是在對外的會議中，亦以其他如「婦女」之類更不具標籤作用的稱呼代替。

很榮幸有機會與王珮玲老師、張錦麗老師合寫這本書，有她們二位的貢獻，使得此書內容倍增豐富。雖然我個人選擇在此時參與撰寫，然而學習過程乃永無止盡，而個人所知是如此有限，儘管如此，個人仍願意盡最大努力將所知分享社會大眾，也歡迎前輩同修們不吝賜教。

柯麗評僅識

民國 93 年 8 月

因緣際會的理念實現

身為一個女性，讓我對婦女受暴議題有更深的領悟，因此當八○年代初期，家庭暴力議題在台灣逐漸發酵時，我一直都在旁「偷窺」，直到七年前有一天，因緣際會中，我主動表達了我對這個工作有興趣，大門就此敞開，一腳踏入，從此豐富了我的行囊。

在警政署刑事警察局及內政部家庭暴力防治委員會工作期間，吸收許多寶貴的養分；在與婦女團體溝通協調時，擴大了我的視野；而在會議桌上與各相關單位尖峰相對、聲嘶力竭時，我體會到原來彼此瞭解並不是那麼容易。而每次與第一線警察朋友接觸時，都是我最高興的時刻，但也常是苦惱的壓力源，深刻感受到他們的用心，心生喜悅，但也經常面臨他們提出許多令我無法招架的問題，我只好回來閉門苦思，潛心閱讀，希冀從前人的經驗中找尋解決的可能。

就在自己跌跌撞撞之時，麗評來邀我共襄盛舉，為台灣家庭暴力防治工作寫下一點東西，心念一轉，寫作不也是理念實踐最好的一種方式？答應之後，又剛好面臨博士論文最後衝刺階段，延宕進度多時。直到年初來到暨南大學，教授研究所「家庭暴力防治學程」，教學相長，在優質的學術環境中，才得以沉靜的將這幾年的心得與經驗，透過書寫，反哺於助我良多的婦女保護運動。

在這期間，我要感謝錦麗與麗評不時的督促，美妙的合作經驗，讓我滋潤其中。而書寫過程中，刑事警察局、內政部家庭暴力及性侵害防治委員會的同事情誼，暨南大學社會政策與社會工作學系老師與學生的鼓勵，以及許多在司法、警察、社工體系及婦女團體的朋友，或提供資料、或是提出見解，都豐富了我寫作時思考的視野。

　　在本書中，我負責的是第四篇有關警察系統、檢察系統與法院系統的回應，以及民事保護令制度，共計四章，這些主題都是我長期以來關心的範圍，但所學與所知相當有限，野人獻曝，尚祁多予指正。

　　我的二個兒子，宇哥和庸弟，常常看到他們的媽媽對著電腦敲著鍵盤喃喃自語，我告訴他們我在抒發有關男女平權的理念，希望這二位小朋友長大成為公民社會的一員時，能將這一幕記在腦海中。

王珮玲僅識

民國 93 年 8 月

在偶然中實踐，在困境中成長

　　十七年前在一個偶然的機會進入現代婦女基金會，參與家庭暴力防治的實務工作，從被害人的輔導協助到相關制度的建構，甚至進行法律的催生，一路走來，總是感慨傳統父權社會結構，對家庭暴力防治工作所造成的困境與阻礙，而文化的改變絕非朝夕間事，而是透過觀念的反思檢視與法制的重新建立，才能形成新家庭文化，邁向兩性平權與尊重的具體實踐。

　　為此，我將熱愛的家庭暴力防治工作納入我公益的服務範圍，並開始到學校教書，進行文化重構的努力。多年來，我感謝現代婦女基金會的工作伙伴，站在服務與倡導的第一線，不僅提供我許多工作的靈感與動力，也在困境中努力相挺，度過風風雨雨的歲月。此外，我也十分珍惜因為防治工作的推動，而與許多機構或單位的朋友，建立了革命情感與工作情誼，珮玲、麗評是因此結識，也是我防治工作不可或缺的重要伙伴，常在她們的支持與鼓勵下，使我在挫折中，依然能繼續向前，這本書的問世也是在麗評不斷的催促與珮玲理想的引領下誕生。最後我也要謝謝我警察專科學校、台北大學以及暨南大學的學生朋友們，他們常在課程之餘，給我很多的刺激與溫暖，豐富了這本書的內涵。

　　本書的特色不僅包含理論，也兼及實務，而涵蓋的範圍，也不僅於社政，更擴及醫療、警察、檢察與法院的相關防治內涵，換句話說，本書的企圖即是透過多元整合的觀點，描繪家庭暴力防治的現況與藍圖。而我負責的範圍包含第十章醫療系統的回應、第十五章網絡建構與運作，以及第十六章防治成效評估，雖然目前防治網絡的建構

困難重重，成效評估也只是在起步的階段，不過令人欣喜的是總是有了開始，既然已經啟動，就大有可為，因此我們三位作者均堅持將其納入。本書除參閱許多先進的智慧結晶，也包含我多年的工作心得與看法，不成熟處，還望家庭暴力防治先進不吝指教與批評，期望後續改版時，能更形周延。

張錦麗僅識

民國 93 年 8 月

導讀

王珮玲

　　本書在撰寫之初，首先即面臨定義問題。「家庭暴力」不是一個本土自發性產生的名詞，而是從西方社會所翻譯過來的用語，就是在美國，對於描述類似概念的名詞，也有多種的用法。諸如限縮於傳統有血緣或姻親關係所組成的家庭者，用 family violence；將家庭觀念擴充至較大包容範圍的，用 domestic violence；上述這兩種用語，其因行為人的身分與關係，又可細分為婚姻暴力（marital violence 或 spousal abuse）、較廣意的親密伴侶暴力（intimate violence 或 partner abuse）、兒童虐待（child abuse）、老年虐待（elder abuse）及手足間暴力（sibling violence）等，相當廣泛，相關探討的現象、理論或政策，有所區分，不一而足，這對於作者而言，必須有所選擇。

　　三位作者在討論之後，決定將本書討論重點放在親密伴侶暴力（intimate violence），並且將焦點集中在婦女受暴，這個方向一方面符合三位作者的研究興趣，一方面也反映出台灣地區家庭暴力議題中最普遍、最嚴重的親密關係暴力問題。而為什麼捨「婚姻暴力」而就「親密伴侶暴力」？婚姻暴力通常意指夫妻、前夫妻或實質夫妻關係者。「婚姻」二字明確地點出了暴力雙方的關係，不過卻也相對地排除了在大多數國家目前仍無法認可但其關係的親密程度不見得疏於夫妻關係者，如同性戀伴侶。除此之外，無婚姻亦無同居關係的男女朋友似乎自然亦被排除在婚姻的定義之外。有鑑於此，親密伴侶暴力的用詞似乎更能擴括不同關係、性別所組成的親密關係間的暴力。

　　但在書名的選擇上，我們還是回到了「家庭暴力」這個逐漸為台灣社會所熟悉的用語，這有讀者接受度的考量，然這中間的轉折與差

異，是作者希望提醒讀者閱讀本書之前，有所注意的。

　　對於一個問題的闡釋，學術的訓練告訴我們需從現象面觀察起，再來是理論探索，應用科學則接下來會進入到實務操作面的問題研究與成效評估，本書的編排基本上即循此架構。在第一篇緒論中，我們解釋家庭暴力問題的特殊性，也引用了許多官方統計資料來說明問題的嚴重性，但必須注意的是，官方統計所能呈現的僅是冰山之一角。在同一篇第二章中，我們對家庭暴力議題的沿革，從美國反婦女暴力運動談起，進而就發生在我們這塊土地上的歷史，作第一手的描述，因為三位作者之一的錦麗，是家庭暴力防治法立法運動主要推手——現代婦女基金會的執行長，她提供了詳實的立法過程資料，讓本書在傳承上得以有所貢獻。

　　第二篇開始，進入到親密伴侶理論的探討，第三、四章首先就親密伴侶暴力的形式、迷思、暴力循環、受虐婦女困境加以說明，這對於澄清婦女受暴的觀念，有所助益。第五章介紹了學術界目前探討親密關係暴力三個主要觀點：心理學（個人因素）、家庭社會學（家庭互動因素）及女性主義觀點（社會文化因素），雖然介紹篇幅不長，但要義均已包含。

　　第三篇共計有四章，主題是探討社會工作處置與受虐婦女的介入，在這一篇中，為使讀者能有所連貫，由三位作者之一的麗評一氣呵成。作者有相當豐富的個案工作與督導經驗，對於社工人員的角色與工作內涵，有深刻的反省，希望傳達建立平等陪伴關係的理念。第八、九章，著重的是社會工作實務面，介紹社工介入模式與個案工作模式。作者特別提到社會工作方法本身是相當多元有變化，在本書中雖只介紹四種工作模式，此乃篇幅所限，希冀從事社工實務的讀者從中領略後，在工作上能靈活發揮。在第三篇的最後，第九章多元文化訓練與工作人員的自我照顧，是本書當初在構思時，念茲在茲要特別

放進來的。本來是希望對目前台灣社會多元文化家庭及不同於傳統異性家庭概念的同性伴侶間所遭遇的暴力問題，在本書中亦能有所分析，後因作者群均為雜事所羈，僅能就「多元」的概念與訓練有所略及，不足之處，待將來有機會修正時再予補充。另保護性工作人員的次級創傷，一直是我們心疼的問題，所以在此有所提醒。

　　第四篇是一個大膽的嘗試，三位作者試圖將實務上有關的系統都一網打進，包括醫療、警察、檢察及法院系統，但後來思考，仍遺漏掉教育與傳媒系統，這是作者群讓本書將來有再版修正的藉口之一。那為什麼說是大膽嘗試呢？因為至今我們尚未在國內任何一本相關書籍中，找到如此橫跨各領域分析的架構內容，雖然網絡運作在台灣已經是相關領域工作者的 ABC 認知。在這一篇中，由我負責有關廣義刑事司法系統內各體系的撰寫，包括警察、檢察、法院等三個系統，外加與司法有關係的民事保護令制度章。醫療一章由另二位作者負責。除了警察系統在台灣還有一些警察學者作過些研究外，醫療、檢察、法院系統則是大家很少涉及的，而民事保護令制度又是一個嶄新的制度，故皆以國外的參考資料居多。但另一方面，我們時時提醒自己要貼近現況，以讓讀者們瞭解實務運作情形，因為這對在學學生的訓練非常重要，也對實務工作者提供思辯的方向，爰在各章中均有實務狀況分析、相關影響因素探討，以及防治政策的展望等。

　　接著第四篇呈現的野心，第五篇即對網絡建構與運作予以詳細說明。這一篇由錦麗單獨執筆，借重她多年來倡導網絡概念的功力，從概念、方法至步驟，希冀引導讀者深刻瞭解，如何在實務操作中實踐網絡合作。最後一章我們安排的是防治成效評估探討，成效評估雖然是行政管理學的概念，但卻是網絡每一領域工作者均需瞭解的。作者依家庭暴力防治工作之內涵，將評估分類為方案評估、個管評估及業務評鑑等三部分說明，兼顧理論與實務，為本書作了一個完整的結束。

　　讀者若仔細閱讀本書，或許會發現三位作者筆風不同，切入角度殊異，然而想法卻同時在書中流轉呈現。習於追求一致性的讀者或許會感到不適應，不過，這種個別性的保留，乃是期待經由三位作者不同角度的切入，提供讀者更多元的思考，也符合了後現代主義所追求的包容與豐富，而非期待一致性與標準答案，在這些不同思緒的切磋之中，讀者或可找到屬於自己的答案，若果真如此，三位作者亦將為讀者感到高興。

　　最後，我們希望提醒讀者，貫穿本書，我們將家庭暴力視為是一個人權問題，防治家庭暴力，是希望保護被害人的安全需求，科以加害人責任、終止暴力。這是三位作者最衷心的想法，與各位分享之。

第一篇
緒論

前言

　　長久以來，親密伴侶暴力始終是頗具爭議性的議題，這當中除了牽涉到對家庭界線的界定外，社會文化，甚至法律，在不同的時空背景下，如何賦予不同性別權力的合法性，亦影響到發生在親密伴侶中的不同暴力形式與對象，會怎麼樣地被看待與被處理。

　　因此，在探討親密關係暴力此議題時，除了需要做整體性的問題分析，以對問題有個概括性的瞭解外，如何能夠進一步檢視我們是立基於何種基礎，以什麼樣的眼光在詮釋這些事件，將有助於我們不只是停留在「問題」上，而能夠敏感到「問題」是如何地被界定與建構。許多時候，在某個時空底下，被認為理所當然的個人或家庭私事，轉換到另一個時空，卻成了個人或社會深惡痛絕的公共事務。當然即便是所謂的「公共事務」，仍脫離不了在對議題的界定過程，權力運作所產生的巨大影響。

　　為了導引讀者對家庭暴力有整體性的瞭解，本篇的內容除了採用內政部的家暴通報數據，讓讀者對台灣的家庭暴力現象有些初步的瞭解外，亦從歷史的角度，探討在不同的時空脈絡下，親密關係的暴力是如何因當代的價值觀念，而有不同的界定。當然，跟隨著這些界定，會有不同的政策作為回應。

第一章
家庭暴力的現象探索

　　「發生在家人，特別是親密伴侶之間的暴力和一般陌生人間的暴力有何不同？」相信是許多人的疑惑。而在此疑惑未解之時，緊接著會遇到另一個疑問是家庭的「隱私性」是否具有無限上綱？即便是家庭成員因為其他成員的暴力虐待，造成精神損傷、身體傷亡時，「隱私性」作為拒絕公權力介入的理由之合法性是否仍然存在？本章在進入親密關係虐待更深入的探討之前，試圖先以簡短篇幅回應以上這些問題。就以對問題探討的周延性來說，一、二千字的篇幅，實難以清晰地釐出箇中的爭議，與隱含在這些爭議背後的價值觀念。不過，即便如此，作者仍試圖提出一些看法，期待經由這些討論，拋磚引玉，引發更多對於家庭暴力，特別是配偶虐待，或更廣義的親密伴侶虐待，能有更深入的思考。

　　家庭暴力此議題，除了在界定上不易以外，如何統計以瞭解整體現象，不但考驗著相關的專家學者，即便連握有最豐富資源的中央部會，都面對資料蒐集與統計的困難。雖是如此，家庭暴力在家暴法實施，依法設置家暴中心與訂定通報制度之後，似乎有了初步的統計資料，也讓國人對家庭暴力的嚴重程度不再多停留在臆測，而與事實似乎再靠近了一點。由於資料建構需要時間與經驗累積，因以作者雖有心期待能在資料呈現上，從家暴法實施之後做一全面回顧，然礙於統

計資料本身的限制，在本書仍以民國 91 年與民國 92 年做比較，並拉出民國 92 年的統計數字做更仔細的分析，以讓讀者對台灣的家庭暴力，特別是婦女在配偶或同居關係中遭受到的暴力虐待，有個大概的圖像。

第一節　問題的特殊性

「家」對人們而言，常容易被設定為最安全、最溫暖的地方，也是人自出生後所接觸的第一個社會單位，對個人的人格價值觀念的培養產生極大的影響。傳統上，「家庭」被認為是個具有高度隱密性的單位，這種隱密性特質除了可保護個人，使個人不需要完全地暴露在外，身心可得到適度的休息以外，隱密性特質也相當程度地隔絕了外界的干擾，使得家庭可以成為一個獨立運作的空間。長久以來，這樣的獨立運作空間一直都是被高度尊重的，而外人的介入既不被鼓勵，甚至是以「清官難斷家務事」清楚地暗示外人即便是介入，有可能也會在不了解狀況下，越幫越忙。

另外，長久以來，不論是在西方或東方文化裡，在以男性為中心的思考之下，女性及兒童並不被認為是獨立的個體，而是以先生、父親或兄長為主的附屬品。既然在家庭結構上清楚地標的主從關係，如何控制利用附屬品似乎也就成了主體的合理權利了。

這樣的思考方式在婦女及兒童人權逐漸抬頭之後，開始受到嚴重的挑戰。「女人、兒童不是男性的財產」的呼聲四起。一時之間，婦女及兒童人權似乎已經可以和男性並駕齊驅；然而當暴力發生在家庭成員之間，尤其是婦女身上時，外人，尤其是具有公權力的政府要不要介入，成了最大的爭議。

家庭的「隱私性」是否具有不可侵犯的神聖性？即便是家庭裡的

成員已經嚴重地遭受到傷害，甚至生命安全遭受到威脅時，其隱私性是否仍應予以高度的尊重，成為外界不可侵越的「護城河」？家庭的隱私性和人權孰重孰輕？另外，和婦女比較起來，兒童不管是在保護自己或行為之自主能力上，都被認為是較薄弱的，是否因此兒童保護的工作就比婦女保護的工作重要？婦女是否因為是成人而可以被假設於遭受到伴侶虐待時，是沒有問題可以自我保護的？這樣的假設是否忽略了婦女的真實處境，及其在長久遭受到伴侶虐待之後的狀況？如果要提供相關的服務給婦女，是否應該先摒除以服務提供者為主的「當事人應該……」的思考模式，而能從當事人的角度發聲？

　　一個國家是否正視「婦女受虐」為社會問題，牽涉到這個國家對於婦女人權重視的程度及其所持有的集體家庭觀念。也就是說，當婦女人權微弱，而以男性為主的傳統家庭結構（含一夫一妻或一夫多妻婚姻形式）是主流時，婦女受虐這個議題極可能被掩蓋在「家務事」的思考之下，不被重視。

　　台灣在家庭暴力防治法通過後，「家庭暴力不是家務事」的觀念才得有機會加以推動，然而徒法不足以自行，社會大眾甚至是家庭暴力防治工作相關人員仍普遍存有「家庭暴力是夫妻倆之間的事」的迷思。

　　而一個男性在家裡打了老婆一巴掌和在街上給路人一個當頭棒喝有何不同？為什麼不能將打老婆的行為視為只是一般的暴力事件？這個議題曾引起不少討論。許多施虐的男性承認當其和陌生人起衝突時，確實也會想給對方好看，然而由於無法確定憤怒發洩後可能得付出的代價有多大，因此不敢輕舉妄動。但是面對家裡那位難做反抗的太太就不同了，因為評估打了人自己依然可以全身而退，因此不需要有太多顧忌，儘可發洩（Eliasson, 2001）。這段引述，充分顯示出在暴力的家庭中，施虐者和被虐者之間其實存有著相當不平衡的權力關係。

　　另外，由於施虐者和受虐者之間具有親密的關係，因此當暴力發

生時，受到傷害的不只是身體，還包含心理。尤其親密關係是個人愛人與被愛需求的重要來源，因此當暴力發生時，對於受虐婦女所造成的傷害，除了身體上可見的傷口外，還包含信任關係的破壞，背叛對個人所帶來的強烈殺傷力。這些負面影響皆顯示親密伴侶之間的暴力其後座力絕對遠大於被陌生人傷害。另外，和其他關係比較，親密關係，尤其是配偶之間的關係是較具有持久性的，換句話說，被虐者即便是遭受到暴力虐待，很容易礙於感情等因素而不能一走了之（Pence, 1999）。也正因為如此，親密關係之間一旦發生暴力虐待，其對於個人所造成的破壞性，勢將如同洪水猛獸般，輕微者挫傷了個人的心智，嚴重者斷送了個人的性命。

第二節　台灣親密伴侶暴力問題概況

　　台灣的親密伴侶暴力問題有多嚴重？由於長期以來缺乏較精確的統計調查，因此各項報告統計數字差距頗大。例如民國 81 年台大馮燕教授抽樣調查了 1,316 位婦女，其中高達 460 位，也就是 35% 的婦女表示曾經遭受到先生的虐待（馮燕，1992）。同年台灣省社會處（1994）對國內 16 歲以上婦女進行「台灣婦女生活狀況調查」，受訪婦女中約 17.8% 的婦女承認曾經遭受到先生的毆打。民國 84 年，福爾摩沙基金會（1995）進行了一項「1995 台灣婦女動向調查」，報告中顯示約 17.8% 的婦女表示曾遭到先生的肢體虐待。內政部於民國 87 年所做的問卷調查，約有 3% 的受訪婦女表示在最近一年內曾遭受到先生的肢體虐待（內政部 1998a）。若依照社會司所公布的同年台閩地區 15 歲以上的已婚婦女人口 4,835,294 人（內政部，1998b）來估算，則可粗估同年台灣共約有 146,786 位婦女在過去一年內曾遭受到先生的暴力虐待，而已婚婦女曾遭受過先生肢體虐待的比例亦可

推估在 15% 以上，而這尚不包含肢體虐待以外的精神虐待 [1]、經濟控制等其他虐待的型式所可能造成的受害人口。

在家暴法實施後，各縣市家暴中心成為受虐婦女 [2] 求助相當重要的窗口，每年求助人數皆在上萬之普，例如單單民國 92 年各縣市家暴中心家暴通報件數 42,056 件中，親密伴侶暴力案件即佔全部案件的 69%（參見圖 1-1），而婦女在婚暴案件當中通報比例更高達 95.9%（參見表 1-1），佔全部通報人口 66% 到 67% 之間（參見表 1-1、圖 1-2）。

圖 1-1　民國 92 年台灣各縣市家暴中心通報案件類型比

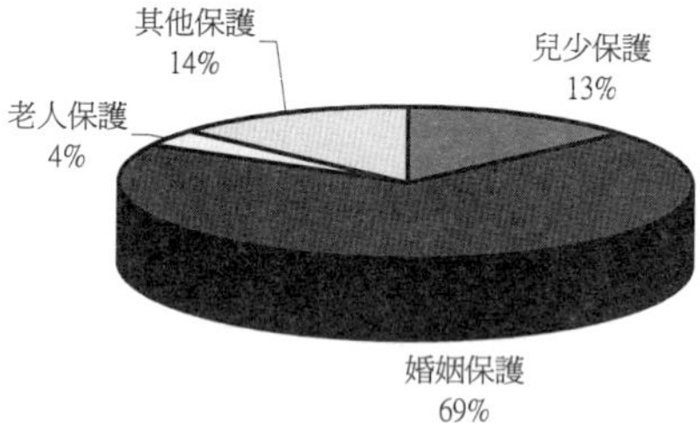

其他保護 14%
兒少保護 13%
老人保護 4%
婚姻保護 69%

附註：1. 合計總案件量為 42,056。

2. 各類行案件量分別為：

家暴類型	兒少保護	婚姻保護	老人保護	其他保護
件數	5,605	29,267	1,508	5,689

資料來源：內政部家暴委員會。

---

[1]　虐待的原文為 abuse，意指在一個關係中，任何涉及為控制另一個人的行為皆稱之，而毆打（battering）是指以脅迫或情緒上、心理上、肢體上以及性虐待皆稱之。目前在司法上或家暴中心之案件受理上仍以身體虐待為主要認定。

[2]　本文所說的「受虐婦女」原意應指曾經或當下遭受到肢體、精神虐待、經濟剝奪的婦女。全文應為「遭受到虐待的婦女」以表達其處境。「受虐婦女」並非是一個專有名詞，僅只是一種簡述，而非指特定人口群（劉慧玉，1999）。

圖 1-2　民國 92 年台灣各縣市家暴中心通報案件各類型案件性別佔總件數比

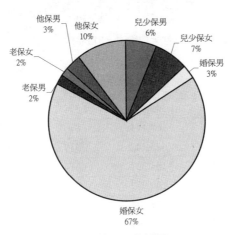

附註：統計數字和表一的差異乃四捨五入的結果。

表 1-1　民國 92 年台灣各縣市家暴中心通報人數性別比

兒少保護: 5,606			婚姻保護: 29,267			老人保護: 1,508			其他保護: 5,686			總件數: 42,056	
性別	通報人數	佔類別比	佔總件數比	通報人數	佔類別比	佔總件數比	通報人數	佔類別比	佔總件數比	通報人數	佔類別比	佔總件數比	通報人數	佔總件數比
男	2,693	48.0%	6.4%	1,201	4.1%	2.8%	702	46.5%	1.7%	1,349	23.7%	3.2%	5,943	14.1%
女	2,912	52.0%	6.9%	28,066	95.9%	66.7%	806	53.5%	1.9%	4,337	76.3%	10.3%	36,113	85.9%

資料來源：內政部家暴委員會。

　　而民國 92 年因遭受到親密伴侶虐待而通報的婦女人數 28,066，佔同
年女性總人口 11,089,488 的 0.25% 或 20 歲及以上婦女人口 8,122,145
（內政部統計處）的 0.35%（參見表 1-2）。可以預期，若扣掉 20 歲及
以上婦女人口中，無親密異性關係者，則台灣婦女因遭受到同居人、
前夫、或現任配偶肢體虐待的比例將會再大幅提高。

　　若進一步將各縣市婚暴通報婦女人數對照其同年縣市婦女總人

表 1-2　民國 92 年台灣各縣市家暴中心婚暴案件通報數與婦女人口分析對照表

縣市名稱	女性總人口數	20 歲以上女性人口數	婚暴婦女通報件數	婚暴通報件數佔婦女人口比	通報件數佔20 歲以上女性人口比
台北市	1,335,396	1,024,025	3,584	0.27%	0.35%
高雄市	750,633	562,054	2,802	0.37%	0.50%
台北縣	1,826,025	1,345,497	4,554	0.25%	0.34%
宜蘭縣	224,446	164,141	810	0.36%	0.49%
桃園縣	890,029	625,242	1,439	0.16%	0.23%
新竹縣	219,952	154,327	614	0.28%	0.40%
苗栗縣	266,678	192,937	730	0.27%	0.38%
台中縣	742,241	524,646	1,861	0.25%	0.35%
彰化縣	635,299	458,716	1407	0.22%	0.31%
南投縣	258,869	189,349	969	0.37%	0.51%
雲林縣	350,315	260,836	656	0.19%	0.25%
嘉義縣	265,067	198,507	789	0.30%	0.40%
台南縣	536,013	400,750	773	0.14%	0.19%
高雄縣	596,052	443,401	1947	0.32%	0.44%
屏東縣	433,624	320,760	1,175	0.27%	0.37%
台東縣	113,481	83,669	140	0.12%	0.17%
花蓮縣	166,464	122,079	666	0.40%	0.55%
澎湖縣	44,313	33,479	154	0.35%	0.46%
基隆市	192,009	143,025	414	0.22%	0.29%
新竹市	188,719	135,312	768	0.41%	0.57%
台中市	512,437	368,017	735	0.14%	0.20%
嘉義市	134,685	97,984	480	0.36%	0.49%
台南市	374,031	249,339	561	0.15%	0.23%
金門縣	28,921	21,261	36	0.12%	0.17%
連江縣	3,789	2,792	2	0.05%	0.07%
合計	11,089,488	8,122,145	28,066	0.25%	0.35%

資料來源：（總人口數：內政部戶政司）；（各家暴中心通報件數人口數：內政部家暴委員會）。

口[3]，可發現不管是以全縣市總婦女人口數計算，或僅以 20 歲及以上婦女人口數作為母數，新竹市、花蓮縣、南投縣、宜蘭縣、高雄市所佔比例皆比其他縣市為高（參見表 1-2 、圖 1-3）。其實，不管是經由問卷調查或實際婚暴通報婦女人數來看，可以推測的是台灣的婦女因親密伴侶暴力而受害的人口絕不在少數。

圖 1-3　民國 92 年台灣各縣市家暴中心婦女婚暴通報件數佔總婦女人口及 20 歲以上女性人口比

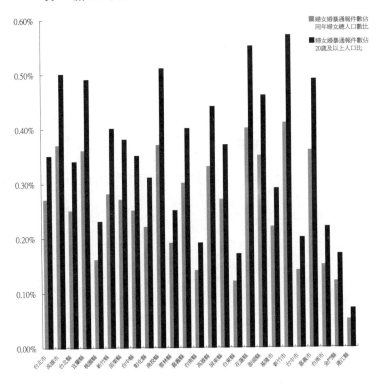

────────────────

比較民國 91 年與民國 92 年的通報件數，可發現相較於其他類別，婚姻暴力增加幅度最高，光是民國 92 年就比民國 91 年多了 2940 件，另外，除其他保護類別亦增加了 1277 件外，其他類別則呈微幅上升的情形（參見圖 1-4）。若以性別的角度切入，會發現，男性在各類型的增加幅度上，以老人受虐最高，比起民國 91 年，民國 92 年增加了 3.2%，其次是兒少虐待，亦提高了 2.2%（參見圖 1-5）。反之，相較於民國 91 年，民國 92 年女性在各類別則呈現一致或下滑的情形（參見圖 1-6）。在總件數的性別比較上，亦呈現出男性微幅上揚，以兒少虐待為主（參見圖 1-7），女性些微下降，特別是在婚姻暴力部分，比起民國 91 年，民國 92 年下降了 2.5%，其他則差異不大（參見圖 1-8）。當然若從受虐總人口數做性別比較，女性仍是主要受虐者，例如比起民國 91 年，民國 92 年女性因受虐而被通報的人口數就增加了 4234 人，主要集中在婚姻暴力，相對的，男性所增加的 1232 人，主要分布在兒童及老人受虐案件上（參見表 1-3 、圖 1-7）。

圖 1-4　民國 91 年與 92 年各類型家庭暴力通報件數比較圖

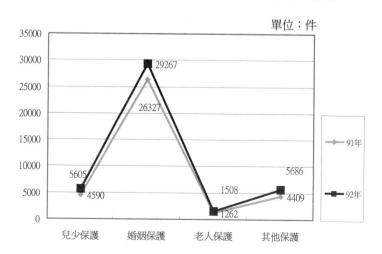

單位：件

圖 1-5　民國 91 年與 92 年男性在各類型家庭暴力通報件數比例比較圖

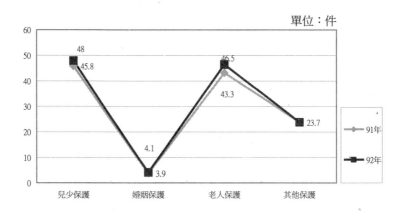

圖 1-6　民國 91 年與 92 年女性在各類型家庭暴力通報件數比例比較圖

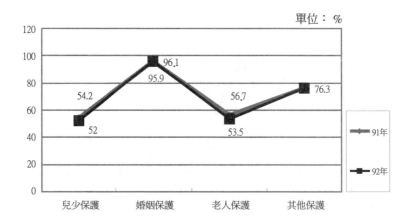

圖 1-7　民國 91 年與 92 年男性在各類型家庭暴力佔通報總件數比例比較圖

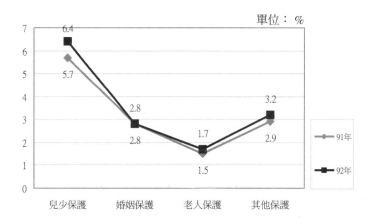

圖 1-8　民國 91 年與 92 年女性在各類型家庭暴力佔通報總件數比例比較圖

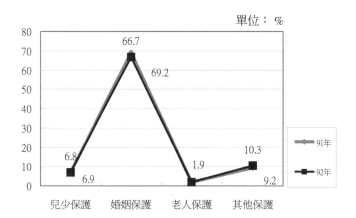

表 1-3　民國 91 年與 92 年因受虐通報之性別件數比

年度 ＼ 件數 佔比	通報總件數		佔總件數比例	
	男	女	男	女
91 年	4711	31879	12.9%	87.1%
92 年	5943	36113	14.1%	85.9%

　　當然以家暴通報件數來推估婚暴被害婦女盛行率在統計之精確度上是需多所保留的，因為截至目前為止，各縣市家暴中心對婚暴定義仍難有一致共識，因以受理開案態度不同，另外，礙於家暴業務繁重，許多縣市家暴工作常是同時委由多個民間團體一起辦理，此亦增加了資料蒐集統計的困難。

第二章
姊姊妹妹站起來
——美國與台灣反親密伴侶暴力史介紹

　　親密伴侶的暴力，很可能和人類的歷史一樣長久，然而在不同的年代，對於親密伴侶虐待發生原因的解釋與處理方式差異常常很大，此乃深受到不同年代社會、政治、與文化環境的影響。在這一章，藉由美國與台灣對親密伴侶虐待，特別是親密伴侶暴力防治立法沿革的回顧，引領讀者從歷史的脈絡裡，探索親密伴侶暴力在不同年代是如何被定義與對待。

　　美國雖然在婦女權益、兩性平權的觀念上非居世界之首，然而由於台灣近年來有關婦女權益之倡導工作受到美國影響頗深，因此以下仍以簡單的篇幅介紹美國受暴婦女權益倡導的沿革，並說明台灣家庭暴力防治法之立法過程，以協助讀者瞭解婦女受虐此議題如何從被壓在箱底不見天日，到得以立法進行保障。

第一節　親密伴侶暴力
　　　　——個人私事？社會問題？誰來界定「真相」

　　親密伴侶暴力究竟是私人之間的事務或公共議題？不同的年代對於「社會問題」的界定差異往往很大，在某些時候不被認為是問題的，到了某些年代，卻很可能成為全民運動。由此可見，社會問題的

界定並非是獨立超然，憑空創造。如何界定社會問題牽涉到人們對於「真實」（reality）的認定，在自然科學，事實的認定可能較無爭議，然而在社會科學，事實的認定經常受到文化歷史脈絡、政治、與意識型態等因素所左右。因此，人們所認定的「事實」，深受其環境所影響，而人們亦參與「事實」之建構。在建構的過程，每個個體對於建構「事實」所具有的影響力並不相同，而是深受到個人在社會中所擁有的權力大小所影響，也就是說，個人常藉由其權力將主觀的認定擴展到社會客觀事實的建構上（Mann, 2000）。

　　長久以來，不同的體系或個人對於親密伴侶暴力的看法始終存有相當大的歧異。親密伴侶暴力究竟僅是個人之間的私事或是社會問題？定義不同，不僅影響我們對於問題的看法，也直接關係到政府與社會大眾介入之正當性（validity）與其責任歸屬。事實上，若探究整個反婦女受暴的歷史沿革，將可發現親密伴侶暴力究竟應屬於私領域愛人之間的爭吵，或是至關國民生活生命保障、國家發展的犯罪問題，如何認定乃受到當代女性於政治經濟社會所掌握的權力大小所影響。因此在探討親密伴侶暴力究竟應屬於家務事或社會問題時，恐怕不能只是從發生的事件本身探討，還應檢視我們所處的歷史脈絡、社會文化與權力結構如何深化我們對於事情的看法，包含對於不同性別的權力與角色界定。

　　因此，若從權力影響事實的建構，歷史、政治與意識型態關係著社會問題的界定這個角度來看，就不難理解對於親密伴侶暴力，雖極可能是自有人類以來即有的問題，然而為何直到晚近才逐漸受到注目，而早期的研究為何大多從受虐婦女身上找答案，從其個人特質等進行分析，直到晚近受到女性主義與反婦女受暴運動（violence against women movement）的影響才開始從外在的環境文化因素切入，瞭解到底是什麼原因阻擾了這些婦女離開虐待的關係（Kanuha,

1996）。到底是什麼因素導致遭受到虐待的婦女無法離開，不同時代的解釋往往反映了當代的意識型態，及其對於女性權益重視的程度。

第二節　美國受暴婦女權益倡導沿革

　　若翻開美國受暴婦女運動史，將可發現這個由被毆婦女與倡導者所主導的運動（Frederick, 2000），其過程就如同女性權益倡導史一般，充分顯現了女性如何從完全處於被宰制的困境到權益逐漸受到重視。

　　在英美法體系，家庭事務之裁決權一般歸屬於教會法庭（church court），法庭後來雖然與教會脫離，不過立基於宗教教義的法律規定仍將毆打太太視為理所當然（Schornstein, 1997）。美國的法律其主要源頭有二，一是由法官主導制定的一般法（common law），另一個則是由立法機關訂定。一般法的制定過程，是由法官依其對法律相關議題的意見，透過案例制定而成。而沿革自大英帝國一般法（the British common law）的美國一般法，乃於 1761 年由 William Blackstone 法官編訂而成，在法條的內容上，不僅反映了法官的意見，亦顯現了社會的主流價值與規範（Schornstein, 1997）。例如在法律規定中即明文允許一個先生可以以不超過其拇指粗的棍棒「教育」他的太太。這個規定一般被稱為「拇指條款」（rule of thumb）。到了 1824 年密西西比州（Mississippi）的高等法院正式賦予先生合法權利可以毆打其太太，隨後其他州很快跟進（Frederick, 2000）。

　　法院視太太為先生的財產，及不願介入先生虐待太太這種所謂的瑣事的態度或許可由 1864 年北卡羅來納州（North Carolina）高等法院的一段陳述作為例證：「一個先生不應該因毆打太太而被判刑，除非是造成太太永久的傷害，或過度地使用暴力，或因為先生的怨恨報復

的心態而有相當殘酷的行為對待時，方可加以處置，否則，法律是不會侵入（invade）家庭事務，管到窗簾內所發生的事情」（Schornstein, 1997, pp.18）。這種對於婦女非常不合理的對待到了 1870 年代稍有了些改變，許多州體認到這種賦予先生權利可以毆打太太的法條是殘忍且不正義的，於是開始採取拒絕的動作。1871 年麻塞諸色州（Massachusetts）和阿拉巴馬州（Alabama）首先廢除此毆打法條（彭淑華等，1999），並且認為以往經由結婚戒指所賦予先生管教太太的責任，以及太太因戴上結婚戒指之後成為先生的附屬品的觀念已不復存在（Schornstein, 1997）。1874 年北卡羅來納州正式終結拇指條款，明文規定在任何情況之下，先生沒有權利懲戒他的太太。表面上，司法系統似乎已體認到先生毆打太太的不合理，然而面對親密伴侶暴力案件時，警察仍不願逮捕施暴的先生，檢察官亦不願對此類案件起訴，而法官則認為如果先生暴力使用的情況不是太嚴重，沒有造成太太永久的傷害，或會立即危害到太太的生命安全的話，則對於這種事情最好的處理方式是拉上窗簾，別讓大家看到，讓太太和先生一起去學習遺忘和原諒！傳統對於婚姻的觀念再加上長久以來一直認為先生有規訓（discipline）太太的特權，使得警政司法系統皆沒有意願介入婚暴案件（Schornstein, 1997）。而法條的修改似乎只能說是從積極地賦予先生有權虐待太太到消極地接受太太有不被虐待的人權，不過對於如何終止暴力再度發生，則仍沒有任何的回應。

1880 年婦女會社運動（the Women's Club Movement）針對受虐婦女若欲尋求離婚，提供了法律協助。在此時期，有些州雖立法限制了先生懲罰太太和孩子的權利，然而對於這些逾越法律限制的先生，政府並沒有任何具體的懲罰政策加以配套。婦女的生活如往常一般，並沒有得到任何的改善。同樣的情況即便是到了 1911 年美國各州雖然一致通過法律條文禁止虐待太太，然而在缺乏其他相關配套措施

下，這項法條形同虛設，對於受虐婦女並未產生任何實質上的益處
（Shepard and Pence, 1999）。

　　1900 年代開始，反婦女受虐的浪潮席捲全美國，這時候「這個
國家不應該對待已婚婦女比家畜還糟」的呼聲四起。到了 1960 年
代，反越戰、解放黑奴、公民權等各種有關人權的社會運動在美國興
起；然而，不幸的是，這股人權浪潮並沒有嘉惠到受虐婦女，家庭暴
力依然被認為是個人私事，而法官和警察並不願意介入，在「逮捕施
虐者將有可能會升高暴力、破壞家庭的完整性並且造成施虐者失去工
作」的信念下，執法人員以為「調解」是最好的解決辦法以處理家中
的攻擊事件。即便如此，婦女在參與各種人權運動的過程中，仍深刻
地體認到政治行動是解決性別歧視的重要方法之一（Frederick,
2000）。

　　1970 年代對於從事婦女權益倡導者而言是個值得紀念的時代，
因為在此時期，女性主義運動（Feminist Movement）崛起，挑戰歐洲
傳統以來認為「家庭是因愛而結合」的觀念，提出婦女常是因其經濟
弱勢而不得不依附於家庭的無奈（Shepard and Pence, 1999）。這樣的
挑戰除了嚴重衝撞將愛視為是維繫家庭唯一要件的虛擬幻想外，也點
出婦女在父權與資本主義下所面對的困境。

　　緊接者女性主義運動、反強暴運動（Anti-Rape Movement）提出
暴力是一種控制的展現，其根源乃來自於社會關係與不平等的權力所
致（Shepard and Pence, 1999）。而婚姻強暴法案（Marital Rape
Laws, 1984 年通過）禁止婚姻中的強迫性性行為更是法律首次承
認：在婚姻關係中，仍可能發生違背婦女自主意願的性交行為
（Frederick, 2000）。

　　相對於女性主義及反強暴運動著重於意識型態的倡導，於 1970
年代中期出現的受暴婦女運動（the Battered Women's Movement）則

將其關注的焦點放在婦女的人身安全上（Shepard and Pence, 1999），第一支求救熱線在密里蘇達州（Minnesota）的聖保羅市（St. Paul）設置，第一個受暴婦女庇護中心在加州（California）成立，而家庭暴力的相關迷思被提出來、家暴及性侵害相關預算逐漸增加、強制逮捕法（mandatory arrest laws）在奧瑞岡（Oregon）等州通過、民事保護令法案通過（Federick, 2000）、賓西法尼亞州（Pennsylvania）於 1976 年頒發了全美第一張民事保護令（Ptacek, 1999）， 1980 年密蘇理州訂定違反保護令之司法懲戒， 1982 年密蘇理州高等法院解釋成人受虐法案（Adult Abuse Act）並無違反憲法的問題（MCADV, 1995），全國性的反家暴聯盟紛紛成立，卡特（J. Carter）在擔任總統任期內（1977－1981）亦提出受虐婦女法律、房屋、經濟補助、社會服務、精神衛生、健康、就業與訓練等七項需求，且制訂了為縮短城鄉差距的新政策，這些新政策包含（Hagen and Davis, 1988, pp.651）：

1. 提供州立與地方性機構百分之百的補助以提供受虐婦女服務。
2. 提供有期限的人事補助，以開創以社區為基礎的社區型服務網絡。
3. 指定一聯邦機構監督聯邦配偶虐待情形。
4. 不管夫妻收入，強制婚暴夫妻接受聯邦服務。
5. 提供補助以訓練各種服務人員。
6. 提供技術上的支援。

除此之外，卡特總統在 1979 年經由健康（Health）、教育（Education）及福利（Welfare）部（簡稱 HEW ，就是現在的健康服務部 the Department of Health and Human Service）共同成立一個全國性的家暴聯邦辦公室以負責統籌政策發展、計畫與協調相關事務（此辦公室很可惜在 1981 年被雷根總統關閉）（Hagen and Davis, 1988）。

　　相較於卡特總統於家暴議題的積極作為，雷根總統則在強調傳統家庭價值應受到重視的意識型態下，不斷縮減聯邦政府的介入與各項補助，強調地方政府與自願性組織的責任，並且將統籌事務的責任由健康服務部轉換到法務部。聯邦政府的補助在此時期亦縮減為僅補助犯罪司法人員訓練、家暴預防宣導及受虐婦女庇護中心三項（Hagen and Davis, 1988）。美國家庭暴力防治工作雖然因此稍有挫敗，然而到了 1980 年代末期，依然已有超過 300 個受暴婦女庇護中心在全國各地設立。在司法部分，除了大部分的州皆已採用強制逮捕、支持逮捕（preferred-arrest）或優先逮捕（pro-arrest）的政策以外，與受虐婦女權益息息相關的法律倡導（legal advocacy）訓練方案亦紛紛舉辦（Frederick, 2000）。

　　到了 1990 年代早期，模範家庭暴力法（the Model Code on Domestic and Family Violence）被全國少年暨家事法庭法官委員會的委員所採用，此可說是司法系統在終止家庭暴力努力上的一大進展（Frederick, 2000）。而 1993 年所通過的跟蹤法（Stalking Law）更促使保護令擴大其適用對象到同性親密伴侶上（MCADV, 1995）。

　　為了貫徹法律的執行與終止暴力的再發生， 1994 年國會且將反婦女受暴法案（Violence Against Women Act ， 1993 年通過）納入暴力犯罪控制暨法律強制執行法（Violence Crime Control and Law Enforcement Act），這是聯邦法案首次將家庭暴力視為是全國性的問題，正式揭諸「家庭暴力並非是個人的私事，而是一種犯罪行為」。這項法案的重要性除了具有強大的宣示效果外，並且編列了鉅額的預算，作為跨州家暴防治網絡的建構、相關人員（如司法警政社政醫療人員）的訓練、各種相關的研究之用，另外法中亦要求司法與警政對於家暴案件應予以積極介入， 1996 年柯林頓政府甚至於法務部（the U.S. Department of Justice）特別成立反婦女受暴辦公室（an Office on

1824年

Violence Against Women），這個辦公室的成立雖不代表美國家暴案件將從此終止，然而對於改變社會視家暴為個人私事的印象具有重要意義（Schornstein, 1997）。

　　為了讓反婦女受暴的工作能持續且積極地運作，美國聯邦政府根據反婦女受暴法案不斷地追加預算，例如從 1994 到 2000 年之間，美國政府就編列了 1.6 兆美金作為推動家暴犯罪預防的預算，而於 2000 年更是將預算提高到 3.3 兆美金，作為從 2001 年到 2005 年五年期間相關政策推動、人員訓練與執行方案的所需費用（National Coalition Against Domestic Violence, 2001）。比較這二次預算編列的形式，可凸顯出美國政府對家暴此議題瞭解的深度與重視的程度，因為比起前次的預算編列，在 2001 到 2005 年預算中，除了更具體地提出家暴防治工作的方向目標外，且清楚釐清各相關人員，尤其是司法、警政應強化犯罪預防之政策執行與人員訓練，另外，如何提高社區服務網絡，整合相關人員，在預算編列上更成為重要工作。除此之外家暴之邊緣人口，如原住民、老人、身心障礙者的服務在第二次預算中特別地被強調（National Coalition Against Domestic Violence, 2001），在人員訓練上且要求應包含文化敏感度訓練，成立獨立之原住民部落法庭，以促使家暴防治工作能更貼近不同族群之社會脈絡（social context），讓防治工作在地化（localization）與個別化（individualization），提高防治之效益。

　　或許有人會好奇美國這幾年來的努力在婦女受虐的防治成效上如何，從美國法務部司法統計局（Bureau of Justice Statistics of U. S. Department of Justice）的統計資料發現，婦女被親密伴侶殺害的比例雖稍有下降，然而每年都在 1,300 人左右，相較於男性從 1976 年的 1,357 人下降到 2000 年的 440 人（參見圖 2-1），幅度顯然要小得太多，而死亡人數更是男性的好幾倍。另外從圖 2-2，亦可發現女性被

圖 2-1 美國男女性近幾十年來被親密伴侶謀殺人數比較

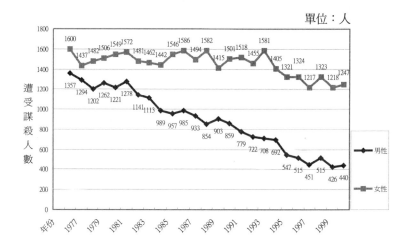

圖 2-2 美國男女性近幾十年來被親密伴侶謀殺佔被謀殺比例比較

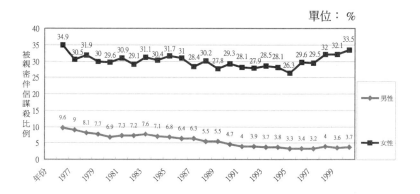

親密伴侶謀殺的比例都佔全部謀殺案件中的三成左右，數字相當驚人，和男性因遭受親密伴侶謀殺比例相較，竟高出約十倍左右。這些數據雖然不盡然能揭露美國親密伴侶虐待的全貌，卻也說明了美國在婦女遭受親密伴侶虐待的防治工作上仍有相當大的努力空間。

第三節　台灣家庭暴力防治法之立法沿革

　　台灣近幾年來有關婦女權益的相關法案可以說和當時的重大社會事件常有著密不可分的關係，家庭暴力防治法（以下簡稱家暴法）即是如此。一般在談到家暴法時，「鄧如雯殺夫案」可說是喚起國人對婦女受虐議題投予較積極行動的開端，而民進黨婦女部主任彭婉如女士的遇害，則為法案的通過起了相當大加溫作用（林佩瑾， 1997）。因此以下對於家暴法之立法沿革即以「鄧如雯殺夫案」作為台灣家庭暴力防治立法倡導之歷史藩籬。

　　和美國比較起來，台灣早期的法律雖未明文規定先生擁有合法的權利可以毆打太太，但是先生毆打太太的行為其實是被默許甚至鼓勵的。民間經常流傳太太若有任何行為不當是因為先生沒有給予適當的管教。因此，先生的虐待行為常僅被解釋為是在「教育」或「教訓」其老婆而已。另外，由於家庭一向被認為是私領域，外人不宜介入，因此一旦發生暴力事件，往往會被視為是家務事，所以即便不斷有婦女或兒童遭受到嚴重虐待，也未引起太多的注意。另外，法律對於受虐婦女並無特定的保障，僅以一般的刑事傷害作為處理。即便是如此，這樣的處理機制仍常淹沒在崇尚「家和萬事興」及女性「犧牲」、「忍耐」和「賢妻良母」的傳統文化價值觀念下。

　　至於針對受虐婦女的服務部分，早期大多以志工關懷的形式出現，如婦女會、生命線，各縣市政府有提供服務的僅限於最早在

1949 年開辦的基隆市及後來的屏東縣（林佩瑾，1997）。專業人力的加入當屬於 1978 年的華明心理輔導中心及 1987 年台北市政府北區婦女服務中心。北區婦女服務中心且在摸索了一段時間之後，擴展其服務項目為諮商、經濟協助、緊急庇護、法律諮詢、就業轉介（周月清，1996）。這些多元而具體的服務內容可說為後來的受虐婦女服務體系奠定了相當的服務模型。1990 年台北市政府正式委託善牧基金會提供受虐婦女庇護中心（林佩瑾，1997），亦讓離家的受虐婦女有了暫時的棲身之處。

　　整體而言，早期政府或民間團體對於受虐婦女的服務可以說是以志工為主零星而無結構。這種情形即便是在華明心理輔導中心及北區婦女服務中心等專業人員加入後，雖然服務內容更多元化，不過服務提供的方向大抵仍是較著重於個人的自我調適而非進行制度改革。

　　這種情形直到 1993 年發生鄧如雯殺夫案，方才有了轉機。鄧案在一開始進入司法系統時，仍僅是被當作大逆不道的逆倫血案處理，然而經過媒體披露鄧女士及其家人如何長期遭受到先生的嚴重虐待之後，婦女團體開始集結連署與舉辦座談會、研討會，將反親密伴侶暴力的聲勢首度推到最高點（林佩瑾，1997），並引起社會開始關心「家庭暴力」的議題。

　　1994 年內政部委託婦女新知基金會進行「婚姻暴力防治之研究」，新知基金會在其「防治婦女婚姻暴力研究報告」中除了對醫療、心理、社工、警政等相關領域提出檢討與建議外，並且認為制定「婚姻暴力防治法規」是親密伴侶暴力防治工作之可行方向（王清峰，2001，引自沈慶鴻，2001）。

　　同時期，高鳳仙法官從美國蒐集並攜回家庭暴力相關法規與論文資料，並且在參考了美國模範家庭暴力法（the Model Code on Domestic and Family Violence）及其他國家之相關法規與文獻之後，

於 1995 年完成「家庭暴力防治法第一次草案」。現代婦女基金會並於隔年正式成立「家庭暴力防治法制定委員會」進行立法倡導之工作，以第一次草案為基礎，分為民事、刑事、家事以及防治服務法規四小組（高鳳仙，2001）。委員會的成員除了包含專家學者、立法委員、關心婦女受虐的民間團體、相關的公部門（如司法院、法務部、教育部、衛生署、警政署）、台北市政府社會局及警察局女警隊以外，為了促使受虐婦女的聲音能夠真正被聽見，並獲得重視，在委員會裡並邀請了多位受虐婦女參與討論。為了能夠廣納多方意見，與匯整協調這些意見，統計自 1996 年 7 月到 1997 年 1 月之間「家庭暴力防治法制定委員會」共辦理了二十五場會議。在如此密集協商，積極努力之下，「家庭暴力防治法第二次草案」終於出爐。為了促使法案更臻完善，於 1997 年 3 月到 8 月期間，現代婦女基金會再度辦理了五場公聽會，女法官協會亦召開了二場公聽會，以審慎修訂法案的內容。1997 年 8 月「家暴法第三次草案」終於完成，並由潘維剛立法委員將此草案送進立法院審議。在經由多位女性立委大力支持、高鳳仙法官積極倡導與公部門的支持之下，「家庭暴力防治法」終於於 1998 年 5 月 28 日順利在立法院三讀通過，完成了台灣，也是亞洲第一部防治家庭暴力的法案。

　　綜觀家庭暴力防治法可在短短二年期間制定並在立院順利通過，立法推動策略「廣納各方意見，不斷溝通協調」是相當關鍵的要素。檢視在第一次草案初具架構之後，主推法案的現代婦女基金會與家庭暴力防治法制定委員會即廣邀公部門成員與各方代表，採納相關意見，這使得法案進入立院審議時，減少了許多衝突與攻防，再加上潘維剛委員的努力協調，終使得法案得於短時間之內順利通過。

第二篇
親密伴侶暴力
理論探討

前言

　　此篇旨在由淺到深，引領讀者對親密伴侶暴力有一概括性的瞭解。從如何定義親密伴侶暴力、介紹虐待形式的形形色色，討論暴力如何遊走在愛、平靜、否認、蓄積、到引爆的過程中，自成一個循環反應。有了這些基本瞭解之後，讀者或許更能與作者一同進入受虐婦女的生命脈絡中，認識暴力對婦女產生了什麼樣的影響。當然在瞭解的同時，仍無法避免的是得回到個人內在的價值觀念裡，釐清對於親密伴侶暴力是否存有許多迷思。這些存在於個人的迷思，綿延相連，串成系統，潛伏在社會不同的角落，形成張張推擠婦女留在虐待關係中的網，也構成了婦女難以離開虐待關係的各種原因。即便如此，不同族群社經地位的婦女，所遭遇到的困境並不能等同劃分，因為其所擁有的內外在資源並不相同；再者，政策與法規對於不同對象的規範，更深化了不同族群的受虐婦女所面對的困境的殊異。

　　截至目前為止，對於暴力發生的原因尚無定論，而不同的理論，往往有其獨到的解釋之處。為了提供讀者能從多元觀點看待親密伴侶暴力，本篇第六章整理了心理學、家庭社會學、與女性主義這三種觀點對於親密伴侶暴力的解釋，以供讀者參考。當然這幾種觀點是否能夠提供周延的解釋，仍值得討論；不過，不管其周延性如何，作為與這些觀點互動的讀者，在閱讀時，不妨可以進一步思考這些觀點是立基於何種角度在做詮釋分析。如此，讀者將可跨越「盡信書」的情況，而回到自身的主體性，整理出自己在閱讀完這些資料後，個人的觀點與解釋。

第三章
親密伴侶暴力的定義、虐待的
形式、迷思之介紹

　　在論述親密伴侶暴力時，首先會面臨的是對於何謂「親密關係」
的澄清。事實上，要清楚界定家庭暴力、配偶虐待、與親密伴侶暴
力，並不容易[4]，這三者互有重疊與殊異之處。家庭暴力雖然泛指發
生在家庭成員間的暴力虐待，不過，礙於所憑藉的法規政策往往因為
實際操作的需要，會在對象上加以限縮。另外，廣義而言，親密伴侶
已含括了配偶、前配偶、或同居關係。

　　在本章，除了透過第一節的說明，試圖從「關係」的角度切入，
釐清何謂親密伴侶外，進一步則期待經由第二節，介紹各種不同的暴
力虐待形式。讀者可能會發現在不同的書籍資料中，對於暴力虐待的
分類並不統一，甚至對於何謂「虐待」亦存有不同的定義。這些定義
或分類的紛雜，除了點出各家學說的不同，亦顯現了人們的主觀感
受，實在難以以所謂單一科學化標準加以確認分類。

　　家暴或親密伴侶暴力迷思即便是在家暴法實施多年之後，仍普遍
存在於我們社會的各個角落。本章的第三節特別就此部分加以闡述，
期待經由理論的說明與作者的實務分享，探討我們是否仍帶著許多刻
板印象在看待親密關係暴力。這些迷思除了使得我們成了暴力的共謀

---

[4]　請參考導讀。

外，也常阻礙了個人瞭解暴力多元面向的可能。

第一節　親密伴侶暴力的定義

　　家庭暴力或婦女虐待的英文名詞不勝枚舉，定義並不一致。不過就一般而言，家庭暴力（domestic violence; family violence）常是指婦女虐待（woman abuse），概因在所有家庭成員中的暴力虐待情形，以婦女受虐為最嚴重。嚴格說起來，家庭暴力應包含家庭裡其他成員的虐待在內，而我國於民國 87 年所通過的「家庭暴力防治法」第三條亦清楚地規定家暴法所含括的對象是指：「配偶前配偶、現有或曾有事實上之夫妻關係、家長家屬或家屬間關係者、現為或曾為直系血親或直系姻親、現為或曾為四親等以內之旁系血親或旁系姻親」。換句話說，根據我國的家庭暴力防治法，婚姻暴力（marital violence）其實僅是家庭暴力關係型態的一種。然而由於婚姻暴力經常是家庭暴力的主要型態，因此家庭暴力有時候會直接被界定為婚姻暴力的意思。例如根據法務部的統計，在家暴法實施一週年之後，具有配偶前配偶或有夫妻實質關係者就佔所有聲請保護令案件的 75.67%（法務部， 2000）。

　　婚姻暴力（marital violence），望文生義，係指暴力雙方現有或曾有婚姻關係，然而晚近，隨著「家庭」定義的改變，美國在法律上對於家庭暴力（domestic violence）亦有了不同的解釋。越來越多的州法傾向將其法律適用的對象擴及到其他非具法定的親密關係類別，如同居的男女朋友、雙方具有共同孩子者、以及其他親密關係（the National Victim Center, 1997），包含同志（homosexual）之間的虐待。因此伴侶虐待（partner abuse）也是經常被使用的名詞。而「被虐」其實並非是女性的專利，男性也有可能是受虐者，只是在整體遭受到虐待的比例上，情況相當懸殊。

第二節　虐待形式的介紹

虐待（abuse）是指在一個關係中，任何涉及為得到或保有權力和控制另一個人的行為皆稱之。毆打（battering）則是指威脅或使用情緒上、心理上、身體上、和性的虐待。這些行為的目的在於為了迫使對方遵從或從事施虐者想做的事情。

親密伴侶暴力的產生原因雖然眾說紛紜，不過早期根據居住於庇護中心的受暴婦女之描述，皆可發現權力和控制是在暴力發生時，施虐者會有的行為（Pence,1999）。而其行為模式則可被歸納為一權力控制輪（如下圖 3-1）：

圖 3-1　權力控制輪

資料來源：Domestic Abuse Intervention Project. Duluth, Minnesota.

暴力虐待的方式雖然千變萬化，不過一般而言大致上可分為以下幾類：

一、身體上的虐待

任何強迫或暴力的行為，不管是否使用武器或徒手。身體上的虐待嚴重時往往會造成受虐婦女死亡或受重傷。另外，肢體虐待雖然往往合併其他的虐待行為，如性虐待、情緒虐待，然而由於施虐者虐待的行為明顯，且在社會認定上較為明確，因此婦女往往是在遭受到肢體虐待之後，方才確認個人是處於虐待的關係中。肢體虐待除了促使美國每年約一百八十萬個婦女受傷以外（Edleson, 1984），也造成無數的婦女死亡（不包含因長期受虐而造成永久傷害者）與住院治療。例如根據美國的司法統計局（Bureau of Justice Statistics）所做的統計，在美國單單 1998 年就有 1320 個婦女是被其親密伴侶所殺害。

二、情緒上的虐待

以貶抑對方的字眼傷害對方的感覺。情緒上的虐待又稱口語虐待。例如：咒罵、口語上的詆毀、諷斥。情緒上的虐待雖然不會在身體上留下傷口，然而其殺傷力並不見得小於身體上的虐待。由於情緒虐待常是以言語來貶抑對方，久而久之將對於受虐者造成洗腦的作用，使受虐者開始自我懷疑，甚至相信對方對自己所毀損的內容是真的，而產生了低自尊及低自我價值感。這對於受虐者往往造成了深遠的影響。受虐者即便是離開了虐待的關係，身體上的傷口逐漸痊癒，然而心理上所造成的傷害卻常難以卻除。

三、心理上的虐待

對於伴侶、孩子、家人、朋友、寵物、甚至自己，威脅要做身體上傷害，或是警告受虐婦女若沒有按照加害人的意思的話，將會受到

懲罰。不斷的騷擾、質問、批判、貶抑受虐婦女或受虐婦女的家人或朋友，限制對方和外界聯繫、控制其行動、跟蹤、干擾其睡覺、吃飯等。在有了第一次的肢體或性虐待之後，任何的威脅或情緒暴力都會變成心理上的虐待，因為受虐婦女會很擔心再度被攻擊或其他可能具有破壞性的結果，如失去孩子或經濟上的依靠。心理上的虐待，其目的在於令受虐婦女情緒上覺得不安、無助，並且難以脫離以後接踵而來的虐待。另外，嚴重的心理虐待也是肢體虐待的前兆（Hamby, Straus and Sugarman, 1997，引自 Hamby）。

四、性虐待

任何未經過雙方同意的性行為或不尊重的性接觸，例如強迫對方性交，或在對方意識不清醒難以抗拒的情況下發生性關係，及強迫對方做一些性舉動等等皆屬性虐待。性虐待發生的比例並不低，根據 Finkehor and Yllo 於 1985 年及 Russell 於 1990 年所做的調查，發現在所有已婚婦女或有同居關係的女性中，約有 10% 到 14% 的婦女曾經遭受到其親密伴侶至少一次以上的性侵害（引自 Mahoney and Williams, 1998）。另外，婦女遭受到親密伴侶性侵害的比例比陌生人還高（Bachman and Saltzman, 1995; Finkelhor and Yllo, 1985; Randall and Haskell, 1995; Russell, 1990，引自 Mahoney and Williams, 1998）。而在受虐婦女中，曾經遭受到親密伴侶性虐待的比例則甚至高達 45% 以上（Compbell, 1989; Russell, 1982，引自 Campbell, 1991）。性虐待所造成的傷害不僅是身體的，還包含對於信任關係的踐踏（Mahoney and Williams, 1998），以及對於自我身體形象和自我尊嚴的毀損（Campbell, 1991）。誠如多位曾遭遇先生性侵害的婦女所言：「當一個陌生人侵害我時，他並不知道我。他侵害我，並非是針對我這個人，然而若是我先生侵害我，則是非常個人化的，因為他知道我，瞭

解我的感受，然而卻如此待我」（Finkelhor and Yllo, 1985, pp.118，引自 Mahoney and Williams, 1998）；「當妳是遭受到陌生人性侵害時，妳可以解釋自己可能在錯誤的時間出現在錯誤的地方，然而當妳是在家遭受到妳先生的性侵害時，天啊，即便他沒有在做這件事時，我依然活在這種恐懼底下」（Bergen, 1996, pp.43，引自 Mahoney and Williams, 1998）。

　　婦女遭受到親密伴侶性侵害的比例雖然比陌生人還高，然而大多數的婦女卻不願易提出告訴或尋求協助（Mahoney and Williams, 1998）。其原因如下：

（一）**覺得對先生應該要忠誠**

　　　許多遭到先生性虐待的婦女覺得一旦讓這種事情曝光，等於是背叛先生，並且極有可能讓先生受到傷害。

（二）**覺得應該要嚴守家庭的隱私**

　　　對許多人而言，家庭隱私是個重要的信條，因此即便是發生了這種事，都應該嚴守這信條。

（三）**難以接受自己受到這樣的傷害**

　　　要接受被自己所愛的人如此傷害，頗令人難過。再者，對於許多經濟上無法獨立仍需要依靠先生的婦女來說，提出告訴極可能只有使生活更艱難、情況更糟糕。

（四）**無法接受「強暴」這樣的事情發生在自己身上**

　　　對於大多數的婦女來說，「強暴」或「性侵害」是非常強烈的字眼，更何況去接受這種事真的發生在自己身上，而加害人是自己所信任的親密伴侶。另外，在性虐待發生的同時，常伴隨著嚴重的肢體虐待，這也讓婦女常認為是發生「暴力事件」而非「性侵害」。

（五）對於「婦女於婚姻中的角色」和「對婚姻責任」的誤解

「太太的責任」常容易被延伸為包含對先生盡「性義務」。因此即便是在無意願、不同意的情況下，仍沒有權利說「不」。有些婦女甚至認為自己若無法令先生滿足性慾，是自己不對。

（六）因有限的性經驗，使得對於什麼是「正常的」和「強迫的」性關係的不確定

對於許多曾遭遇先生性侵害的婦女來說，由於未曾有過不同的經驗（包含與不同的對象，或有非性虐待的經驗），因此往往容易以為在婚姻關係中，強迫的性交行為是很正常的，因而不會認定這是屬於性虐待。

（七）性虐待合併肢體暴力所產生的混淆

由於許多施虐者在性虐待婦女的同時，也會以肢體虐待或恐嚇威脅來達到目的，因此婦女往往在有了這些經驗之後，為了避免遭受到更嚴重的虐待發生而屈服。這讓「強迫」的意味在此更顯混淆。

（八）社會文化壓力

婦女的性自主權在父權的傳統之下，一向被視為是附屬於男性的商品，而婚姻更合理化先生使用此商品的權利。因此長久以來，先生在強迫太太性交一事上，一直都有免責權（Walker, 1979; Campbell, 1991; Mahoney and Williams, 1998）。

雖然台灣已正式在刑法的妨害性自主罪章中讓受到侵害的配偶依法可以提出告訴，然而這個觀念仍然深深烙印在社會中，這使得婦女一旦揭露個人遭到親密伴侶，尤其是先生的性虐待時，往往要面對親友的責備、社會大眾的異樣眼光與司法系統可能會有的不友善態度。

第三節　親密伴侶暴力的迷思

迷思（myth）一詞，根據希臘神話的定義，起源於早期的民間信仰，並使用超自然（supernatural）的方式解釋大自然所發生的事件或對於人性的文化觀點（Greek Mythology, 1997）。根據以上的定義，迷思既然是以超自然的方式來解釋事物，即代表其所解釋的內容並未經過科學驗證的過程，其正確性頗值得商確，而「對於人性的文化觀點」更意涵著迷思的功用在於投民眾所好（Greek Mythology, 1997），因此其所顯示的民眾意向的意義遠大於對是非論斷的追求。

以上這一段對於「迷思」一詞的澄清，其目的在於論述對於親密伴侶暴力這個議題，自古至今不同社會皆存有許多似是而非的信念，而這種現象並非僅是存在於普羅大眾，亦包含了從事家庭暴力相關的專業工作者。例如在 1920 年代左右，美國的社會工作者普遍認為受虐婦女是智障者，而即便是到了 1940 年代，心理學家仍存有受虐婦女是有「被虐待狂的一群人」的觀念（Jones, 1994）。或許對於受虐婦女是智障者這樣的說詞，如今看來，令人覺得啼笑皆非，然而對於受虐婦女是具有被虐待狂癖這樣的誤解，則仍可發現隱約潛藏於現今的社會大眾，甚至家暴相關工作者的腦海當中。其實不管是智障者或被虐待狂，其所顯示的除了是暴露出對於這些婦女處境的不瞭解，而意圖將其不離開的因素完全做個人歸因甚至譴責外，亦揭示了相關工作者個人或集體的迷思，而此對於需要受協助的當事人可能帶來嚴重的傷害（O'Leary, 1993）。

對於親密伴侶暴力，除了不同年代會有不同迷思外，目前在我們的社會中仍存有的迷思還包含（Schornstein, 1997）：

迷思一：親密伴侶暴力只會發生在少數女性的身上。

根據美國法務部司法統計局（Bureau of Justice Statistics of U.S.

Department of Justice）的統計發現，單 1998 年全美大概就有 876,340 女性遭受到伴侶的虐待，而死於親密伴侶手上的女性竟高達 1,320 人。台灣雖然至今為止仍無確切之數字以說明其詳細情形，不過由各地家暴中心所傳來的每年數萬件通報資料即可顯現台灣親密伴侶暴力之普遍性。而根據這些通報資料又可發現其中婚暴受虐婦女絕大多數為女性。

迷思二：親密伴侶暴力只不過是推對方一把或打她一下而已。

確實，有些施虐者只是偶爾打一下他的伴侶而已，然而更多的時候，暴力並不會突然無故地終止，相反地，施虐者的施暴程度常是越來越嚴重，施暴的方式亦日趨多樣性與密集（Schornstein, 1997）。

迷思三：婦女喜歡被虐待，否則她們可以離開。

這個說法和認為受虐婦女是有被虐待狂，意思是相當接近的。事實上，沒有人喜歡被虐。婦女會繼續留在虐待的關係中，通常有著許多錯綜複雜的因素，如經濟壓力、孩子、社會對離婚婦女的歧視等等。這些原因常會使得婦女覺得沒有其他的選擇。另外，離開也可能引起施虐者的殺機，而使得婦女不敢輕易嘗試離開。

迷思四：婦女若離開施虐者，暴力就會終止。

婦女在選擇離開時，常須冒著比留下來更高的生命危險。施虐者有時候為了阻止婦女離開常會採取玉石俱焚的作法，不惜以殺害婦女作為手段。許多婦女即死於離開的過程。有時候，即便婦女已離開施虐者，或和施虐者已切斷婚姻關係，施虐者仍可藉由各種方式虐待婦女。筆者在美國法院實習時，即曾遇到婦女在離開施虐者十七年之後，終因施虐者有天拿著槍朝著她的頭威脅要殺掉她，而使得她不得不再走進法院聲請保護令，此和她第一次聲請相隔十七年之久，而這十幾年中，施虐者對她的精神虐待，包含威脅恐嚇不曾停止。

迷思五：暴力只會發生在低社經、低教育、異性戀者之間。

　　事實上，暴力可能發生在任何人身上，不管其宗教信仰、種族、社經地位或教育水平是什麼。例如在筆者的工作經驗中，即會接觸到各種社經地位，包含大學教授、經理、低收入戶等的不同類型之受虐婦女。另外，暴力也可能會發生在同性親密伴侶之間，只是對這些遭受同性親密伴侶虐待的同志來說，當其尋求協助時，不只得說明暴力發生的狀況，還得先揭露其同志身分，在社會對同志仍存有歧視下，同志受虐要尋求協助，是難上加難。

迷思六：是因為酒、藥癮造成虐待發生。

　　酒、藥癮雖然可能促使施虐者的暴力行為更嚴重，然而事實上，酒、藥癮與暴力間不必然有因果關係，因為並不是每位酒、藥癮患者都會有暴力行為。再者，施虐者亦不一定都有酒癮或藥癮。換個角度來看，酒、藥癮是否可能成為施虐者暴力的藉口呢？筆者在美國偶然間參加施虐者團體時，即聽到多位施虐者坦承在其喝酒後，頭腦仍是清醒的，不過，藉由酒精，可使得婦女或外人相信他們的暴力行為只是酒後失控。

迷思七：婦女常會故意去引起施虐者施暴。

　　經歷過親密伴侶暴力的婦女大概都會有一共同經驗：就是「動則得咎」，也就是說，不管婦女做什麼或不做什麼，都有可能惹來施虐者的一頓打或罵。換句話說，婦女做什麼其實已經不重要了，因為暴力是否會再度發生，常已不是她可控制的。處在這種不確定的情況下，其實是令人相當恐懼不安的，因此婦女仍有可能會執意去做些什麼來確定自己至少對生活仍有一點掌控的能力。不過這些行為在外人來看，卻常容易解讀為是婦女故意去招惹施虐者來虐待她，而沒有深入地進入婦女的生活脈絡裡瞭解其處境、想法和感受（Schornstein, 1997）。

迷思八：施虐者一定長得一副凶神惡煞的樣子或低社經者。

事實上，一個人的外表和他是否會虐待其親密伴侶之間並沒有任何的關連，且並非每個施虐者皆會對外人施暴。研究估計約 20% 家暴的施虐男性會同時對外人有暴力行為，大部分的家暴施虐者則和其他人看起來並無不同（Walker, 1987）。至於是否是低社經地位者才會虐待伴侶，在實務經驗上發現施虐者的教育程度和社經地位與其是否會對伴侶施暴實無任何關係，施虐者可以是高教育高收入甚至高社會名望者。筆者在美國就曾遭遇施虐者是地方上的名醫，在社區上頗具聲望，當其配偶到法院聲請保護令時，不只是鄰居紛紛指責她是瘋子，圖謀傷害先生，教會也從此拒絕她再到教會做禮拜。孩子在輔導過程，多次地問筆者，為何大家都不相信他們？為何大家都認為他們在說謊？為何都認為常上教堂、有高聲望的父親就會是個好父親好先生，卻不願去了解父親在家裡兇殘的一面。

迷思九：施虐者都是精神疾病患者。

並非是每個精神病患都是施虐者，而施虐者也不一定都是精神病患，施虐者同時也是精神病患僅只是少數。

迷思十：只要一旦成為受虐婦女，永遠都是都是受虐婦女。

事實上，不管是受虐婦女（abused women）或受暴婦女（battered women）皆只是在描述婦女正處於或曾遭受到親密伴侶虐待的狀況，而非指特定的一個族群，因此，受虐婦女的較適當稱呼應該是「遭受到虐待的婦女」（劉慧玉，1999）。因以「受虐婦女」或「受暴婦女」並非是一特定的稱呼，而是對於個人處於一種狀態或曾有過經驗的描述。

迷思十一：受虐婦女總是容易為施虐者吸引。即便這些婦女離開施虐的伴侶，她們會再尋找下一個虐待她們的親密伴侶。

其實對許多離開暴力關係的婦女來說，要與他人再度建立親密的

信任關係需要克服先前的經驗與其所造成的種種傷害，因此有很多婦女反而會避免與人建立關係，更何況是親密關係（Schornstein, 1997）。

迷思十二：女性和男性一樣暴力。

男性成為親密伴侶的施暴對象雖然並非沒有，不過，不管是國內外的調查報告皆指出其比例和女性受虐的落差相當懸殊。再者，男性使用暴力時常造成更大的傷害，不管使用武器與否，其天生的生理優勢使得雙方一旦發生肢體衝突，女性常容易遭受較嚴重的傷害，特別是在性虐待方面，幾乎所有的加害人皆是男性伴侶。另外，在比較男性與女性的暴力時，亦不應該忽略其背後動機的不同。男性施暴常是為了滿足其控制慾，施暴過程其心中常充塞的是憤怒；相對的，女性施暴則常是為了自我防衛，心中更多的時候是恐懼與害怕（Schornstein, 1997; Ptacek, 1999）。

第四章
婦女難以離開虐待關係因素之探討與暴力循環介紹

　　美國的受暴婦女運動史或台灣的家暴法立法過程，皆顯現了不同時代對於婦女為何停留於虐待關係的不同解釋。美國自 1970 年代受暴婦女運動開展以來，即不斷地提醒社會大眾：「不是婦女不願離開，而是無法離開，或是沒有足夠的條件離開」。美國著名的女作家 Ann Jones（1994）甚至呼籲社會大眾停止再繼續追問受虐婦女為何不離開，而是應該問「為何他不讓她離開？」

　　不管婦女停留在虐待關係的理由為何，其因素都不應被簡化成個人自願的選擇。因為「選擇」的本身，並無法脫離社會情境，其乃常隱含個人在多重限制考量下，所做的決定。更何況，在具暴力虐待特性的親密關係中，生命威脅可以迫使婦女留下來，也可能讓婦女下定決心要離開。究竟是否要離開？離開後，生活是否會更好？這些問題外人恐怕都難有個絕對的回應，更何況是面對這些問題，身陷困境的婦女呢？離不離開絕對不是二擇一的問題而已，而是生命安全與生活品質的風險評估，只是這套風險評估，既難以計算更難用生命做賭注。

第一節　婦女難以離開虐待關係因素之探討

　　受虐婦女為何會繼續停留在虐待的關係中，其影響因素並非僅是單純的個人原因，還包含了外在的社會文化甚至政治等錯綜盤雜的原因在內。綜合相關文獻，對於婦女為何難以離開虐待的關係分析其原因如下：

一、經濟上難以自主

　　雖然婦女的工作機會似乎比以前增加，然而婦女的收入仍遠不如男性。例如在 1994 年，婦女的平均收入僅有男性收入的 76.4%（Costello and Krimgold, 1996）。而婦女一旦決定離開，常得面對獨自扶養孩子的事實，陷入貧窮的機會將會大增，而這種情況尤以仍得扶養 18 歲以下兒童的婦女為甚。經濟上的弱勢，常令遭受到先生虐待的婦女陷入兩難的困境。筆者於 1997 年於美國一所受虐婦女庇護中心實習時，即發現許多婦女即便是下定決心要離開虐待的關係，然而卻常在經濟匱乏（即便是努力工作）之下，最後仍不得不回去施虐者身邊。一位受虐婦女的話或許最能表達她們的心聲：「我也知道我們如果回去的話，他會再打我，但是我的挨打至少可以換得孩子的三餐，及晚上有地方可以睡覺，我的孩子不用每天晚上再問我『媽媽，我們可不可以不要再留在這裡（指庇護中心），我不想和這麼多人擠在這裡』」。

二、受到宗教、文化、及社會學習的影響：

　　宗教對人類常擔負教化的功能，而宗教教義更成為許多人思考的依歸。西方許多宗教如猶太教、天主教、及基督教的教義相當強調維繫一個完整的家的重要性，及男女兩性互補的角色。雖然教義的解釋希望兩性之間應該是互信互諒，不過仍然強調男為主，女為附，女性的重要責任在於支持遵從其先生（Perry, 2001; Giblin, 1999），並賦予

先生可在太太不遵從其教誨時，鞭訓太太的責任。例如在西元前四百年的 Toledo 教會，即保障神職人員擁有毆打太太的權利。而在古代的埃及，認為一個懂得自重的先生若遇到太太公然地反對他的意見時，是可以以磚塊敲碎她的牙齒。從教會的戒律到一般法律，男性被授予合法權利毆打太太（Schornstein, 1997）。於 1450 年到 1481 年由 Friar Cherubino 所寫下的婚姻守則（the Rules of Marriage）即有下面一段話，充分地顯現教會是如何鼓勵先生毆打太太：

> 當你看到你的太太反對你時，先不用急於打她……，你可以先嚴厲地斥責她、欺負她和恐嚇她。若這些仍不管用，……你可以拿起一根棍棒打得她聲聲作響。比起讓她的靈魂毀壞，身體分離，這樣打她是較好的，如此可矯正她的靈魂……這種毆打不是因為憤怒，而是出於慈愛與關心她的靈魂。因此毆打有助於你的價值的提升與真正為了她好。　　　　　　（Schornstein, 1997, pp.15）

　　這些對於女性附屬角色的教化除了容易讓婦女在遭受到虐待時，因個人自主意識的低落而延遲求助的時機外，也阻隔了教會或一般社會成為受虐婦女支持系統的可能性。除此之外，男性不斷地被教育是優越於女性，可以掌控太太，並在必要時，使用武力。女性在社會化過程亦不斷被教導其主要價值在於其是否能將婚姻經營得當，包含是否遵從先生教誨。因此女性一旦選擇離開，等於承認自己背離社會與宗教之主流價值，且是個失敗者。而由於社會對於「離婚婦女」仍有很深的污名化，這些婦女還常得面對親友及社會歧視的眼光（Walker, 1979）甚至排斥。

三、社會對受害婦女的責備

　　不同於兒童被定義為需要照顧保護的對象，婦女因為是成人，被

認為應具備自我保護的能力，且須對自己的行為負責，再加上文化或宗教對於婦女附屬角色的認定，經營婚姻家庭職責的強調，受虐婦女在求助過程很可能會遭受到指責與歧視，這不但使得婦女在遭遇到親密伴侶虐待時，常因為社會的異樣眼光羞於求助，婦女周遭的人，如親友等與相關系統亦在存有許多迷思下，不願提供協助，或在婦女求助時，再度傷害到婦女（Loring and Smith, 1994）。

四、孩子的因素

「孩子不能沒有父親」、「單親家庭對孩子的成長不好」，這是最常聽到的受虐婦女的擔心。雖然對於兒童來說，不管是目睹暴力或直接受暴，皆會產生不良的影響，然而仍有許多人深信有父親總比沒有父親好，更何況根據西方著名學者 Lenore E. Walker（1979）的研究，並不是每位施虐者皆同時會虐待其孩子。在 Walker 的研究中，約有三分之一的施虐者會同時虐待孩子，而在 Women's Rural Advocacy Program 的統計中則指出約有 70% 的施虐者，同時也會肢體虐待或性虐待其孩子。雖然孩子可能是促使婦女留下來的重要因素，然而孩子一旦遭受到虐待，卻也可能會強化婦女帶著孩子離開的決心（Evelyn, 1994）。

五、施虐者的威脅恐嚇

對於婦女來說，施虐者的威脅並非是危言聳聽，因為過往的經驗告訴婦女這些威脅的內容是有可能會發生的。而施虐者威脅要傷害的對象除了婦女以外，還可能包含孩子、其他家人、甚至施虐者本身。Wilson 和 Daly（1993）即指出婦女一旦決心要離開施虐者，其所冒的危險在其剛離開時的前二個月會比留在虐待關係中時還要嚴重，而婦女被先生謀殺的機率在其分開時比同居時還高。Women's Rural Advocacy Program 亦指出婦女在嘗試離開時，最容易遭受到施虐者的殺害，台灣

的媒體亦經常報導先生殺害婦女的原因是因為婦女試圖要離開。

六、社會孤立

社會孤立的原因常來自於施虐者刻意斷絕婦女和外界的聯繫，孤立的方式包含要求婦女得經過其同意下方得和某人聯絡，或反對婦女和親友往來、阻止婦女到外頭工作等等。另外，在家暴仍被視為家務事，而女性角色扮演成功與否的指標又常以婚姻狀況作為決定的情形下，婦女往往會恥於向外界表達。為了避免他人發現這令婦女覺得難堪的事實，婦女也可能會刻意避開人群（劉慧玉，1999）。當然，社會孤立並不盡指施虐者或受虐者的因素而已，對於家庭暴力，外界刻意地避免介入，甚至對於受虐婦女常存有許多的歧視也是造成這些婦女與社會隔離的原因。

七、想幫助施虐者

許多施虐者也可能向婦女表達她是唯一瞭解他且可以幫助他的人。這不但能引起婦女的同情，也會讓婦女強烈地感受到自己的重要性（Redmond Washington 警察報告、筆者個人於實務上發現）。施虐者若正處於人生的低潮，婦女更會覺得不應該在此時離開他，而旁人的鼓勵甚至給予壓力，也會讓婦女更難以離開。

八、害怕改變

改變並非易事，且改變常需要有許多條件的配合，如金錢、他人的支持等等。對婦女來說，改變雖有可能可停止暴力再發生，但馬上得面對的其實是更多損失的可能。婦女可能會因此失去孩子、原有的社會地位或親友關係，尤其當關係的淵源是因婚姻而來時。另外，改變常意味著更多不確定的未來。婦女可能得捨棄舊有工作重新找工作、離開原居處（意味者斷絕社區支持系統）改變住的地方和幫孩子

轉學（如果是帶著孩子離開的話）。

九、害怕面對孤獨

　　由於和外界缺乏聯繫，再加上在施虐者刻意地孤立受虐婦女的情況下，受虐婦女的整個生活重心極可能都在施虐者身上，因此受虐婦女常擔心一旦離開施虐者，不知如何獨自面對生活。

十、仍愛著施虐者或對他仍存有一份希望

　　對許多遭受到虐待的婦女而言，恐懼、擔心、害怕、期待、挫敗、自責、憤怒等情緒可能是同時存在而難以釐清的，因為施虐者的態度極可能是陰晴不定，難以掌握。施虐者雖然會在情緒甚至肢體上虐待婦女，然而有時候，他也可能是個甜蜜的愛人，而不幸的是，這種情形最常發生在暴力剛發生之後（Walker, 1979），這會讓對於施虐者可能仍存有感情的婦女更覺得混淆，而不知如何做決定。

十一、創傷後的症狀

　　如同被綁架的人質一般，受虐婦女有可能會有逃避虐待的事實、憂鬱、恐懼害怕、健忘（例如無法記得暴力事件發生的某片段）、注意力難以集中、容易分神、曾經歷過的一些暴力的畫面會突然在腦海中閃過、甚至因為不斷的出現而有強迫性思考的情形發生。另外，暴力的經歷也促使這些婦女會和施暴者間呈現一種痛苦形式的連結關係（traumatic bonding），婦女極有可能因為害怕再度受到傷害而對施暴者言聽計從，並且認為沒有其他選擇的可能。有些學者將此解釋為習得的無助（learned helplessness）。認為婦女在遭受虐待的過程中，會開始深信她無法控制她的生活，甚至掌握自己的生命安全。不過針對此，Herman（Loring and Smith, 1994）認為受虐婦女不是經驗習得的無助，而是當婦女發覺她的一舉一動都在施虐者的監視下，且原先以為有效的對應方

式都遭到施虐者的反挫，或甚至帶來更嚴重的暴力虐待時，她會慢慢學習到在採取任何行動前，必須先審慎評估施虐者可能會有的報復行動。

十二、頭部受創而起的連帶影響：

在肢體虐待的過程中，婦女的「頭部」經常是加害人攻擊的目標（Walker, 1979）。有時候，即便加害人沒有直接攻擊婦女的頭部，仍有可能造成婦女腦部永久的傷害（tbihome.org）。頭部受傷嚴重時，可造成昏迷（coma）與血腫（hematoma），即便是較輕微的腦部受傷（subtle brain injury），婦女遭受攻擊時只是暫時失去知覺，然仍有可能造成永久的傷害。這種較輕微的腦部受傷由於不一定能以斷層掃瞄儀器檢查出來，再加上許多症狀常在幾個禮拜甚至幾個月後方才紛紛出現，因此很容易受到醫護人員、其他人或當事人忽視後續症狀與當初受暴（initial insult）的相關性（Monahan and O'Leary, 1999）。

較輕微的腦部受傷對婦女所造成的並不是腦部特定區塊的影響，如語言或知覺，而是一般性的，如腦部反應的速度及其有效性（efficiency）、心智整合執行的能力退化、記憶力衰退、專注力減弱、對個人行為控制能力減弱、抽象思考能力變差、失去某些記憶、精神疲勞、有困難做決定等。對於這些因腦部受傷而引起的負作用，婦女未必能精細地敏感到或有辦法向他人清楚陳述，而是以頭痛、頭暈等方式抱怨她的不舒服。較輕微的腦部受傷雖不足以致命，卻會嚴重地干擾到個人的日常生活、就業與生理調適，當然也就相對地增加了婦女離開虐待關係的困難（Monahan and O'Leary, 1999）。

第二節　親密伴侶暴力之循環

事實上，愛和暴力很可能是交錯並行的，Walker（1979）即根

據受虐婦女的經驗提出暴力循環理論（the cycle theory of violence）
（如下圖 4-1）：

圖 4-1　暴力循環圖

階段三：平靜、愛、否認
在這個階段，施虐者會表示懺悔，淡化其所
造成的傷害、並且承諾他會改變或補償受虐者。
此階段也有可能會被跳過，而直接到下一個階段。

階段一：壓力累積
施虐者的憤怒增加、指責、爭吵，壓力
提高。這階段持續的時間可能從數分鐘
到數月之久。

階段二：暴力爆發
肢體虐待、性虐待、口語威脅、情緒虐待。通
常發生原因源於小事。此階段一旦爆發，受虐者很
難阻止施虐者的暴力行為發生。

（以上圖表乃參考作者於美上課資料所製作）

二、施虐者和受虐婦女在此三階段的反應（Walker, L., 1979）

階段一：壓力累積

施虐的男性
有一些憤怒、在口語上騷擾婦女、
有小小的虐待事件發生、警覺（對
於家人有更多的限制）越來越擔心
婦女會離開、佔有慾和嫉妒感增
強、攻擊性行為增加、壓力、焦慮
、憤怒增加。

婦女的反應
安撫、順從、否認施虐者的
憤怒、接受、正當化施虐者
的行為、譴責外來的壓力、
和可能提供協助的人聯繫、
確定責任歸屬、掩蓋所發生
的事、壓力、焦慮、憤怒、
恐懼增加。

階段二：暴力爆發

施虐的男性
暴力發生、憤怒、給她一點
教訓、正當化暴力的行為、
指責受虐者、注意到其所造
成的傷害、主控是否結束此
階段、自我價值感降低、覺
得疲憊。

婦女的反應
被動地接受、迴避、不相信、淡
化受傷的程度、在暴力剛發生的
24-48小時內情緒崩潰，而後無
精打采、覺得無助、憂鬱、孤立
、延遲尋求協助、自我價值感降
低、可能會試圖改變。

階段三：平靜、愛、否認

施虐的男性
慈愛、後悔、仁慈、尋求原諒
、承諾「永遠不會再有下次
了」、正當化暴力的行為、指
責受虐者、需要獲得婦女的接
受以證明自己、對自己感到矛
盾。

婦女的反應
完全地被說服、對於離開
會覺得自責、覺得自己要
為施虐者負責、相信他、
強化留下來的決心、感受
到被需要、想證明自己、
提升自己、對自己感到矛
盾。

　　以上所提到種種阻礙婦女脫離虐待關係的因素，並非是分別存在，而是相互交錯，形成一張綿密的網，一層一層地將婦女困住。婦女在脫離虐待的過程中除了需要有強大的支持系統外，還需要很大的毅力和勇氣。而暴力循環就如同網上的渦流一般，讓婦女在看到希望的剎那，卻又很快地掉入絕望的深淵（參見圖 4-2）。在這反覆的過程中，婦女有可能會學習到「離開是不可能的」的無助感覺（the learned helplessness）（Walker, 1979），也有可能仍會不斷地尋求各種機會以離開虐待的關係（helpseeker）（Gondolf, E. W. and Fisher, 1988）。

圖 4-2　漩渦圖

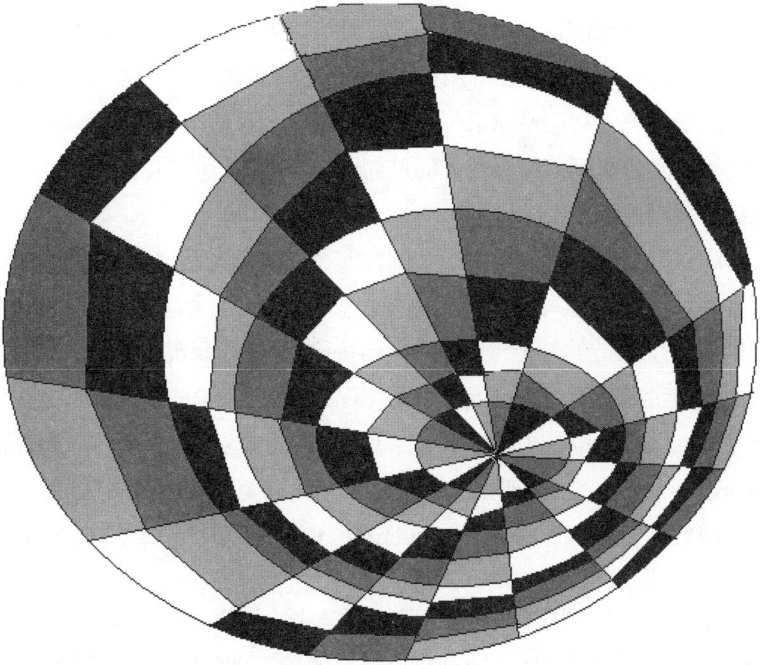

第三節　邊緣婦女在虐待關係中所遭遇的困境之探討

　　其實，婦女處於不同的狀況，其所面對的困境是有些不同的。以上所提到的種種阻礙，雖然是一般受虐婦女都可能會遭遇的，然而對於屬於婦女中更為弱勢者，其處境常更艱辛。例如女同性戀者（lesbian）、身心障礙婦女、原住民婦女、新移民婦女。這些婦女除了得承受這個社會對於女性既有的不公平對待，及對於受虐婦女的污名化外，還得忍受各種的歧視。

　　礙於台灣對於婚姻的定義仍僅限於一夫一妻制，同性戀者（homosexual）是否納入我國家庭暴力防治法的適用對象，一直頗有爭議。換句話說，女同性戀者一旦遭受到親密伴侶虐待，極可能僅能尋求一般的傷害告訴，而無法聲請保護令以限制對方不可對自己再有繼續虐待的行為[5]。另外，由於台灣社會對於同性戀者仍有相當大的歧視與不瞭解，女同性戀者一旦想尋求協助，恐怕首先要面對的不是如何證明她遭受到何種虐待，而是如何說明虐待她的親密伴侶是位女性而不是刻板印象中的男性。

　　除了缺乏法律的保障外，女同性戀者尚須面對社會大眾對於同志親密伴侶間虐待特有的迷思，這些迷思包含（1）女同性戀者間不會或很少發生虐待的情形。美國的一項研究調查即發現約有 59.8% 的女同性戀者曾受到親密伴侶的虐待（Waterman and Bologna, 1987，引自 Loring and Smith, 1994）；（2）要離開一個女同性戀者間的虐待關係是容易的；（3）如果女同性戀者間真的有發生虐待的情形，應該是彼此虐待才對（Lesbian Battering intervention Project, Minnesota

---

[5]　在美國，不管是同性戀者或男女朋友皆可依據各州的成人虐待法案（Adult Abuse Act）聲請暫時保護令（temporary ex parte order of protection）或是通常保護令（full order of protection）。

Coalition for Battered Women)。這些迷思造成女同性戀者在遭遇親密伴侶虐待時，更難得到外界的支持與協助。而即便是同屬女同性戀團體的朋友也常會在為了避免外界增強對於同性戀者的負面印象，及不願意破壞「女同性戀烏托邦」(lesbian utopia)的想像[6]下，刻意淡化虐待的事實，或不希望事情被揭露(West, 1998)，而給予受虐者壓力。另外，由於女同性戀的社群往往不大，因此虐待的情事一旦曝光，極有可能整個社群皆知道這件事，當事人的身分隱私無法得到保障。再者，在圈子很小，認識的人有限的情形下，遭受到虐待的女同性戀者一旦離開虐待的關係，常更為孤立(Lesbian Battering intervention Project, Minnesota Coalition for Battered Women)。

　　和女同性戀者比較起來，新移民婦女[7]雖然是台灣家庭暴力防治法的適用對象，然而其所面對的困境卻依然是坎坷且難以得到支援的。在台灣，「外籍新娘」及「大陸新娘」似乎已成為某些特定人群的專有名詞。「外籍新娘」原來應是屬於異國通婚的婦女，然而和因為工作、唸書等原因而和台灣的男子結婚並居住於台灣的婦女不同的是，「外籍新娘」在台灣社會為專指來自東南亞與台灣男子結婚的這一群人。這一群人被認為大多不曾受過高等教育、家境貧困(夏曉鵑，2002)，而不管其和台灣男子之間到底經過多少時間的交往，其婚姻經常被界定為是「買賣婚姻」。婚姻既然是充滿了買賣的性質，「犧牲」、「低自我價值」、「為追求更富裕的生活方式」、「無自主性」、「被壓迫」等聯想即很容易產生。而不管是那一種聯想，皆充

---

[6]　由於女性一般被認為較溫和柔順不暴力，因此女同性戀間的親密關係應該是和諧愉悅的。

[7]　不管是外籍新娘或大陸新娘，皆深刻地隱含了「外人」與「附屬於台灣男人的新娘」的寓意(夏曉鵑，2002)，此處作者試圖避免標籤化這些婦女，故稱之為「新移民婦女」。

滿了不瞭解與可能帶有的迷思與歧視。

除了得承受許多的不解與歧視外，新移民婦女一旦發生家暴事件，還會因為以下幾個原因而使其更難離開虐待的關係：

一、缺乏正式或非正式支持系統

新移民婦女大多隻身在台，身旁少有可以提供支持之親友，一旦遭遇虐待，常求助無門。而對於新移民婦女，部分社福單位雖可提供服務，然而卻常礙於工作人員語言上的限制，文化上的隔閡，致使其能提供的協助相當有限。

二、法令上的限制

新移民婦女若要取得台灣的身分證及居留權，必須經過一連串申請居留、歸化等漫長過程，取得過程除了得耗費數年外，並於每個申請階段皆需要先生的證明或取得其同意，此猶如令其先生掐住其脖子一般，一旦遭遇先生虐待而欲脫離虐待關係時，馬上面臨居留及取得身分證困難。而居留時間的限制也使得這些婦女難以配合法律訴訟的時間來為自己爭取權益或孩子的監護權。

三、文化上的隔閡

由於對台灣的民俗風情瞭解有限，新移民婦女在遭受到家暴時，常無法確定其周遭的人是如何看待。這種不確定性增加了求助的困難。

四、語言及文字上的限制

語言及文字使用上的限制不僅使得新移民婦女得更依賴先生或其家人，也增加她們生活適應上的困難及取得相關權益資訊的不容易。

五、經濟上的限制

　　礙於法令、語言及文字識字上的限制，新移民婦女在經濟上大多依賴夫家為多，一旦欲脫離虐待關係，馬上面臨生活困境。

　　雖然因為同屬華人系統的緣故，來自中國的新移民婦女較無語言溝通的問題，然而法令的層層限制及其他在經濟、非正式系統的支持薄弱，甚至因為台灣與中國之間政治的敏感問題而可能遭受的敵意，同樣使得中國的新移民婦女若遭遇到親密伴侶暴力時，處境更為艱辛，而要脫離虐待的關係就更加困難。

第五章
對親密伴侶暴力不同觀點之介紹

　　對於親密伴侶暴力的詮釋深遠地被幾個基本問題所影響，如我們所關注的是什麼？什麼問題該被處理？誰才是真正的受虐婦女或加害人？不同的詮釋架構，就如同透過相機的不同鏡頭，引領我們看到不同的「真相」，直接牽動到我們如何看待暴力，甚至如何感受它的存在（Gelles and Loseke, 1993）。

　　人們常以為真相只有一個，真相與真相之間是不可能同時存在的，卻忘了透過不同鏡頭（lens）所看到的圖像常僅是整個畫面的一部分，任誰再努力，也僅能儘量匯整不同角度探索圖像，試圖更接近整個畫面。尚且，在解析圖像時，我們很容易忽略「鏡頭」本身的存在，更遑論進一步了解這些鏡頭是如何影響我們看這世界。誠如以上所提，經由不同鏡頭看世界，所看到的圖像常是不同的；對於親密伴侶暴力因不同角度切入，而造成解釋上的差異性，正顯現我們因以不同鏡頭檢視親密伴侶暴力，所造成對於發生原因詮釋上的差異性。截至目前為止，對於親密關係之間暴力發生的原因尚無定論，且不同的時代與文化，所推崇的主流觀點並不相同。在這種情形下，本文僅能盡量提供讀者以多元的角度來看待親密伴侶暴力。以下分別從心理學、家庭社會學（Family Sociology）、與女性主義（Feminist Approach）不同觀點做介紹。

第一節　心理學觀點

　　從個人的人格特質與心理異常以解釋親密伴侶暴力的發生，可說是最早被提出的論點（Gelles and Loseke, 1993）。例如早期曾以「被虐待狂」（masochism）解釋為何受虐婦女未離開虐待關係。這樣的解釋隨後遭到嚴厲的批判，主要理由有三：（1）這種歸因方式，無疑地是再度譴責這些已經遭受到傷害的婦女；（2）「被虐待狂」的相關證據在這些受虐婦女身上並未被發現；（3）對問題的改善並未有幫助，且極易為施虐者找藉口卸除其施暴的責任（O'Leary, 1993）。

　　另外，有些研究從生物、心理與社會壓力的角度切入，試圖瞭解到底是什麼原因引發暴力，尤其是肢體上的攻擊。O'Leary（1993）認為大部分肢體暴力發生的原因並非是疾病導致，而是多種因素交互作用的結果。他並且依暴力的嚴重程度，探討不同的因素對各種暴力型態的影響（參見表 5-1）。

　　O'Leary（1993）雖然承認性別社會化與父權體制強化了男性對女性親密伴侶的暴力虐待，不過仍堅信侵略、強迫與防衛性強的人和肢體暴力有相當大的關連性，尤其是男性（相較於女性）。針對此，Holtzworth-Munroe 和 Stuart 亦提出一些相似的觀點，並且將施虐者分為三種類型（參見表 5-2）（Holtzworth-Munroe, Meehan, Herron and Stuart, 1999）。

表 5-1　親密關係攻擊性行為之程度與影響因素

	口語攻擊 ➤	肢體攻擊 ➤	嚴重攻擊 ➤ 謀殺
攻擊方式	蔑視 大聲吼叫 羞辱	推擠 摑掌 掐脖子	敲打 拳打腳踢 以物品擊打

攻擊原因	控制的需求 ────────────────────➤ 權力誤用 ─────────────────────➤ 嫉妒 ───────────────────────➤ 婚姻不協調 ───────────────────➤ 　　　　　　將暴力視為控制的手段 ───────➤ 　　　　　　建立起肢體攻擊的模式 ───────➤ 　　　　　　童年時期曾受虐 ─────────➤ 　　　　　　侵略型人格特質 ─────────➤ 　　　　　　酗酒 ──────────────➤ 　　　　　　　　　　　人格違常 ──────➤ 　　　　　　　　　　　情緒不穩定 ─────➤ 　　　　　　　　　　　低自尊 ───────➤

資料來源：O'Leary, K. D. (1993). Through a psychological lens: personality traits, personality disorders, and levels of violence. *In Current controversies on family violence*. Gelles, R. J. and Loseke, D. R. (eds.) pp.20. California, Sage.

表 5-2　施虐者三類型

類型	暴力行為特徵	其他伴隨問題	暴力發生原因
僅在家施暴型（family-only）	暴力行為相較於其他類型最為輕微，較少使用心理或性虐待。	雖可能有點依賴伴侶，然和其他人的關係一般而言沒什麼問題。在親密關係的建立上雖有些問題，不過仍具足夠的一般社交能力。	暴力常是因婚姻及其他生活壓力所導致。在缺乏適當的溝通技巧下，當雙方的衝突提高時，爆發肢體暴力。對暴力並不認同，對女性亦無敵意。
煩躁不安／邊緣型（dysphoric/borderline）	暴力可從輕微到嚴重，包含心理與性虐待，施虐對象主要以配偶為主，有時亦涉及到家庭外的暴力行為，或其他犯罪情事。	煩躁不安、情緒反覆、有心理困擾、有些人會有藥癮或酒癮。有困難控制憤怒，特別是針對配偶。	童年可能曾遭受過虐待或父母親的拒絕。有困難和親密伴侶建立信任穩定的關係，依賴且擔心失去親密伴侶，缺乏社交技巧，對女性有敵意。有些認同暴力。
一般／反社會型（generally/antisocial）	暴力可從輕微到嚴重，包含心理與性虐待，常有一些家庭以外的暴力，或涉及犯罪的行為。	常有藥癮或酒癮、反社會人格或有精神疾病。	相較於其他類型，最有可能具有先天或基因上的反社會或攻擊行為。常來自暴力家庭，不管在婚姻或其他關係皆缺乏技巧，對女人有敵意，認同暴力。

　　除了經由研究以瞭解不同程度之施暴者類型外，一些實務工作者亦整理出施虐者共同的行為特徵（the Women's Center）：

1. 嫉妒——經常想像受虐婦女有外遇（或其他親密異性朋友）。
2. 試圖孤立受虐婦女。
3. 試圖控制受虐婦女。
4. 雙重人格。
5. 難以控制情緒。
6. 在沒有外在導火線下，即容易突然發脾氣。
7. 會告訴受虐婦女，全都是她的錯，將自己的錯歸咎到受虐婦女身上。
8. 除了肢體暴力外，亦有言語上的暴力（詆毀、辱罵、貶抑）。
9. 否認或淡化暴力虐待的嚴重程度。
10. 當受虐婦女懷孕或剛生產完後，暴力行為可能會更嚴重。
11. 在暴力發生之後，常會以做任何事情企圖挽回或留住受虐婦女。
12. 一旦受虐婦女留下或回到施虐者身邊，暴力會再發生。

　　另外，實務工作者亦彙整出虐待關係中施虐者與受虐者常出現的警告訊號對照表（見右表 5-3）（the Women's Center）。

還有其他特徵？

表 5-3　虐待關係中施虐者與受虐者常出現的警告訊號對照表

施虐者	受虐者
☐ 試圖控制與孤立對方	☐ 總是對他感到愧疚
☐ 持續出現嫉妒的情形	☐ 為得到他的注意，不斷阿諛他
☐ 情緒不穩定	☐ 相信只要自己全按照他的意思做
☐ 持男性應該要強而有力之刻板印象	事，暴力就會停止
☐ 有藥癮或酒癮	☐ 覺得自己應為暴力負責
☐ 來自暴力的家庭	☐ 覺得自己是唯一愛他，瞭解及可
☐ 情緒容易失控	以幫助他的人
☐ 將自己的行為歸咎為他人所造成	☐ 因為和他有過性關係而認為自己
☐ 使用一些具攻擊性的言語	應和他在一起
☐ 常要求對方應做什麼	☐ 認為他的佔有慾是因為愛所造成
☐ 貶抑對方沒有用	☐ 害怕若離開他，他會傷害自己或
☐ 在他人面前羞辱對方	他人
☐ 總想按自己的方式做事	☐ 相信事情自然會好轉問題會解決
☐ 不鼓勵對方和家人或朋友往來	
☐ 任性、自我中心	
☐ 相信自己可以為所欲為	
☐ 只要有任何問題發生，都認為是對	
方造成	
☐ 總是期待對方贊同他的想法	
☐ 不鼓勵對方有自己的活動	

引自 the Women's Center.

第二節　家庭社會學觀點

　　有別於心理學從個人切入，家庭社會學觀點乃將家庭視為一個社會體制。家族治療或婚姻諮商可說都是以家庭社會學路線為主所延伸出來的治療取向。婚姻諮商（couple counseling; marital counseling）或家族治療（family therapy）到底是否適合運用在處於親密伴侶暴力狀態的親密關係，一直都是備受爭議的問題（Margolin and Burman, 1993）。贊成者以為婚姻諮商或家族治療是許多期待只要暴力停止，而依然可以和施虐者在一起的受虐婦女的另一選擇（Taylor, 1984）。另外，這二種治療方法也可說是因應實際需求而定，因為據估計在暴力發生之後，仍約有 50% 的伴侶會在一起（Weidman, 1986）。

　　而 Taylor 更提出以結構式的聯合治療（structured conjoint therapy）來處理輕微或中度虐待關係是有效的說法。根據 Taylor 所提出：暴力的發生乃是經由目睹到攻擊性行為學習而來，因此施虐者若能瞭解到這點，即較願意為其暴力行為負起責任，並進行改變。雖然暴力的開始通常都是由施虐者以具攻擊性的方式來表達其憤怒，然而在經由和受虐者不斷互動之後，逐漸形成一個虐待系統（an abusive system）。施虐者和受虐者的行為模式固定，並且經由一方啟動足以令另一方憤怒的導火線而促使暴力發生，這樣的互動模式成為一種循環。而結構式的聯合治療正是在於促使雙方瞭解到這種情形的存在，經由治療者的介入，改變施虐者具傷害力的憤怒表達為建設性的方式，阻斷會強化其虐待行為的自我對話，建立正向回饋，打破負向互動循環，練習以「我」為開頭的訊息表達，治療師以要求雙方都寫日記，記載其溝通方式等以瞭解其情況，以角色扮演的方式讓雙方更熟悉這些技巧的運用。

　　由於憤怒的處理幾乎可以說是結構式的聯合治療相當關注的議

題，因此 Taylor 亦鼓勵當憤怒的一方已快失控時，另一方可以讓問題表面化進行討論，如果這個策略不管用，則可以以時間暫停（timeout）[8] 的方法來緩和情況。為了避免時間暫停成為控制對方或逃避問題的工具，Taylor 提出雙方可以訂立契約，要求時間暫停的使用乃是為了維繫人身安全的目的。除了時間暫停外，敏感身體的壓力和學習如何放鬆亦是避免憤怒及失去控制的方法。

雖然學習如何以建設性的方式表達憤怒，可以減少暴力的發生，不過對於實際問題的解決效果仍可能有限，為了促使問題解決，改善雙方關係，Taylor 提出四個問題解決取向四步驟：

1. 事前瞭解問題的根源。
2. 就事論事面質（confront）討論問題。
3. 避免挑起或給予對方壓力。
4. 對於成功的經驗、自我控制可以給予自己獎賞，若要給對方批評時，應注意是否是出於善意。

婚姻諮商的訓練著重於如何協助夫妻或親密伴侶溝通或協調好一些，而家族治療則期待以治療者中立的立場，在不責備任何一個家庭成員的前提下，能夠協助家庭發現其互動的循環系統，瞭解其家庭動力是如何在影響其成員，進一步解決家庭成員間互動的問題（Mederos, 1999; Margolin and Burman, 1993）。由於暴力被認為僅是家庭動力失功能（dysfunction）狀況的一種顯示，因此此二種學派較不傾向以懲罰使用暴力者，做為解決家庭衝突的一種手段（Hagen and

---

[8] 根據 Taylor（1984），time-out 是一種可以促使氣氛緩和下來的技巧，方式包含給雙方或其他涉入的人有情緒冷卻的空間（例如不再說些刺激的語言）、減少互動、和具體的物理距離（例如離開現場）。

Davis, 1988）。

女性主義模式和家族治療模式雖並不必然是互斥，但是以系統理論為根基的家族治療模式仍遭受到女性主義模式的質疑，其內容包含：

1. 將親密伴侶暴力視為只是有問題的婚姻的一種形式，或是為家庭失功能而已，忽略了其對家庭成員會造成的傷害程度，及生命威脅（Bograc, 1984）。

2. 由於系統理論認為系統本身自會創造平衡，因此暴力被視為是穩定系統的一種方式（Bograc, 1984），輕忽了暴力對受虐婦女及子女所帶來的嚴重傷害。

3. 當系統理論強調人際之間的問題乃是「互動」之後的產物時，暗示著親密伴侶暴力的產生部分原因是來自於婦女的不當行為所致，婦女應為暴力負起責任，並且進行改變。這樣的思考方式不但讓暴力行為正當化，而且亦落入譴責受虐婦女的共犯結構中（吳國宏、錢文譯，2001；Bograc, 1984）。

4. 當治療者深信暴力乃是因為溝通不良或關係不好而造成時，遺憾的是，當治療者可能已花了很長的時間，不斷致力於解開家庭深層的根節因素時，並無法阻止親密伴侶暴力的再發生（Mederos, 1999）。

5. 當家族治療模式鼓勵受虐婦女以「我」這樣的字眼表達內在想法，不要有所隱瞞，以企圖改善婦女的溝通技巧時，忽略婦女在以這種方式表達她的感受想法後，常遭致施虐者更多的肢體虐待的事實（Mederos, 1999）。

6. 純以系統理論來看待夫妻之間的互動時，容易忽視女性及男性在生理特點上的差異性。男性不管是在身材上或在力氣上都遠

大於女性，因此一旦發生肢體衝突，除非是使用武器（若使用武器，男女對彼此造成危險的程度是接近的， Saunders, 1988 ，引自 Margolin and Burman, 1993），否則男性所造成的傷害程度遠大於女性。 Stets 和 Straus 在 1990 年亦提出親密伴侶暴力所造成的肢體傷害需送醫急救者，男女的比例為 0.4% ： 3%（Margolin and Burman, 1993）。

7. 系統理論將家庭的關係單純解釋為系統內部互動的結果，忽視了社會、經濟及政治環境對於家庭裡的個人所造成的影響（Phyllis Frank, Volunteer Counseling Services, Inc.）。

Frank 和 Houghton（Volunteer Counseling Services, Inc.）更進一步指出將婚姻諮商運用在仍處於虐待關係的親密伴侶時將導致：

1. 危及受虐婦女的安全，尤其當她坦露了施虐者不願揭露的事實時。

2. 強化社會及施虐者認為受虐婦女應為其受虐負起責任的信念。

3. 當婚姻諮商者將焦點放在伴侶之間的互動關係上時，容易忽視加害人會否認、淡化、隱瞞其暴力。

4. 揭示治療者對於暴力行為的態度是接受、覺得不重要、與可以原諒的。

5. 強化性別角色的刻板印象，忽視了受虐婦女對於維繫關係的意願與權利。

6. 婦女極可能因為擔心施虐者的報復，而在諮商過程掩飾施虐者的暴力虐待，此將增加婦女被孤立的感覺，並且影響到婦女後續採取行動尋求其他協助的意願。

7. 暗示受虐婦女有責任幫助施虐者尋求協助。尤其是當施虐者拒絕除了婚姻諮商以外的其他治療時，若仍施以婚姻諮商，諮商

員極可能成為與施虐者權力操控受虐婦女的共謀。

Frank 和 Houghton（Volunteer Counseling Services, Inc.）同時提出婚姻諮商的進行必須具備以下幾個條件：

1. 施虐者已完成或正在參加施虐者方案。
2. 施虐者認知到他有能力控制與終止自己對於伴侶的暴力行為，並且承諾不再對她施虐。
3. 當個別晤談時，受虐婦女不再自責，並且瞭解到是施虐者該為其暴力負起責任。
4. 雙方同意可以個別進行晤談。
5. 施虐者的暴力行為已終止 6 個月以上。

即便是具有以上幾個條件，Frank 和 Houghton 仍然提醒諮商者在進行

諮商時需注意下列四點：

1. 不要假設雙方已具有對等的權力和同樣的資源條件可以提出問題解決的方式或協調談判的籌碼。
2. 對於過往的歷史應多蒐集資料及訊息，並且敏感過往對於現在的影響。
3. 協助雙方發洩其憤怒。
4. 應認知到有些問題並不必然是因為「互動」而產生。

在對於家族治療及婚姻諮商仍存有許多疑慮的情況下，近幾年來已有些團體或家庭暴力防治方案禁止其工作人員對於受虐婦女進行婚姻諮商或包含施虐配偶在內的家族治療（即便是伴侶一方或雙方同時提出有此需要，亦不提供）。例如作者在美國讀書時實習的二個單位，包含布里基維婦女中心（Bridgeway, the Women's Center, 24-Hour

Hotline）及聖查爾士縣檢察官辦公室犯罪受虐婦女支持方案（St. Charles County Prosecuting Attorney's Office, Victims of Crime Assistance Program）。而著名的密里蘇達州杜魯斯（Duluth）家庭虐待介入方案（the Domestic Abuse Intervention Project）則協調當地的諮商團體對於仍處於虐待關係的親密伴侶不再提供婚姻諮商服務（Pence and McDonnell, 1999）。

第三節　女性主義觀點

性別與權力可說是女性主義思考取向的核心基礎。和家族治療與婚姻諮商強調系統與互動理論迥然不同的地方是，女性主義採用了結構主義的觀點，認為「問題」的本身並不必然是問題，而常是一種現象的呈現。而問題的產生常是一連串非常複雜的社會、文化、團體與個人交相運作的結果（Kanuha, 1996）。分析群體中的個人人格特質已不是女性主義關心的問題，相對的，其關注的焦點在於父權結構對於女性所帶來的壓迫及傷害。而男性則在社會化的過程中被教導如何以其先天生理上的優勢，及社會文化賦予的資源來征服女性，並在父權架構下被授予合法權力控制女性，尤其是其配偶（Margolin and Burman, 1993; Aderson, 1997）。女性主義運動的主旨正是在打破父權的社會結構，增權（empower）與解放（extricate）女性，以追求兩性平權的社會。為了達到此目的，改變社會體制，教育男性尊重女性，必要時以法令懲罰施虐的男性，並提供女性，尤其是遭受到虐待的女性足夠的支持可說是相當重要的。

在女性主義的思考架構下，顯然的，家庭暴力已不再屬於家務內部的私人事情，而是亟待整個社會共同動員介入的公共事務（Hagen and Davis, 1988）。施虐的男性被認為是可以控制其暴力行為，並具有

足夠的能力選擇不同的行為表現，即便是在高度壓力或極度憤怒的情況之下亦然。因此這些以暴力傷害其親密伴侶的男性被認為應該為其暴力行為負起完全的責任（Pence Shepard, 1999）。不管是透過教育性方案或司法系統犯罪預防處遇，其目的皆在糾正施虐男性認為他可以理所當然以暴力對待配偶的觀念。酒、藥癮雖然於處遇計畫中，會被考慮配合相關的治療方案，然而並不應該成為合理化其暴力行為的理由。

　　相對於男性擁有生理與父權結構的優勢，女性主義思考取向認為當男性對親密伴侶暴力相向時，此伴侶是個無辜的受虐婦女。由於女性不管是在生理或社會結構乃至於文化下，皆處於弱勢，因此一旦遭受暴力，若無足夠的支持，實在難以脫離施虐者的掌控。而所謂的支持，並不僅限於心理上，還包含經濟上、司法上、居住、工作與兒童托育等等，而應該參與介入的除了社會工作者外、警察、法官、檢察官、諮商人員、教育人員、醫療人員等等，皆被納入支持系統體系的必要人員。為了能夠達到暴力預防、確保婦女的生命安全及促使施虐者為暴力行為負起責任，整合性的社區防治網絡是不可缺乏的必要機制。整合性的社區防治網絡其功能不僅在提供施虐者與受虐者需要的處遇或相關服務，也試圖以此宣示社會，尤其是公權力對於暴力的不再容忍，從長期來看，正是期待以此能改變社會對於女性的不公平對待（Pence and Shepard, 1999;Hamby, 1998; Hemmons, 1981）。

　　當女性主義不斷地挑戰家庭社會學忽視家庭中權力結構不平衡及受虐婦女安全的問題時，同樣的，女性主義亦遭致許多質疑。這些質疑包含：

　　1. 研究結果過度擴充：為了瞭解受虐婦女的經驗，早期女性主義大多採深度訪談（in-depth interview）的方式，蒐集婦女於虐

待關係中的相關資料。這些資料不管是在訪視的人數上，或樣本的代表性上，皆相當侷限於特定人士（如住在庇護中心的婦女）的經驗或認知。以此非常有限的樣本推論到整體人口，無疑的極可能會犯了研究方法上過度推論的毛病，甚至以未發現或未經過證實的內容來推估發生的原因（Nazroo, 1999）。

2. 作為親密伴侶暴力研究的重要對象之一的「男性的聲音」是嚴重被忽視的。因以在透過受虐婦女的意見或經驗表達下，所間接地推論出的暴力循環或權力控制理論到底是否符合男性施虐者的經驗，令人懷疑（Nazroo, 1999）。

3. 「權力控制理論」的發展源由來自婦女參加團體時的陳述而來。然而根據 Pence（1999），婦女於團體時的表達是：「當他施暴的時候，他會得到權力和控制」（When he is violent, he gets power and he gets control, pp.28）。這樣的訊息在陳述的是暴力發生時的一種狀況，並無所謂因果關係；然而女性主義卻將其轉換為具有因果論的：「為了要取得權力和控制，他使用了暴力」。Pence 特別提出，婦女的表達和女性主義的論述，其差異點並非是語意學，而是邏輯上的不同。

第三篇
社會工作處置對
受虐婦女的介入

前言

在本篇的內容中，首先著重在釐清社會工作者在與受虐婦女工作時，其角色及蘊含在這些角色底下的價值信念與對人的觀點。由於在實務上，社會工作不僅是知識的操作，也是人與人的交互影響。因以社會工作者對自我的瞭解程度和世界觀，都將是工作能否推動的關鍵因素。在釐清完工作者的角色之後，作者試圖提出幾個較常運用或容易被忽視，然而卻相當重要的工作模式，包含危機處理模式、悲傷失落處理模式、團體工作模式以及個案管理工作模式。當然，工作方法的本身，是相當多元有變化的，在此提出四種工作模式，乃限於篇幅與作者的知識能力之有限。因以在實務操作上，實務工作者或可以其個人之專長配合地方的社會文化情境脈絡，靈活地運用。

個案管理工作模式之所以獨立成章，一則是因考慮到個管模式乃屬於綜合性的工作方法，在操作面上可綜融危機處理、悲傷失落及團體工作模式。二則，作者在撰寫時，為了讓讀者有更具體的參考，因此難免介紹得較為詳細，所佔的篇幅較大，因此獨立出來，或可讓讀者更容易閱讀。

在介紹完幾個社會工作模式之後，作者以簡單的篇幅，將主題帶到多元文化之訓練。表面上，多元文化似乎是應台灣社會國際化而生，特別是台灣的社會工作者的工作對象越來越多是來自不同背景的婦女；然事實上，多元文化也可看作是社會工作，甚至是不同專業之基本訓練，因為我們不但是在面對具有一些相似或相同屬性的群體，也同時在與每個獨特的個體互動，這當中除了對於特定群體的背景需要具有整體的瞭解外，亦不可忽視個人的特性，否則以偏蓋全，帶著刻板化印象將讓我們更難與我們的工作對象靠近，遑論進一步去瞭解他們的想法與感受。

社會工作路漫長，特別是工作性質帶有危機處理，與外在環境極可能是充滿挑戰甚至是不友善的情況下，次級創傷似乎也成了從事婦女受虐的工作者需要瞭解與自我覺察之處。創傷的過程雖然痛苦，然而影響不一定全然是負面的，如何從創傷經驗走出，匯整入工作者個人的生命，不管是對於工作者個人的成長或專業的養成，有時候反而是種養分的可能。在第三篇的最後章節，作者以簡短的篇幅稍稍帶出「工作人員次級創傷」的介紹，內容不管是對於創傷的說明或是延續創傷，如何做好自我照顧，都嫌不足，也讓作者頗覺遺憾。然在面對篇幅有限，作者知識仍待統整的情況下，作者在篇尾提出此議題，乃期待工作人員在付出的同時，別忘了個人的自我照顧。另外，作者亦期待能以此拋磚引玉，引起更多人關心此議題。

第六章
社會工作者的角色

　　在實務工作上，從事親密伴侶暴力尤其是受虐婦女服務的工作人員常被譏為是「家庭破壞者」。這種印象不只存在於一些社會大眾心中，亦可能在某些工作人員的心底也存有這樣的疑慮。婚暴防治的工作人員，尤其是第一線從事受虐婦女危機處理的工作人員真的是家庭破壞者嗎？工作人員的角色到底是什麼？下面這段短文或許可作為工作人員自我的勉勵（以下短文採自 C. Parsons, 7/78, Wife Abuse Crisis Service 499 S. Patterson St. Memphis, TN 38111 ，由於原文書寫優美，因此亦附上原文）：

為什麼我們在這裡

我們在這裡聆聽……，而不是創造奇蹟

我們在這裡協助婦女發覺她們的感受……，而不是讓她們的感覺溜走

我們在這裡協助婦女確認她們的選擇……，而不是去替她們做決定

我們在這裡和婦女一起討論進行的步驟……，而不是替她們採取行動

我們在這裡協助婦女發現她們的優點……，

而不是去拯救她們且讓她們覺得她們是脆弱的

我們在這裡協助婦女發現她是可以幫助她自己的，而不是去替她負責

我們在這裡協助婦女如何去做選擇……，

而不是讓她們不需要去做困難的抉擇

我們在這裡提供支持以做改變

Why we are here

We are here to listen..., not to work miracles.

We are here to help a woman discover that they are feeling......,

not to make feelings go away.

We are here to help a woman identify her options......, not to decide for her.

We are here to discuss steps with a woman......, not to take steps for her.

We are here to help a woman discover her own strength......,

not to rescue her and leave her still vulnerable.

We are here to help a woman discover she can help herself......,

not to take responsibility for her.

We are here to help women learn to choose......,

not to make it unnecessary for them to make difficult choices.

We are here to provide support for change.

　　陪伴與控制常僅是一線之隔，角色的拿捏相當不容易，工作人員除了得隨時自我察覺，並透過督導系統強化專業知能外，亦需瞭解陪伴者與控制者在關係本質上的差異性。若基於平等與尊重的信念，則社會工作協助婦女的態度應是不批判、不規勸、給予鼓勵及支持、扮演猶如鏡子一般反映婦女的想法，澄清其疑慮、提供多元資訊且可分清楚工作人員與婦女之界線，工作的重點並非在改變他人，而是能夠相互學習。相對的，控制者常是以「拯救者的面貌出現，透過拯救的各種理由，控制受虐婦女，暗示甚至要求受虐婦女能夠達到拯救者（也就是控制者）的期待，這時候，婦女的主體性常逐漸消退，代之而起的是拯救者的想法意願成為目標的核心，一旦婦女沒達到拯救者

的期待，拯救者常會對自己或婦女感到失望，覺得挫敗，有時候甚至對婦女會感到憤怒。若仔細檢視拯救者與婦女的關係，可發現其關係是不平等、不尊重、帶有條件的付出以及批判的態度，這種關係就猶如同施暴者與婦女的虐待關係一般，再度複製了權力與控制的角色。另外一種情況是漠不關心，認為婦女受虐與自己無關者，這種角色，表面上似乎與親密伴侶虐待一點也扯不上關連，然事實上，卻在某種形式上，是暴力助長的共犯。

　　拯救者的角色雖可能在短時間之內解決受虐婦女的部分問題，然卻會製造更多的問題，甚至傷害到受虐婦女及剝奪了受虐婦女的權益。在拯救的過程，拯救者和受虐婦女的關係是不平等的，拯救者常會認為受虐婦女的知識、能力等不足以解決問題，而自己擁有較多的專業、能力、知識可以協助受虐婦女解決問題。一旦拯救者的角色由從旁的支持者轉換成解決問題的當事人，角色混淆除了會讓拯救者無法以更客觀的態度協助受虐婦女外，個人的情緒想法的捲入將讓整個介入的過程變得更為複雜，而妨礙問題的解決，甚至傷害到受虐婦女及拯救者本身。而拯救者和受虐婦女之間「權力和控制」的不平等關係除了極易讓受虐婦女再度陷入被操控的困境外，亦容易造成拯救者和受虐婦女之間的依賴關係，受虐婦女的能力難以展現，自信心無法增強（劉慧玉，1999）。

拯救者
控制、有條件的付出、不瞭解親密伴侶暴力、批判、不尊重的態度、不平等的關係。

漢不關心者
對婦女保持距離、不
關心、甚至拒絕婦女。

　　與拯救者角色似乎不同，然而亦有可能間接助長暴力的持續與嚴重程度的是漠不關心者。這些人往往急於和暴力撇清關係，合理化暴力，為其找理由，有時候，甚至會責備受虐婦女，例如質疑她為何不離開。

　　為了促使社會工作者是客觀尊重受虐婦女的滋養者角色，社會工作者應注意以下幾點：

一、協助受虐婦女建立「可以自我掌握」的感覺

　　這種可以自我掌握的感覺可先從小事做起，再慢慢擴及到較大或較困難的事物（Young, 1993）。詢問受虐婦女喜歡如何被稱呼，或希望在何處進行會談等，雖然對於社會工作者來說是輕而易舉的事，然而仍可以讓受虐婦女有可以自我掌握的感覺，而社會工作者尊重的態度也會在這過程流露。記住，當事人所需要的是社會工作者的鼓勵、支持與陪伴，而不是越俎代庖。

二、隨時確認尊重婦女的想法與感受

　　有時，即便是因為礙於受虐婦女的一時狀況，而不得不由社會工作者代為處理時，社會工作者亦應隨時和受虐婦女確認其想法與意願，確定社會工作者的處理方式並未背離受虐婦女的想法。而在事情

處理過程盡可能讓受虐婦女一起參與、學習。受虐婦女亦應被告知其有權利隨時提出想法、意見、與感受。

三、不規勸或給予受虐婦女忠告（advise）

「規勸」或「忠告」皆意味者社會工作者認為自己比受虐婦女更瞭解狀況，更有能力。這不但強烈暗示受虐婦女是較低劣，無能力解決其問題，社會工作者與受虐婦女之間亦容易形成權力與控制的不平等關係。而受虐婦女一旦接受社會工作者的忠告，亦意味著社會工作者多少應為事情的結果負責，此除了容易造成受虐婦女更無自信外（劉慧玉，1999），同時也剝奪了受虐婦女自我負責的學習機會。

四、釐清介入的目標乃在減少婦女的傷害與強化後續重建能力與機會

社會工作者應清楚明白整個介入的目的是在減少受虐婦女於危機發生時可能遭受的傷害，並增強其後續重建的機會與能力，而非在改變受虐婦女。事實上，沒有人可以或有權利改變他人，除非是當事人自己選擇改變（劉慧玉，1999）。社會工作者應是如鏡子一般忠實而不批評地反映（reflection）受虐婦女的想法與感受，增強受虐婦女的自我瞭解，並且使其感受得到接納（劉慧玉，1999）。

五、釐清社會工作者和受虐婦女之間的界線

在緊急狀況發生時，社會工作者雖然有可能對於受虐婦女的生活介入較多，然而社會工作者應讓受虐婦女明白這只是暫時的，一旦受虐婦女的情況趨於穩定，社會工作者將逐漸從受虐婦女的生活中退出，或僅只是扮演必要時的支持者角色。社會工作者亦應對於個人的限制（limitation）誠實告知受虐婦女，此不但可避免社會工作者陷入過度的負擔，喪失掉個人的需求的困境，對於受虐婦女亦有「人都是有其限制，而這是可以被接受的」示範作用（劉慧玉，1999）。

六、莫假設對於受虐婦女及其情況是完全瞭解的

　　即便是再有經驗的社會工作者，也會有不清楚狀況的時候。社會工作者過度的自信除了會限制其資訊蒐集，錯失許多瞭解受虐婦女的機會外，並且容易錯判情勢，造成更多的傷害。

平等尊重的陪伴者
不規勸、不批判、支持鼓勵、當一面鏡子、分清人我界線、重點非改變他人、相互學習、精神上的支持與客觀的態度。

第七章
社會工作對受虐婦女之介入模式與方法介紹

　　社會工作的工作方式相當多元且在實務上常會同時採用幾種工作模式合併的現象。本章會選擇危機介入模式、悲傷失落處理模式以及團體工作模式，乃考量到在婦女遭受生命威脅的緊急狀況時，工作人員需要更多的臨場反應。而這些臨場反應並不是僅靠直覺就足夠；相當重要的是，工作人員在有了相關的知識與訓練之後，能夠做好緊急處理。在此要特別強調的是，危機介入模式雖然時間一般可能比個管模式時間短，然而支持陪伴的工作仍相當重要。相對於緊急危機處理模式，悲傷失落模式被運用在受虐婦女身上的機會較少，社工人員常將重心放在緊急的生命安全處理或具體的服務提供，如經濟補助的申請，卻忘了婦女在猶豫著是否要離開虐待關係時，內心的掙扎，還包含了可能會失去某些她向來所憑藉重視的部分。這些內在掙扎若被忽視，婦女常會有不被了解支持的感受。團體工作在目前一些單位多半有提供，不過其形式以支持性團體居多。在團體工作模式部分，作者特別提出幾種不同團體，乃期待社工人員善用團體工作，以強化婦女間的支持外，團體亦有可能是相當好的倡導、組織的工作方式。而由婦女從個人為主體作發聲的動作，不但可因此激力了婦女，對其他類似遭遇的婦女亦常有意想不到的鼓舞作用。

第一節　危機介入模式

　　受虐婦女在暴力事情突發時，普遍會有退化回類似童年行為的反應，而一旦這種立即的危險解除了，則會就近尋求可以依靠或協助的對象。危機介入（crisis intervention）的目的正是在於透過他人（可能是受虐婦女的親友，也有可能是經過訓練的志工或專業人員）的適當支持與協助，減少受虐婦女於危機發生時可能遭受的傷害，並增強其後續重建的機會與能力。由於介入時間的延宕極可能會造成受虐婦女遭到更大傷害，甚至危及其性命，以及嚴重影響到後續的重建，因此危機介入除了強調社會工作者的適當態度技巧外，「越早介入效果越好」也成為危機介入相當重要的原則（Young, 1993; Corcoran, Margaret, Perryman and Allen, 2001）。

　　危機介入的要點與技巧如下：

一、確認受虐婦女的安全（safety）及提供其安全的感覺（security）

　　受虐婦女的安全所指的乃是受虐婦女的身體安全（physical safety），而安全感則是指其對於外在周遭環境是否安全的一種主觀感受。社會工作者不管是當面或以電話接觸到受虐婦女時，首先應確認的是受虐婦女的身體安全。受虐婦女在遭受突發的驚嚇時，經常容易忽視其身體上的傷害或是自己是否仍處於危險的情境中。因此社會工作者若無法親自檢視受虐婦女的身體安全時（譬如對方是以電話求助），則可以以「你／妳現在安全嗎？」提醒對方檢視個人受傷的情形及其周圍環境的安全性（Young, 1993）。

　　除了身體的安全外，社會工作者亦須注意到受虐婦女是否有安全的感覺。下列情形容易造成受虐婦女覺得不安全，即便是有執法人員在現場：

　　1. 受虐婦女可以聽到甚至見到執法人員和加害人交談。

　　2. 受虐婦女在被攻擊的地點接受訪視或會談。

　　3. 受虐婦女沒有機會換掉被扯破的衣服。

　　4. 環境讓受虐婦女覺得冷或不舒服。

　　5. 加害人尚未被逮捕及曾經威脅會再回來。

　　除了以上的情形外，當其他人，尤其是受虐婦女所在乎的人仍處於危險情境時，受虐婦女仍會有不安全的感覺。另外，對於曾遭遇謀殺威脅的倖存者來說，尋求「安全的感覺」可能會比其實際上是否真的是處於安全的處所還要更令她在乎。在不熟悉的人面前暴露自己的隱私極有可能會令受虐婦女更覺得痛苦與焦慮。由於安全的感覺很重要的是來自私密性，社會工作者除了應遵守保密的原則外，受虐婦女亦有權利知道她的反應、回答等都將得到保密，除非這些內容會危及到他人的生命。盡量提供受虐婦女相關的資訊，如果可以的話，讓受虐婦女試著處理自己的事務，讓她覺得對於自己的情況具有一些控制能力，此也會大大地增加受虐婦女的安全感覺。

二、清楚介紹自己與遵循保密原則

　　說明清楚社會工作者（如果和受虐婦女之前並不認識）所代表的機構，並且向受虐婦女確認「保密」的原則。社會工作者若因為警察、檢察官辦案的需要，必要時得揭露受虐婦女所告知的訊息時，亦應向受虐婦女說明清楚是在何種情況底下會揭露何種消息，並且事前會徵得受虐婦女同意（Young, 1993）。

三、非必要時，儘可能讓受虐婦女遠離媒體或幫助受虐婦女回應媒體

　　受虐婦女在回應媒體之前，應確認受虐婦女對於媒體的問題是瞭解清楚的，並且知道自己有不回答的權利（Young, 1993）。

四、確認婦女瞭解警察或檢察官的問話

　　如果受虐婦女得接受警察或檢察官的偵訊，確認受虐婦女清楚瞭解問題的內容及意思。

五、盡可能提供相關資訊，提高婦女的安全

　　有時候，即便有社會工作者的支持，受虐婦女仍有可能是處於不安全的環境中，這時候，社會工作者可盡量提供相關資訊，如加害人的情況等，讓受虐婦女瞭解自己的處境，甚至可進一步和社會工作者討論如何改善這種情形。

六、以非批判態度讓受虐婦女可以自由地表達其情緒與感情及所發生的事

　　讓受虐婦女可以自由地不斷訴說所發生的事件，不但有助於受虐婦女從這些片段的事件中建構完整的場景（setting），整合融入其生活之中，並且可從訴說的過程獲得不同認知與掌控真實事件的感受。由於受虐婦女對於事件的記憶常是片段且零碎的，因此在訴說事件時，極可能是難以拼湊，甚至會出現前後不一相互矛盾的情形。這種現象並非表示受虐婦女記憶有問題或刻意隱瞞某些事情，而是由於事件發生時，受虐婦女很可能只將其注意力集中在某些點上，待時間慢慢過去，有些事件發生當時的其他場景才會慢慢從受虐婦女的腦海中浮上來（Young, 1993）。

　　在受虐婦女重述事件的同時，受虐婦女的情緒與感情也會慢慢釋放出來。不同的文化表達情緒與感情的方式或許不盡相同，然而對受虐婦女而言，能有機會表達對事件的感受，不但有助於抒解其負面感受，也可將事件可能造成的後續傷害減到最低（Young, 1993）。

七、認可（validation）受虐婦女的感受及想法

在不威脅到他人（如殺人）及個人本身的生命安全（如自殺）的前提下，對受虐婦女而言，其想法及感受如何能夠得到社會工作者認可是相當重要的事。在遭受重大衝擊之後，受虐婦女經常會懷疑其強烈的情緒是否是不正常的。這時候社會工作者不斷地向受虐婦女認可她會有強烈的憤怒、哀傷等情緒是一種很自然的反應，這將有助於受虐婦女情緒的抒解，與自信的重建。下列的幾個技巧提供做為參考：

1. 認可的內容應具體：例如社會工作者在反映受虐婦女是因擔心兒子安危時，較適宜的說法應是：「我看到你很擔心你兒子的安危」；而不是「你好像很擔心」。
2. 當受虐婦女擔心其反應是否是不正常時，社會工作者可以以口語的方式向受虐婦女表達有這樣的反應或感覺是很自然的。
3. 精確地掌握住受虐婦女所想表達的想法，並且以口語回應給她。
4. 鼓勵受虐婦女具體描述所發生的人、事、物，並且在這過程中，認可受虐婦女的想法與感受。

八、對於未來的預期及準備

「有充分的相關訊息以評估未來的狀況及做相關的準備」不但可加速受虐婦女的生活重建，也是增強受虐婦女自我掌握的感覺、強化受虐婦女自信的重要工作方法。對受虐婦女而言，得知其接下來會面臨哪些實際上的狀況是相當重要的事。有些事情可能是受虐婦女未曾想過，或甚至會令其驚訝的，社會工作者若評估受虐婦女遲早會知道時，仍須要在適當時機，讓受虐婦女瞭解。這些具體資訊雖然依照受虐婦女的個別狀況而有所不同，不過大致上可包含如下：

1. 財務問題：面對未來的生活或其他所需（包含緊急情況），受虐婦女是否有已有充足的財源準備？政府或民間團體補助申請之可能性與限制？

2. 法律問題：受虐婦女接下來是否有訴訟會進行？是否仍需要蒐集證據？如何蒐集？是否有相關資源可以協助受虐婦女進行訴訟？訴訟程序受虐婦女是否瞭解？受虐婦女是否需要出庭？出庭時應注意哪些事項？

3. 居住問題：受虐婦女是否需要搬家？居家的安全性如何？受虐婦女有那些選擇？

4. 醫療問題：受虐婦女是否需要就醫？就醫時可能會面臨的狀況？

5. 孩子就學問題：受虐婦女的子女是否有就學轉學的需要？有哪些選擇？

6. 媒體報導問題：若案子具有新聞性，往往容易引起媒體注意。受虐婦女是否有心理準備？是否瞭解媒體報導的內容和她的經驗未必一致？受虐婦女瞭解其權利嗎？

7. 安全計畫：事實上，不管是留下或離開，受虐婦女的任何決定都可能是「冒險」的。安全計畫是評估不同選擇的危險性和有利程度之後減少危險的計畫（New York State Office for the Prevention of Domestic Violence, 2000）。婦女雖然是對其狀況瞭解最深的人，不過，仍可經由與社會工作者的討論，確認計畫的步驟與內容。個人安全計畫通常可分為：

（1）仍與施虐者在一起時：若要立即離開，逃走的路線如何安排、是否有備用鑰匙與裝有重要衣物（如身分證、建保卡等）的小包包，且藏在方便取得的地方，另外，婦女若要逃離，是否有其他人可協助打電話求助；婦女若預期暴力

即將發生，是否有地方可去；避免待在家中危險的地方
（如浴室、廚房、地下室等）。

（2）準備離開時：除了前面的計畫外，還可包含如何促其經濟
獨立（如偷偷存款），以備離開之後，生活上使用。

（3）離開之後：離開並不等同於安全，隨時注意新住處門戶安
全（透過屋外安裝自動照明設備、將木門改成鐵門等）或
許有些幫助。另外，安排危急時有立即支援的人也是相當
重要的事。

8. 受虐婦女情緒上的反應：在事件剛發生時，受虐婦女的注意力
往往集中在其所遭遇的具體困難上，待事情告一段落，受虐婦
女後續的情緒反應會慢慢顯現出來。個人如何處理情緒問題，
除了受其先前的經驗、個人人格特質、支持網絡影響外，對情
緒的瞭解與準備，亦有助於受虐婦女順利渡過難關，做更好的
身心整合與未來生活調適。受虐婦女所需的情緒相關資訊大致
如下：

（1）短期內身體與精神上對事件會有的反應：如失眠、沒有胃
口、感到焦慮、麻木、與人疏離、孤立、憤怒、悲傷、挫
折、注意力難以集中。

（2）長期以後身體與精神可能有的反應：如強迫性思考、做惡
夢、突然而莫名的恐懼感受、孤立、覺得難以和他人溝
通、睡眠障礙、憂鬱、性功能障礙、易怒等。

（3）如何自我覺察與調適：穩定的支持網絡、均衡的營養、充
足的睡眠、適度的運動等皆有助於受虐婦女從傷害事件得
到復元（recovery）。若有需要，受虐婦女亦可配合諮商或
治療，以減少事件所帶來的負面影響。

第二節　悲傷失落處理模式

　　危機介入模式大都著眼於協助婦女解決眼前具體的困難，容易忽視婦女在離開虐待關係前後所可能面對種種因失落所帶來的問題，包含不斷徘徊在離開或繼續留在虐待關係的兩難之中。社會工作或相關服務人員若忽視了婦女因失落所帶來的掙扎與問題，除了將大大地減低其工作效果外，也常常因婦女的狀況而感到挫折（Turner and Shapiro, 1986）。以下即以簡單的篇幅介紹婦女可能會有的失落與相關人員的處理要訣。

一、對理想關係的幻滅：

婦女：女性在成長過程中，許多訓練常是為了未來婚姻生活而非獨立生存而準備，「婚姻」往往被認為是女人生命中重要甚至唯一的選擇，女人的價值常是經由與他人的「良好關係」獲得凸顯。當受虐婦女開始認知到其婚姻關係和原先期待有很大落差，甚至對她帶來許多傷害時，往往得面對因期待落空而產生的挫敗感覺，與長期以來個人生命價值所依存的理想婚姻關係的喪失而有無價值、不值得的感受，內心常顯得相當掙扎與矛盾。

工作人員處理要訣：工作重點在於協助婦女評估其關係中正面與負面的層面，察覺到因對理想關係的失望而可能會有的憤怒、悲傷的感覺，重新找到平衡點。

二、角色的喪失：

婦女：角色的轉換通常關係到地位的改變。由於傳統認為理想的婚姻伴侶配對，女性應和自己社經地位相當或較高的男性結婚，因此婦女的角色極有可能因結婚而延展與提升。婦女一旦決定離開，其原先因結婚而獲致的角色與地位很可能因此失去。婦女常因為被認為無法維繫住婚姻與家庭，而被指責為失敗者、有過失的人，難以得到社會的接納與親人的支持。再者，婦女可能曾經投注其全部的心力與時間經營這個家庭，一旦離開，需要獨立生活時，內心往往會感到空虛。扮演某人伴侶的角色也可能會給婦女帶來被愛的感覺，同時讓婦女有愛人的機會。鑑於愛人與被愛常是個人自我價值與自信的來源，婦女在面對這些需求無法滿足時，會顯得特別脆弱。即便如此，受虐婦女有可能會因為離開虐待的關係，遠離施虐者的暴力與指責而有釋放的感覺。

工作人員處理要訣：可鼓勵婦女對於自己的離開有更多正面的看法與喜悅，重視其主體性，重新界定其角色與定位，並且從不同角度看待這些新的身分與地位。

三、安全的喪失：

婦女：安全的喪失可分為三方面—基本的經濟安全、
　　　生理安全、與歸屬感的失去。

（一）經濟安全的喪失：

　　　婦女在經濟上可能部分或完全依賴先生。在
　　婦女決定離開時，常會失去原先的經濟支持，
　　而立即陷入經濟困境，嚴重時，甚至會威脅到
　　人類基本的需求，如三餐的溫飽。

（二）身體安全的喪失：

　　　離開或可讓婦女免於施虐者的暴力威脅，然
　　而仍不能確保施虐者不會再找尋機會施暴。根
　　據美國法務部司法統計局（U. S. Bureau of
　　Justice Statistics; CIS Statistical Universe, 1998）
　　的報告指出，從 1976 年到 1996 年間，約有
　　1.4% 的婦女是被前夫所殺害（相對於 0.2% 的
　　男性是被前妻所殺）。相關研究亦提出婦女在
　　離開施虐者時，因施虐者的報復等心態，往往
　　令婦女陷入更危險的情境中（Ptacek, 1999;
　　Wuest and Merritt-Gray, 1999; Hardesty, 2002）。
　　除此之外，其他新的安全顧慮在婦女獨居時，
　　亦有可能產生。

（三）歸屬感的喪失：

　　　婦女的支持系統有些時候是因婚姻關係而產
　　生。婦女一旦離開，這些既有的關係極有可能
　　也會跟著改變，原來的支持系統因而中斷，歸
　　屬的親密感覺遭受到嚴重挑戰。另一方面，婦

女若欲建立新的關係，往往得面對如何向他人
解釋其狀況等問題。

工作人員處理要訣：安全需求的滿足，除可確保婦女
獨立生活的強烈動機外，並可進一步拓展及強
化其人際關係，這種由親密的人際關係所產生
的歸屬感對於因虐待關係而長期處於孤立狀態
的婦女尤為重要。工作人員除了可以有計畫地
和婦女一起處理經濟與身體安全問題外，並可
協助婦女和其重要他人（significant others）建
立一正向之回饋關係。

　　婦女因離開虐待關係而有的諸多失落，造成婦女在離開過程會有
許多哀傷產生。Kubler-Ross（Turner and Shapiro, 1986）將此稱為哀
傷過程（the mourning process），並可分為否認、憤怒、討價還價
（bargaining）、憂傷（grief）、與接受五階段。這些隱藏在哀傷過程的
複雜感受，雖深遠地影響到婦女對虐待關係去留的抉擇，卻極有可能
因被忽視而未得到適當處理，以致婦女不斷地在離開與重回虐待關係
中循環。

　　另外，這五階段的哀傷過程並不必然是截然劃分，而婦女在不同
階段的反應和感受亦會受到其過往經驗、調適機制（coping
mechanisms）、所處的情境、外在資源而有所不同。相關人員的適當
回應將有助於婦女更順利地渡過這些過程。

階段一：否認　　階段二：憤怒　　階段三：討價還價　階段四：憂傷

階段五：接受

階段一：否認

婦女：否認持續的時間可以從幾天到幾年。在此階段，婦女會否認暴力虐待曾發生過，為施虐者的行為找藉口，如「因為自己沒把事情做好而遭致處罰」，或認為「暴力是婚姻中的普遍現象」。婦女也會以各種方式來遮掩暴力的事實，如穿長袖衣服以蓋住受傷的手臂、化妝以掩飾臉上的淤青等。婦女的否認態度，再加上外人的忽視或不願正視暴力存在的事實，使得在此階段，婦女極少會向外界求助。

工作人員處理要訣：在此階段，工作人員極少有機會和婦女接觸，除非是暴力再度發生，婦女離家，尋求其他協助。工作人員若有機會和婦女接觸，可就婦女原先對婚姻的期待與目前現狀的落差，在此關係中正面與負面的層面為何等議題進行討論。婦女或許會因原先的期待未能達成而有羞愧的感覺，工作人員可讓婦女知道其期待乃是正常會有的現象，而暴力則是關係中相當具破壞性且不應該的行為。婦女若能夠接受，並表達其感受，

　　則她將有機會表達其初始對理想婚姻關係的幻滅，進入哀傷其婚姻關係的過程（the mourning process），並且從否認態度，轉變為開始評估在此婚姻關係中的真實需求是什麼。

　　工作人員瞭解支持婦女的處境、肯定其求助的態度、與表達未來願意提供協助的意願，將有助於強化未來婦女繼續求助的可能性，並可開啟婦女自我掌控的感覺。工作人員千萬要留意的是「別讓婦女覺得她若仍回到施虐者身邊，則她是不對的」，或「視婦女重回施虐者身邊為個人的失敗」。

階段二：憤怒

婦女：婦女憤怒的主要對象雖是施虐者，亦有可能在因得不到原生家庭充分的支持或當時的婚姻是被家人所迫的情況下結婚，而對家人感到憤怒。另外對於這些無法理解她為何離開的同事與朋友，婦女有時候可能也會感到生氣。對那些從不認為她是個受虐婦女且不願意提供協助的人，或對先生的家人與孩子往先生那邊靠攏而感到生氣。婦女亦有可能對自己為何花了這麼多精力時間在婚姻關係的維繫，卻沒有早點離開感到憤怒。婦女這些憤怒的感受可能會因羞恥、自責、與部分的否認而壓抑了下來，或將其轉化成改變的動力或不幸地做出一些自我傷害的行為。

工作人員處理要訣：鼓勵婦女表達出其內在憤怒的感受，並讓婦女知道有這樣的感覺是很平常的。不過，若婦女因向親友宣洩而破壞了既有的關係，不利於婦女後續支持系統之建立，則仍需提醒婦女，並學習如何處理其憤怒。

　　憤怒的感覺雖可被理解，然而婦女若欲採報復的行為則須審慎地考量，因為婦女報復的行動可能會激起施虐者更狠毒的傷害

行為，或萬一婦女決定再回到施虐者身邊時，可能會因先前的
報復行動而感到後悔自責。

婦女對於自身所產生的憤怒感覺，很重要的是獲得工作人員的
認可，並且可以有機會討論，這對於認為關係惡劣乃是自己所
導致的婦女尤為重要。工作人員應瞭解到婦女若持續地自責，
將不利其後續的重建工作，嚴重時，甚至可能會有自我毀滅的
情形發生。為了避免這種情況發生，工作人員可鼓勵婦女多多
看其生活的正向面，包含個人的優點，擁有的資源等，並且協
助婦女如何將這些優勢轉化為未來生活改善的積極力量，而非
停留在過去，生活在懊惱悔恨之中。同時，婦女尋求協助的行
為亦應獲得肯定。

這種以未來生活為工作方向的方式可以促進婦女建立新的生活
目標，養成有利於未來生活重建的新行為，並且讓婦女感受到
生命的意義，以及強化對生活更能有所掌控的感覺，滋生更多
的能量。

婦女在此階段所具有的憤怒常會促使婦女願意採取更多的行
動，包含聲請保護令、想離開施虐者、欲離婚、爭取孩子的監
護權、尋求獨立的生活等。工作人員有責任和婦女討論各種可
能的狀況，避免自己亦陷入婦女的憤怒或狂熱之中。

階段三：討價還價

婦女：婦女常在尋求安全避免再繼續受虐與期待維持住關係之間徘
　　　徊。施虐者失魂落魄與很深的自責的樣子常讓婦女更猶豫是否
　　　該離開。施虐者可能會以發誓不再虐待婦女、戒酒等條件交換
　　　婦女繼續留在關係中。

工作人員處理要訣：對施虐者與未來生活仍存有許多想像是讓受虐婦

女繼續留在虐待關係中的重要原因。工作人員可以透過和婦女討論過往的經驗，包含施虐者以往的誓言實踐的情形、行為改善持續時間的長短、萬一情況不如婦女所期待時其因應方式、婦女現在的努力所期待獲得的是什麼等問題，將婦女拉回到現實面，並且和婦女一起仔細評估婦女所期待的各種改變實現的可能性有多高。

婦女若明白地表示其想重回施虐者身邊的原因，是因為害怕面對內在寂寞孤獨的感受，工作人員可和婦女討論其他可以選擇的處理方式。在整個討論的過程，重要的是讓婦女明白其決定重回施虐者身邊，最好是因為她所具有的優勢，而非為了解決某些困難或逃避一些問題。不過，即便經過這些討論，婦女若仍然決定回到施虐者身邊，工作人員仍可表示隨時歡迎婦女尋求協助。

階段四：悲傷

婦女：婦女悲傷的感受通常不會在分開的初期即出現，而是一直要到婦女憤怒的感受已得到較完全的宣洩，或婦女開始深切地瞭解到其所失去的部分是如此具體時。而社會普遍認為婦女對於其離開應感到憤怒或覺得釋放的期待也會使得這些婦女原有的悲傷感覺容易被壓抑下來。

悲傷的感受不盡然會直接地被表達出來，婦女可能會以間接的方式，暗示其深藏在內心的這種感覺，如經常抱怨身體的疼痛，覺得疲累，甚至將注意力放在虐待關係裡正向的部分，討論是否應回到施虐者的身邊等。有時候，某些受虐婦女會很快地再進入另一段親密關係，尋求替代的慰藉，這也是一種失落悲傷的表現。

工作人員處理要訣：工作人員協助陪伴的重點在於讓婦女瞭解在她面
　　　對這麼多的失去之後，有悲傷的感覺是很正常且可被接受的。
　　　即便有時候婦女會因為社會的期待而壓抑其悲傷感受，或甚至
　　　認為她不應該覺得悲傷，工作人員仍可視情況，找機會與婦女
　　　討論，並且澄清當各種複雜的感受衝撞在一起時，雖然表面上
　　　似乎顯得相當矛盾，然而這些不同的感受都是真實且可被接受
　　　的。
　　　在經歷悲傷感受的過程，婦女可能會因為身體的疲累疼痛、突
　　　然的大笑、焦慮、憂鬱、易怒等身體症狀或行為而覺得無法自
　　　我控制，並且難以接受自己，工作人員需要協助婦女瞭解這些
　　　行為是悲傷釋放過程難免會有的現象。
　　　另外，工作人員亦應留意過度的壓抑其感受與過大的壓力將可
　　　能使得婦女更容易生病或遭受比平常更多的意外傷害，因此如
　　　何協助婦女敏感到其內在感受，進行壓力調適是相當重要的。
　　　必要時接受醫療的協助或參加受虐婦女支持性團體都有益於婦
　　　女得到更多的滋養與獲得力量。
　　　在此階段，婦女極可能仍掙扎於是否應回到施虐者身邊，尤其
　　　若施虐者不斷地向婦女示好做保證時，更容易讓婦女覺得猶
　　　豫。工作人員在這種情況下，可以以非批判的態度和婦女討論
　　　其先前的經驗，檢視是否有新的理由可以產生不同於先前的結
　　　果。工作人員可和婦女討論其寂寞的感受有可能會讓她更期待
　　　得到家庭的慰藉。若婦女仍堅持回到施虐者身邊，工作人員可
　　　鼓勵婦女和工作人員繼續保持聯絡，不管其決定如何，「離開
　　　施虐者」並非是和工作人員維繫關係的交換條件。

階段五：接受

婦女：婦女在經歷這麼多因離開施虐者而引發的失落之後，「接受」
　　　乃是其最後階段。接受的表達方式或許因人而異，不過一般來
　　　說，大致上會有離開施虐者，開始過著獨立自主的生活等表
　　　現。雖然如此，婦女具體而行的離開施虐者不應被視為展現
　　　「接受」階段的唯一指標。婦女是否顯得更為堅定，更清楚自
　　　己所要的是什麼，與將生活的重心放在未來的生活目標，而非
　　　虐待的關係，才是更重要的。另外，對於先前的經歷，婦女是
　　　否能更客觀地看待與討論，而不再覺得如之前般的痛苦、自
　　　責、與憤怒。當然，這都並不代表，婦女不會再因這麼多的失
　　　落而感到悲傷，不過，最大的差異是其悲傷失落的感受已不再
　　　如先前般強烈。

　　　婦女在此階段會對自己有較多的正向看法，包含覺得已較能掌
　　　握自己的生活，對生活的滿意度較高，在這種情況下，婦女很
　　　可能會想要中斷與工作人員之間因受虐而起的專業關係，期待
　　　展開全新的生活，包含人際之間的關係。

工作人員處理要訣：在此階段，婦女通常已準備好更有效地使用一些
　　　具體的服務，如庇護、兒童托育、就業訓練（或介紹）等。工
　　　作人員或許會覺得婦女已不再如前面幾階段般地需要他／她的
　　　協助，而有些失落感。然而從婦女的角度來看，期待和過去切
　　　斷關係，有個新的開始是很自然的現象。工作人員可以和婦女
　　　進行回顧的工作，包含婦女在這段時間的努力奮鬥與成長，並
　　　且讓婦女知道未來若有需要時，仍歡迎和工作人員聯繫，不管
　　　是好或壞的消息。

　　　實質的服務內容有時候雖然有助於強化婦女獨立自主的能力，
　　　然而對於婦女失落感覺的忽視，及過早的具體服務的提供，反

而容易造成婦女因依賴的替代而有更多無力沒自信的感覺產生。因此，如何能夠敏感到婦女不同階段之需求，適時地提供支持，是服務工作之鑰。

第三節　團體工作模式

一般而言，相較於其他工作方法，受虐婦女反應最有效的是「團體工作模式」（Shepard, 1999）。團體按照其性質可分為：

一、社區支持性團體

參加的對象不限於庇護中心的婦女，亦開放社區一般的婦女參加。團體的成員不固定，可採結構或非結構方式進行，團體的進行時間及次數則視情況而定。團體的目標在於促使婦女瞭解何謂家庭暴力或親密伴侶暴力，暴力的不同形式，及其對於家庭成員的影響。教育性意味濃厚。在美國有些庇護中心將此類團體視為是經常性方案，全年中固定時間提供此項服務給社區婦女。

二、支持性團體

團體的目的在於提供婦女相互支持的機會，以協助其做決定及處理危機狀況。團體的議題及進行方式經常都是由婦女共同討論做出決定（Shepard, 1999）。

三、針對特定需求的團體

有時候機構亦會針對處於特定狀況的受虐婦女提供相關服務的團體。例如美國密里蘇達州杜魯斯（Duluth）家庭虐待介入方案（the Domestic Abuse Intervention Project，簡稱 DAIP）就有針對親密伴侶正在接受施虐者方案的受虐婦女提供團體服務。此類團體的重點在於促使這些婦女瞭解施虐者的方案內容，並且針對個人的狀況及需要做

出選擇（Shepard, 1999）。

四、社會行動團體

此類團體的關注焦點已非在參加成員個別的問題，而是在整合成員的問題之後，以實際的行動達到立法修法及政策制訂或改變的目的。團體的功能不僅是在集結受虐婦女的力量以改變社會現狀，也在激力（empower）這些婦女（Shepard, 1999），提高婦女對於社會議題的敏感度，及學習如何參與公共政策，進行立法遊說的工作。而婦女的實際經驗正是提供政策擬定方向的重要參考依據。在以往，這類型團體對於反婦女受暴曾帶來實質上的貢獻，目前這類型團體雖然已經式微或是紛紛正式進入體制或加入機構，不過受虐婦女的聲音及意見仍然受到重視。例如美國國家反暴力聯盟（National Coalition Against Domestic Violence，簡稱 NCADV）即規定其理事會需有 15% 是受虐婦女，且這些婦女必須包含不同的階層、種族、性傾向（sexual orientation）、及來自不同的區域。

第八章
個案管理工作模式

　　一般而言，個案管理工作模式對於社會工作者並不陌生，而在受虐婦女協助領域，以個管模式作為處置基礎的情形亦常見到。然而相關的文獻卻非常缺乏。有鑑於此，本章特別以專章的方式，參考一般的個管工作模式，匯整作者的學術訓練實務經驗，以及相關團體的記錄表格，期待能夠統整出屬於受虐婦女協助領域的個案管理工作模式。在本章，除了個管模式的工作重點、工作人員的角色等作說明外，並附上相關的記錄表格，以供參考。最後，並就個管檔案資料的處理提出建議。

第一節　個案管理工作處理重點、目的、與角色說明

　　由於婦女受虐的問題往往牽涉廣泛，常不是單一機構或社工員可以處理得了，因此以婦女或其家庭為中心，匯整各種服務的個案管理工作模式在處理親密伴侶暴力問題上，便顯得相當重要。整體而言，個案管理工作處理的重點與目的大致可分為以下三點（Ballew and Mink, 1986; Siefker, Garrett, Genderen and Weis, 1998）：

　　1. 強化各種服務提供者間之整合，以有效利用資源，提高服務的效能。

個管工作是一循序漸進的過程，經由和婦女建立關係，瞭解其需求、遭遇的問題，問題解決的助力和阻力，和婦女一起評估狀況，共同擬訂計畫，整合所需服務，克服困難，並且定期或不定期檢視情況是否獲得改善？或是否有其他相關問題延伸出來？各項服務是否獲得有效利用？評估是否需要調整計畫？如何執行？最後在問題已獲得解決或符合機構結案標準之下，和婦女一起討論是否結案？以及結案之後的轉介或後續追蹤工作如何進行。

2. 增加婦女的資訊、強化婦女資源創造使用的能力。

3. 網絡中的服務提供者可相互學習，擴展知識與技術。

為了達到以上三個目的，個案管理工作者（以下簡稱個管者）常需有彈性地扮演相當多元的角色，如計畫者、評估者、整合者、監督者、教育者、倡導者，各種角色功能介紹如下：

一、計畫者

進行計畫的過程事實上是激力婦女（empowerment）的良好機會。經由婦女的意見表達與個管者的資訊提供，雙方（必要時還應包含其他相關成員）共同擬定處遇計畫，包含排定問題處理的優先性、進行的步驟、工作人員與婦女所需負責配合之處（或者還需納入其他相關人員應如何配合等）、能夠給予多少承諾等。另外，計畫應隨著狀況、處境的不同，而保有修改的空間。當然，即便是修改計畫，婦女的參與仍是相當重要的。

二、評估者

在整合與監督計畫執行的過程，個管者需要經常和婦女／家人、其他相關服務人員評估計畫是否適當地被執行，是否達到預期的效果

或目的，並且討論計畫是否需要修改，應如何修改，相關人員與婦女／家人要如何配合。具創造性、有彈性的思考常可促使問題解決的方式有更多的選擇產生。另外，針對婦女部分，評估的內容應包含婦女本身與其家庭之經濟、社會、就業、個人的身心理狀況、內外在資源等。

三、整合者（coordinator）

整合的意思是指組織、匯整、協調、和確保需要的相關資源以完成個管者所預定之目標。整合是件相當不容易的事，機構之間有可能因為立場的不同，關注的焦點不一，而各自堅持已見，此時，如何能夠在這些不同的立場之間，尋得一大家可接受，願意共同努力奮鬥的點，即相當重要。增加彼此的熟悉與瞭解，減少訊息的間接傳輸（以減少不必要的誤會），正式、非正式的接觸常是強化整合力量的不錯策略。

四、監督者

個管者計畫內容若牽涉到治療，則個管者擔負有監督的職責，以確保治療計畫是否安全有效，必要時應否修改。若案子本身情況嚴重，甚至需評估是否應調整計畫內容。

五、教育者

在個管工作上，資訊的傳遞提供可使婦女更瞭解整個狀況，包含各種選擇可能帶來的正負面影響，以便於考量與做選擇。而對於相關人員需要但可能不易取得資料的提供，可使相關人員更瞭解整個狀況，以便於評估如何提供更適當的服務。

六、倡導者

當婦女所需要的資源不存在時，個管者常得扮演某種程度的倡導

個管者工作者不需要是各方面的專家，也不必是全部服務的提供者，其工作重心應放在連結各種相關的訊息與資源，包含人、事、物等，並陪伴婦女學習如何使用這些資源，正是所謂的「與其給她魚吃，倒不如教她如何釣魚」。當然，婦女所需要的資源未必都已存在，有時候，外在的環境甚至是不利的，在這種情況下，還有賴個管工作者甚至婦女本身進行倡導的工作。

者角色，以爭取甚至創造服務對象所需要的資源。另外，外在的社會環境或政策對婦女有可能是敵意或歧視的，此時如何結合關心此議題的人（可能是相關工作人員、社會大眾、甚至是服務對象）的力量，改善或立法保障婦女的權益，也是個管工作相當重要的部分。

第二節　不同系統之溝通與協調

由於個管者的工作，相當重要是在整合協調資源，良好的溝通技巧與態度可使工作事半功倍。個管者很重要的角色與功能乃在強化不同機構、服務提供者之間的連結。這些連結常因立場不同、專業價值信念有異、專業術語的使用而受到妨礙，甚至產生誤解與衝突。

相關的工作人員雖被假設可直接或間接地溝通，不過，問題還是常出在沒有專人可擔負起整體串連協調的工作。另外，因立場角色不同而有不同的堅持，因專業術語而增加彼此相互瞭解的困難，這些問題是否被敏感到？如何化解？以上這些雖是相當艱鉅的工作，卻也是影響個管者是否能夠有效發揮功能的關鍵要素。除此之外，個管的目的乃是在解決婦女／家人的問題，強化其資源使用的能力，因此溝通的對象還應包含婦女與其家人，瞭解她們的需求（有時候我們會以為我們都瞭解了，然而我們是否可能忘了人的需求在不同階段是會改變

的）。因此如何持續地瞭解婦女與其他家人的需求狀況，在她（們）的需求與服務團隊之間搭起橋樑，是個管工作相當重要的部分。

充分的溝通雖是被渴望的，不過許多因素都有可能增加溝通協調的困難，如時間有限、物理距離妨礙了資料的交換、一些重要的議題需有更高層級的協調卻未能順利進行，有些關鍵要素因已超出相關人員的知識範圍而未被覺察到。在這些狀況下，必要時，如何能夠獲得組織或其他團體具影響力層級的認同，適時邀請第三者（當然最好是具備相關專業知識者）的參與，創造溝通的各種可能方式，都是可能的選擇。為了扮演好中界橋樑，個管者是否能在各利害關係團體中，扮演起無私公正的倡導角色與教育者，攸關橋樑是否能順利建構。

為了促使個管工作可有效進行，不同系統能順利連結，以下提供促進不同系統間發展政策與達成協議（protocol）的幾項原則供參考：

1. 釐清協議背後之基本價值理念。達成協議僅是為了實踐方案目標的手段之一，協議本身並非目的。

2. 除了注意到實務者片段的經驗外，亦能重視整體系統的整合，包含各機構、系統間政策的調和與服務流程的緊密連結。

3. 保持彼此可以開放被別人檢視的態度。檢視的內容可包含服務流程、文書設計等。這些審核常是促進系統建構未來社區改變的藍圖，及指引實務者如何實踐機構的目標。

4. 在建立普遍化（general）之政策規則時，亦能注意到個別之差異，了解政策對不同族群（如社經、種族、性別、性傾向、年齡等）之影響。

5. 政策本身並非是思考的終點，而是一個持續不斷評估的過程。方案評估常有助於瞭解政策所產生的影響與提供修改的方向。

6. 政策的擬定與修改，「婦女的聲音」應受重視。

7. 改變需要時間，合作需要空間，利用政策將人結合在一起。

綜合以上，我們發現親密伴侶暴力個案管理工作具有幾項特色：

1. 以婦女／家人為中心的密集式團隊服務工作。
2. 跨機構跨領域之科技整合與分工。

第三節　個案管理工作階段之說明

親密伴侶暴力的個管者工作雖然繁複，不過，一般來說工作過程仍大概可分為以下幾階段（參見圖 8-1）（參考 Ballew and Mink, 1986, p.11 修改）。這幾個階段並非是截然分明，不可逆轉。相反地，各階段很可能是相互重疊、互為循環、持續進行的過程。譬如說，關係的建立並不僅限於一開始，而是持續不斷的累積過程。

圖 8-1　個管工作階段流程圖

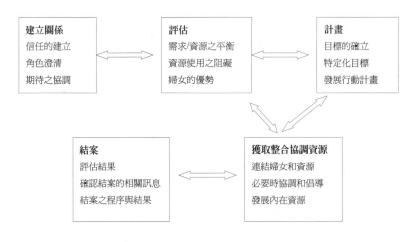

階段一：建立關係

信任關係的建立對工作人員、婦女、及婦女的家人來說，可能都是相當大的考驗，尤其是親密伴侶虐待本身即帶有強烈的背叛意味，婦女極可能遭逢一連串的情感挫敗、身體與心靈已習於隔絕，若再加上求助的過程（包含正式、非正式系統）曾遭到拒絕，要婦女打開心扉，再度重拾與他人建立真誠信任關係的信心，重新接納別人，實在是非常不容易的事。工作人員在滿懷熱情急於與婦女建立關係的情況下，若遭到婦女拒絕，常感到相當挫折，並且容易歸因拒絕的原因為個人或婦女的因素，因此對自己感到失望或對婦女覺得憤怒，殊不知從某個角度來說，工作人員正在挑戰婦女過往與他人關係建立的模式，而這樣的模式乃是婦女在遭遇一連串拒絕、背叛、甚至污名化之後，自我保護的一種方式。工作人員若能接受「拒絕他人有時候也是自我保護的一種機制」，將有助於工作人員免於陷入「自責責人」的思考模式，擴充對婦女的接納程度，並能調整與婦女關係建立的速度，依循其步伐（follow her path）前行，避免因操之過急而成為婦女另一個壓力源，甚至是控制者。

信任關係的建立要訣還包含資訊的透明化和雙方對角色期待的澄清。身為當事人，婦女有權利參與處遇計畫的擬定和執行。由於計畫牽涉到角色功能的界

> **小小心情故事分享：**
>
> 看到這裡，不曉得你的感覺是沈重？疲累？興奮？？？還是更多的……，不過，只要你願意試看，你會發現個管工作有時候可能會產生意想不到的效果，不管是對婦女、她的家人，甚至對你哦！

定，因此，個管者可乘著和婦女一起擬訂計畫的同時，澄清彼此的角色定位，並且協議出雙方皆可接受的責任劃分。角色澄清大致可分為三步驟（參見圖 8-2），包含：（1）彼此詳述對自己與另一方的期待；（2）辨認出雙方期待有所衝突的部分；（3）最後協議出雙方可接受的角色定位（Ballew and Mink, 1986）。在詳述對彼此與自身的期待時，婦女一開始常因對個管者的工作性質不瞭解，及因本身仍處於混亂無力當中，會有對個管者期待過高，對自己責任難以或不願承擔的情形發生。個管者可以以開放式的問題，如：「妳曾想過我可以如何幫妳？」的語句讓婦女自由地表達意見，並慢慢引導到一些具體的事項，如詢問婦女「若要完成……，妳覺得妳可以做哪些事情？」在討論的過程，通常由婦女先開始表達，以免因工作人員先陳述，限制了婦女的發言空間，並且覺得工作人員在拒絕她。角色澄清並不是一蹴可及，個管工作者說不定會遇到需要經常或多次向婦女澄清其角色的時候。

個管工作者對婦女的期待	婦女對個管工作者的期待
個管工作者對自身的期待	婦女對自身的期待

圖 8-2　角色澄清三步驟

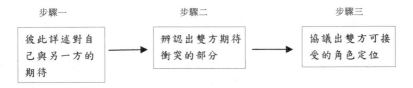

步驟一　　　　　　　　步驟二　　　　　　　　步驟三

| 彼此詳述對自己與另一方的期待 | → | 辨認出雙方期待衝突的部分 | → | 協議出雙方可接受的角色定位 |

　　角色澄清除了可釐清婦女與個管工作者各自的功能外，也是將服務內容澄清與將未來工作具體化、排出優先順序，並訂立達成目標（亦即所謂的訂定處遇計畫）的好機會。而要擬定處遇計畫，當然不

可免除的是和婦女一起評估其各種狀況，包含需求、對問題解決或需求滿足的各種阻助力等。

階段二：評估

在與婦女有了信任基礎之後，個管者可以開始與婦女一起進行評估的工作。婦女有可能在種種原因下，如求助困難、未意識到問題的存在而參與評估不易。即便如此，個管者仍可鼓勵婦女盡量參與整個評估的過程，因為不管是對問題的界定、問題解決的助力阻力、計畫的擬定執行、一直到成果的評估，婦女始終是重要的角色。

在婦女尚未成為機構個管的服務對象前，機構通常會以所謂的「開案指標」，來評估婦女是否符合機構的服務對象，並且考慮是否需要幫婦女安排個管者提供婦女後續的服務工作。開案評估通常在機構工作人員第一次與婦女會談時即開始進行，但有時候亦會依照婦女的狀況而有所調整。一般而言，機構的開案標準會依照機構的屬性、成立宗旨、能夠投入的資源多寡等有所不同。台灣由於投入婦女受虐的人力物力仍相當匱乏，供需之間差距頗大，因此大多數的機構多將服務界定在危急性支援的角色，而開案的指標也因此常包含以下幾點：（1）婦女是否有遭遇親密伴侶虐待的情形；（2）婦女有無生命危急；（3）婦女是否有求助意願。另外，有些機構因為資金來源主要為縣市政府，如公設民營單位，因以在開案指標上還會加入婦女是否是其服務所在地的縣市居民。

婦女之所以會成為機構的服務對象，通常是由於婦女所擁有的資源，包含能力等在某種情境下，已無法應付婦女／家人的需求或社會的要求，因以需要有個管工作者的介入，以重新尋找到一平衡點（王玠、李開敏、陳雪真合譯，1998）。個管工作者在看待婦女的問題時，常習於以「拆解」的方式將婦女的問題一一列出，這種條列式的

分析方式雖未嘗是種對問題瞭解的方便之道，卻極可能會過度簡化了問題，並且無法更深入地進入婦女的生命脈絡，瞭解暴力與其他問題交錯循環下，對婦女與家人所造成的影響。

　　另外，比起個管工作者，婦女或許會看到更多的問題與解決的阻力。個管工作者是否能夠接納婦女的界定，關係到個管者是否能和婦女順利建立關係，進入婦女的生命脈絡。有時候，個管者在不認同婦女對問題的界定或覺得難以承受下，會急於對問題做解釋，這不但對問題的解決沒有幫助，也阻礙了個管者與婦女關係的建立。阻力一般容易被看成是負面的，殊不知阻力也可成為個人成長的動力來源，端視個人如何看待詮釋。個管者可在與婦女已有信任基礎下，提供婦女另類詮釋供她參考。

　　在進行資源評估時，使用資源清單或生態圖一一列出婦女過往所曾使用過或一再迴避的資源，有助於更有系統地瞭解婦女正式非正式資源使用的狀況。資源的使用未必能完全以正負向的方式來歸類，因為即便是對婦女大致有幫助的資源，在使用過程，也可能會有令人不愉快的經驗部分。承認這些經驗同時都存在，可避免婦女思考概化（generalization），亦即陷入「事情一定又是……」的思考模式，擴展其思維彈性，允許生命經驗中可增添新元素。另外，這樣的討論也可讓個管者和婦女更全面地瞭解資源整體的狀況，並進一步評估下一步如何運用。此外，若婦女有一再重複的感受或想法出現，亦可從當中整理出婦女因應事情的模式，有助於婦女更多的自我瞭解，並從其模式中探討這些模式所帶來的影響。成功的經驗常較容易整理出有利的因應模式或個人特質，然而，有時候，即便是被婦女歸為負面的事件，亦常可找出婦女的優勢（strengths），可惜的是，這些優勢未必會被婦女注意到，尤其是當個人身處困境疑慮中時，很可能眼中所見，心中所想都是「問題」，忽略了婦女極可能已發揮了相當的能力。個

管工作者若能陪同婦女一起「認識」（acknowledge）這些婦女原已擁有的優勢，對婦女來說，將具有相當鼓舞的力量，也可將婦女的眼光由聚焦在「問題」，轉移到「影響力」，並進一步思考如何擴大其影響力（如下圖 8-3）（Covey, 1989）。

圖 8-3　由問題思考模式轉換為影響力思考模式

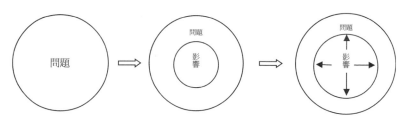

　　外在資源一般分為正式、非正式資源。非正式資源包含的範圍相當廣，也是婦女受虐時，通常會先尋求協助的管道，如婆家親人、娘家親人、朋友、同事等等（周月清、高鳳仙， 1997 ；黃一秀， 1999 ；陳若璋， 1989 ，引自宋賢儀， 1998）。協助的內容大多以情緒支持為主，少數會提供經濟協助。協助的程度則以關係遠近影響最大，如婆家相較於娘家較少能夠提供支持（宋賢儀， 1998）。由於長期來看，非正式資源較正式資源可提供婦女長久的支持，因此非正式資源的擴展常是個管工作的重點之一。不過，當個管者與婦女在進行非正式資源評估時，需要留意的地方是，這些非正式資源的付出並非都是無條件的，婦女的親友在提供協助時，或許會要求婦女必須做（或不做）符合他們期待的事情或表現他們所期待的行為以作為提供協助與否的附加條件，在這種狀況下，對婦女來說，這些非正式資源常同時也是婦女的壓力，甚至是問題來源之一。

　　正式資源若是屬於政府單位或非營利性組織，一般來說，婦女在使用時，大多不需付費。若是回歸到市場機制，則婦女多少仍須付

費。對婦女來說，受虐所延伸出來的孤立問題，常使得她們在取得相關機構的資訊上，未必如此通暢。另外，公部門科層化與較無彈性的特性，也會妨礙了婦女的求助。相較於公部門，私人非營利性組織似乎顯得較有彈性，不過人力的匱乏，個管工作者案量過重，常使得婦女的諸多問題與需求未必能一一被注意到。

階段三：計畫

　　在對婦女的狀況有了較完整的瞭解之後，下一步要進行的是將婦女多重需求、問題與資源有系統、有邏輯、有次序地整理出來，訂立目標，協議出合作的契約。不管是計畫的訂定或執行，常容易被批評為「眼高手低」、「陳義過高，執行不易」。事實上，計畫的擬定，並非是在追求一個天衣無縫的完美規劃（完美或天衣無縫是否只是人類的一種想像甚至迷思？），而是讓工作更有目標更有系統地進行，並且有利於婦女和工作人員隨時評估修改。再者，在將目標具體化的過程，也有助於排除或減少與目標無關的活動和工作，以節省精力，並讓有限的資源發揮更大的效益（相較於沒有計畫的情況下）。

　　目標的排定不一定都可順利進行，不同目標之間有時候會出現相互衝突，或個管者與婦女所認定的目標優先順序不一的狀況發生。例如，婦女在經濟壓力與認為孩子需要有個父親的情況下，或許會期待能在既有的婚姻關係裡，減少先生的暴力行為；然而個管工作者卻認定維護婦女的安全是首要目標，希望婦女可以離開施暴的先生。在個管者與婦女目標有所抵觸下，個管者需體認到婦女方才是問題處理的主體，也就是說，若婦女沒有動機意願執行某計畫，可以預期的是，執行的效果是有限的，而權力控制的關係在個管者與婦女之間甚至有可能再度複製。排列目標的優先順序雖然是不容易的事，不過個管工作者仍可就以下三原則：（1）什麼是婦女覺得最重要的；（2）婦女

或孩子的生命安全是否遭受危急；（3）什麼是最容易達成的，和婦女商量如何排訂目標順序。

另外，婦女的期待或需求也有可能會出現和社會期待相衝突的情形發生。例如，婦女在考量到自身安全與經濟壓力下，希望能夠自行離開施虐的先生，然而社會或兒保人員卻認為婦女有義務留在家庭保護孩子。面對這些多重目標相互衝突，個管者有需要和婦女逐一分析各種可能，包含評估各種狀況的影響如何，並且思考如何引進不同資源，在需求之間尋找到平衡點。

目標的訂定常容易讓人以為應追求改善或進步，方有資格訂為目標；不過在現實生活上，防止情況惡化說不定也是在無可選擇中的一種選擇。許多受虐婦女在多重壓力下，若暴力情況不是很嚴重，可能寧願選擇留下來。個管工作者是否能接受？是否願意在既有的狀況下，和婦女討論如何防止暴力的惡化？另外，目標常可更細緻地分出短期、中期、和長期目標。對目標的討論未必是按短、中、長期順序，從具夢想性質較濃的長期目標到拉回貼近現實生活的短期目標的「倒列法」（backward chaining）（王玠、李開敏、陳雪真合譯，1998）倒不失為另種可能方式。

對於許多受虐婦女來說，由於問題的多重與複雜，和因暴力循環、對暴力發生的不可掌控性，與對未來生活的無望感覺，婦女可能習於將精力花費在應付短期的立即性危機。這種為因應狀況而採的危機應付模式，不但無法促使婦女脫離暴力的循環，亦無法讓婦女看到未來生活的更多可能性。為了激起婦女對生活的希望，個管者有需要鼓勵婦女如何從小小的改變中累積對生活的想像與夢想，並經由具體的目標操作，讓夢想不再顯得遙不可及。而所謂的小小改變未必是指外在環境的變化或問題改善的程度，也可以是婦女應付事情的習性。摒棄個人熟悉但未必管用的方法，雖然一開始可能會引起一些焦慮不

安的感覺，但對個人思維的彈性化常具有意想不到的效果，也讓婦女
看到更多選擇的可能。

階段四：資源整合協調與倡導

　　雖然資源的整合與協調幾乎早已成為個管工作的不二法門，然而
因協調所需耗費的大量時間與對當事人保密原則堅持程度不一的疑
慮，讓許多個管工作者對跨單位之間的協調工作難免有抗拒的心理。
甚且，部分個管工作者並不認為資源的整合協調是其工作的一部分
（王玠、李開敏、陳雪真合譯， 1998）。資源協調整合雖不容易，然
而在面對多重問題的案件時，相較於單打獨鬥的工作方法，整合性服
務往往可收到更大的效益。對於受虐婦女而言，個管者的角色猶如她
的裁縫師，在評估了婦女的多重需求與問題之後，個管者必須為個別
的婦女量身訂做一套屬於她的服務組合，針對這套服務組合，個管者
在穿針引線之前，蠻重要的是對於婦女與想引介整合的資源需有足夠
的瞭解，包含婦女是否有意識到問題的存在？已準備好接受轉介了
嗎？相關機構的服務內容及流程是什麼？婦女所需要的特定資源是否
存在？使用上有無困難等等。

　　在資源匯整的過程，個管者常會運用到的策略包含連結、協商、
與倡導（王玠、李開敏、陳雪真合譯， 1998）。以下就這三個策略如
何運用在婦女受虐案件上，分別陳述之：

（一）連結

　　在連結資源時，個管者的涉入程度可單純地只是將資源告知婦
女、或進一步地協助聯絡甚至陪同婦女到機構。不管是以哪種方式，
個管者提供給婦女的資料越詳盡，越有助於連結的順暢性。個管者在
連結資源時，可提供的資料包含婦女接觸的對象、轉介機構的屬性
等。必要時，個管者也可運用角色扮演等方式，強化婦女適應所欲連

結的機構。另外，後續追蹤婦女接受服務的狀況可幫助個管者瞭解婦女資源使用的情形，並評估資源的適用性，必要時可做調整。

除了從婦女部分著手以外，個管者亦需要從機構著手，協助機構瞭解婦女／家人的需求、需求的原因、機構可以提供協助的部分、是否有相關規定需要婦女／家人配合遵守之處。當然，若個管者平時與連結的機構即有穩定信任的關係，對於資源的匯整會有相當大的幫助。

（二）協商

協商的策略經常運用在當婦女與欲使用的正式非正式資源之間產生衝突，或使用的順序欲做調整時。協商的對象可能是其他單位、個管者本身的組織、婦女的非正式資源等。如何經由協商創造雙贏的局面是協商的重要目的，而在協商過程，回歸到雙方各自的需求或找出需求的共通點，常可突破各自的堅持，在相互瞭解包容下，創造出既可滿足彼此需要，雙方又可接受的方式。另外，「對事不對人」，將人事分開的處理方式亦可避免個管者成為婦女與其他機構或人員間有衝突時的夾心餅乾，甚至裡外不是人的情況發生。對於婦女的抱怨，個管者對婦女的情緒可予以接納傾聽，瞭解其感受，並從中釐出婦女所介意的點是什麼，以議題討論的方式取代雙方一起謾罵或給予勸告。必要時，個管者或可說明指控的方式對於婦女可能造成的傷害是什麼。將問題部分化亦有助於在複雜糾葛的泥淖中找到問題解決的一線生機，或至少讓較容易處理的問題有所進展，說不定最後還能逐步突破原以為最棘手的問題。

（三）倡導

倡導一般可分為個人倡導（individual advocacy）及體制倡導（institutional advocacy），二者之間的差異在於個人倡導重點在協助婦女思考她的選擇，然後發展出一套行動以處理問題；體制倡導則是立

基於個人倡導的經驗，著重於改變體制上對婦女不利之處，如政策、程序、議案等（Pence and Shepard, 1999）。激力與個人倡導乃是息息相關，互為整合（參見圖 8-4）。個管者可經由相信婦女的經驗、尊重她的自主性等激力婦女。

圖 8-4 激力（empowerment）與倡導輪

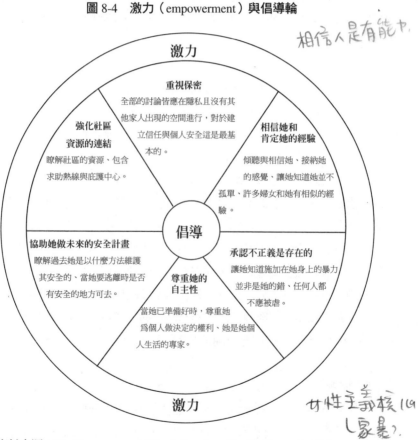

相信人是有能中.

女性主義核 119
└家暴?

資料來源：The Empowerment Wheel. Developed by the Domestic Violence
　　　Project, Inc.

　　不論是個人或體制倡導，個管者需留意的地方是，在進行倡導之前，應先弄清楚婦女的求助意願如何、是否曾做過哪些努力、原先求助的要求是否經過有效的處理、處理的結果怎樣、對婦女及其家人產生什麼影響。和協商的處理雷同之處，個管者最好能夠釐清婦女／家人的情緒與需要提出的議題。個管者本身一旦亦陷入情緒中，即很難釐出個人與婦女的界線，也容易使得原本理性的訴求夾雜太多情緒的干擾，不但妨礙了倡導的進行，也可能會模糊了訴求的焦點。另外，不管個管者倡導的對象是類似的機構或不同的系統，個管者對欲倡導的機構或系統的瞭解越多，越有利於倡導的進行。有時候，倡導者會以為需要瞭解的內容僅包含機構的服務流程與內容，忽略了不同系統所持的專業術語（行話）、信念極可能有很大差異。在此種情況下，很容易導致個管者將其專業價值硬是套用在對方身上，或是沒有敏感到因為雙方對語言詮釋理解的差異，造成各說各話，卻誤以為彼此都聽得懂對方在說什麼的情況發生，不但容易帶來誤會，也浪費了彼此許多時間。

　　在有了以上的準備甚至努力之後，婦女的權益若仍被忽視，則訴諸高層，透過機構高層代表出面協調，亦是種選擇。除此之外，運用一些申訴管道、向外界的權威呼籲、甚至採取法律行動都是可能的方法，只是這幾種方法雖可能達到訴求的目的，卻也可能威脅破壞了個管者或機構與欲使用資源間的關係（王玠、李開敏、陳雪真，1998）。

（四）協調

　　協調的目的乃在強化個管者所匯整的資源之間的相互支持與瞭解，以促使服務的成效可以盡情發揮。和連結工作較為不同的地方是，連結的重點在於資源的貫穿，不過，個管者很快就會發現光是連結資源是不夠的，在連結許多資源之後，顯然地個管者、涉入的機

構、甚至婦女本身都會想要知道工作進行的情形，是否有任何參與者或計畫需要做調整？不管是和婦女或涉入的機構是否要訂立明確的契約？契約的執行是否需要各機構間定期的討論，以瞭解執行的情況？那些人應參加？是否邀請婦女的非正式資源如親友加入會議？就組織或婦女來說，或許會覺得契約的簽訂似乎如同約束條款，有被監督的感覺，為了盡量減少這種感覺，個管者或涉入組織相互訂立契約或與婦女訂立契約時，要特別注意對組織與婦女意願的尊重，並可強調契約的訂立配合後續的執行，有助於大家的合作與目的的達成，讓參與的組織和個人得到成就感。若可以的話，在事情有些進展時，即便只是小小進步，舉辦一些慶祝活動或儀式，常可強化大家的正向感受，與激勵持續合作的意願和工作的士氣。

（五）認識（acknowledge）婦女的內在資源

在個管者竭盡所能整合協調婦女，甚至包含其家人所需要的資源之後，或許會以為婦女的所有問題可快速地迎刃而解，卻忘了多重問題案件的特性正在於問題交相盤錯之後，若要解決，不但是耗費精力，也是耗費時日的事。受虐問題所夾帶的人身安全的急迫性、婦女求助時的無力感、再加上問題多重難解，個管者常容易不自覺地陷入「替婦女做」的處境中，這種情形在接案的初期尤其容易發生。若從問題的急迫性來看，有時候，個管者在為了保護當事人的狀況下，難免會有介入較多的情況發生。不過即便如此，個管者仍得隨時提醒自己「婦女主體性」的不可取代性，也就是說，個管者工作的最終目標乃是在強化婦女的能力，切不可因為「替她做」，而弱化了婦女「為自己做」的終極目標。

所謂的「為自己做」，並不是表示每個受虐婦女都不知道自己要什麼、能力弱、或是會遭受暴力虐待乃是因為個人因素所致。事實上，在實務工作上可發現許多受虐婦女具有相當強的能力，然而在遭

受虐待的過程中，其某些能力或許難以發揮、或許缺乏適當的資源介入。除此之外，有時候，個人的思考模式確實對於問題的處理會造成一些障礙。

在做資源評估時，個管者與婦女的思緒大多停留在問題層面，然而不斷地強調「問題」，並不會增強個人的能力，有時候，反而更強化了個人負面的感受，讓婦女甚至個管者陷入無力挫敗的情境中。為了誘發婦女的主體性與未來長遠的發展，個管者有需要陪伴婦女一起認識（acknowledge）婦女的能力，克服對個人生活造成困擾的一些思考模式。

由於暴力問題的處理，常不僅是在資源的協調整合，婦女是否願意採取一些具體行動，甚至改變也是關鍵因素。許多時候，個管者在致力於與婦女規劃處遇計畫、聯繫資源之後，卻發現婦女對於採取行動裹足不前時，會覺得非常挫敗甚至憤怒，並解釋婦女的遲疑是種抗拒的行為，或是責怪自己能力不足。其實，若能瞭解人在面對改變時的困難，以及改變經常是需要一些誘因的，個管者或許較能釋懷，並且更能進入婦女的生命脈絡陪伴婦女經歷接下來即將經驗的改變歷程。

對大多數的人而言，順著個人習慣做事，常讓人有種心安的感覺。在虐待的關係中，暴力虐待雖然令人感到痛苦，然而婦女若選擇離開，或許得面對未來生活的不確定感、施虐者的威脅等。再者，婦女的生活雖令她不滿意，卻也可能不致於糟到讓婦女覺得非改變不可，甚且，婦女亦無法確定改變之後的生活是否會更美好。即便改變是如此的困難，只要婦女願意求助或曾經求助，都顯現了婦女改變的可能性。

為了強化婦女改變的意願，個管者可一方面強調婦女對生活不滿意的部分，一方面展示個人對於陪伴婦女的意願，讓婦女覺得不致於得獨自承受因改變可能會有的孤單、焦慮、不安的感覺，或一些實際

的問題。在婦女尋求改變的過程，切記，個管者扮演的僅是改變的媒介角色（change agent）（王玠、李開敏、陳雪真，1998），協助婦女找到自我改變的信心，在其生命經驗中增添更豐富的元素，而非要婦女否定自己。另外，婦女有可能因長期生活於痛苦中，難以發覺生命的意義。作為改變的媒介者，個管者的重要工作之一乃是與婦女一起發覺因改變而帶來的美好事物，強化婦女繼續走下去的信心與意願。如此，婦女會發現一切的改變既非是因為他人的威脅強迫，亦不是為了籠絡他人，而是為了自己。

階段五：結案

（4）智尊要求結案.

　　一般機構在結案上，常訂有結案指標，包含：（1）持續一段時間無法聯絡到婦女（一般期限約定在三到六個月左右）；（2）與婦女共同擬定的計畫已達成；（3）婦女無繼續尋求服務的意願等。對於著重在婦女人身安全處遇的機構來說，婦女是否仍遭受生命威脅，有時候也成為某些機構的結案指標之一。究竟什麼才算是計畫達成，涉及到成果評估（summative）的工作[9]。一般來說，在結束關係（disengagement）時常會面對以下幾個議題：

　　第一，關係的結束若是由婦女提出，則個管者需要再度確認婦女結束的理由為何？是因為搬家、連繫不易、問題已獲得處理、已獲得其他替代資源，還是因為婦女在求助的過程覺得太挫折？若理由是因婦女覺得太挫折，則個管者有需要進一步瞭解婦女挫折的原因，例如是否是因為計畫一下訂得太大，婦女覺得難以達成？或是婦女覺得個管者的幫助無濟於事？若是因為計畫太大，則個管者可以和婦女一起商量如何調整計畫到婦女覺得是較容易達成的；然而若因為是婦女覺得個管者的幫助無濟於事，則個管者有需要再和婦女澄清婦女的期

---

[9]　詳細細節請參考本書第十二章。

待、個管者的角色、以及如何可以協助婦女。

　　第二，相對的，結束關係若是由個管者提出，則需要審慎評估的是婦女與個管者一起所擬訂的計畫是否已達成？若無，個管者為何想結案？在明知計畫未達成，問題沒有獲得處理之下，個管者若貿然結案，不但有可能傷害到婦女，個管者也常會覺得很挫敗，在這種狀況下，個管者有需要檢視與婦女所訂的計畫是否太大？超出自己的能力？個管者是否對婦女有許多情緒，以致於阻礙了工作的持續進行？個管者的情緒從何而來？個管者本身是否需要督導系統甚至其他人的協助？在探討這些疑惑時，雖然過程常是令人痛苦，甚至有時候會有想逃避的念頭產生，不過，若個管者願意面對，相信對個管者來說，是相當好的成長機會，而在痛苦之後，個管者將會發現個管工作不盡然只是付出，更多的時候，是從婦女的生命陪伴，也是從種種的痛苦之中獲得滋養。

　　第三，雖然個管者和婦女都同意暫時結束工作關係，不過這並不表示婦女甚至是個管者的分離焦慮即不會產生。對於因遭逢人生困境而與個管者相遇的婦女來說，個管者在婦女的生命中，即便只是短暫的過客，卻意義重大。個管者很可能是婦女生命歷程中，難得願意停下腳步傾聽婦女聲音的人。就理性而言，婦女或許可以自我說服個管者終將離去，然而當分開的時刻來臨時，仍難免有被背叛、被拋棄而延伸出來的憤怒焦慮感覺。婦女或許會獨自承受暗自神傷，或許會直接挑戰個管者為何需要結案，並且提出還有其他問題需要個管者協助處理，婦女也有可能提出請求，希望能夠保有與個管者的聯絡方式，繼續和個管者聯繫。面對這些挑戰，個管者除了得面對自己也可能會有的分離焦慮外，亦得承受婦女因即將結案而有的種種情緒，負擔可謂相當沈重。

　　不管婦女是否直接表達對結束關係的焦慮，個管者都有需要主動

和婦女確認其感受，並進一步做處理。例如面對婦女因覺得個管者即將拋棄她而有的憤怒感受，個管者除了接納同理外，亦可經由過程回顧的方式，讓婦女看到其內在力量，並且澄清暫時的結案並不代表二人將永遠斷絕關係，婦女若有問題或是好消息時還是非常歡迎和個管者聯絡。結束關係並不是斷絕關係，而是個管者不會再如以往一般密切深度涉入婦女的生活，而個管者的淡出，說不定可讓婦女生活的自主空間更大，能力更能發揮，只是在結束的剛開始，婦女與個管者都需要一些時間重新適應。最後，別忘了，個管者若和孩子也有接觸的話，個管者除了需要和婦女 say goodbye 以外，孩子也是相當需要的哦！

第四節　個案管理工作相關表格與檔案整理說明

　　（按筆畫多寡排列，依序感謝北區婦女服務中心、現代婦女基金會、婦女救援基金會、善牧基金會、勵馨基金會慷慨提供相關表格，附上的表格乃綜合以上機構之表格後，經作者修改製成）

一、個案管理工作相關表格與使用說明

　　為了促使個管者工作能夠順利進行，機構一般都會訂有服務流程，並配合各種相關表格，以詳細記載整個工作的進行過程。表格的形式與檔案的整理方式，每個機構就其需要各有特色。由於機構很難限制求助者的類型與內容，因此一般會將接案（intake, 又可稱初次會談）和開案做區隔。接案的重點在於經由蒐集求助者的背景資料、求助的內容、期待獲得的幫助以評估機構是否開案，並分配個管者統籌後續的服務（表格請參考附錄二：三）。由於求助者並不一定是受虐婦女本身，婦女的親人、朋友、同事、鄰居等都有可能代婦女求助，機構接到這些求助時，還是得經由直接或間接的方式瞭解婦女可能的

求助意願，並在開案之前，再度與婦女確認求助的意願與內容。由於
首次求助者未必是婦女本身，因此在記錄上會留有求助者（亦即聯絡
人）姓名電話，並在案源部分留有親友求助勾選格。不管是因為求助
者不一定是婦女本身，或機構需要多方考慮，機構有時候會在接案一
次或數次之後方才決定開案。由於剛與機構接觸時，機構與求助者關
係尚在建立中，若再加上求助者不一定是婦女本身，接案記錄常會有
記錄不完整的情況發生。機構有時候在組織管理的考量下，會有接案
時間與編號（以便於做流水號，瞭解整體求助的案量）的記載，最後
並留下督導與接案者的簽名欄。

　　至於開案標準各機構雖各有其獨特規定之處，不過，一般來說，
婦女的求助意願、暴力嚴重或生命危急程度常是機構開案的重要考
慮。比起接案記錄，開案記錄（請參考附錄二：四）在婦女與相對人
（為了避免對婦女所提的施暴者貼上標籤，因此在這裡對施暴者先以
相對人稱呼）的背景資料、家庭其他成員的資料、與婚姻狀況的蒐集
與描述上都詳細得多。另外，由於擴展婦女的支持網絡被視為個案管
理工作的重點之一，因此開案記錄表上若有婦女所處環境的生態圖，
亦即婦女與網絡間的關係呈現，將對於未來工作的方向提供重要參
考。婦女的受暴歷史與因應模式的重點在於瞭解婦女受虐的時間、嚴
重程度、頻率、婦女如何面對，是否曾求助過，婦女個人如何解釋受
虐的原因，相對人如何看待其暴力行為等。有些機構會在此時配合暴
力分析表，詳細蒐集婦女受虐的各種型態與嚴重程度。

　　在開案記錄上，個管者應區隔出婦女的描述內容與個管者的評估
內容。即便是在進行評估的工作，個管者記錄的重點最好盡量以具體
的行為描述代替道德的批判，例如以：「先生常幾個月沒拿錢回家，
偶一有之，也約只有數千元，對家庭經濟支持有限」取代：「先生好
吃懶做，不關心家人，行為惡劣」。道德批判顯現的是個管者個人的

價值好惡，當個管者好惡越極端時，對人的接納度越受到限制。再者，記錄的目的乃協助個管者整理分析個管工作的進行，而不是個人好惡的抒發場。以好惡記載，不但模糊了當事人具體的行為，也使得他人（例如督導）在瞭解整體狀況上，將受到限制，因為對道德的標準，每個人差異實在是相當大。配合開案記錄，機構一般訂有個案管理記錄表（請參考附錄二：五），記載個管者與婦女或相關資源聯繫的狀況，以及後續的處遇計畫。為了了解計畫執行的狀況，個管者與機構最好能夠在服務持續一段時間之後進行評估的工作。機構有時針對評估的工作會另外製定評估表格，或直接加在個案管理服務記錄表上。

　　對於受虐婦女，不管是因為離婚訴訟、聲請保護令、或刑事傷害告訴等，由於都牽涉到法律，因此相關機構常有免費法律諮詢的服務，配合服務並有法律諮詢記錄（請參考附錄二：六）。為了鼓勵民間團體提供受虐婦女免費法律諮詢，部分縣市政府會以按件計酬的方式予以補助，因此在記錄上，留有律師簽章部分，以便於核銷。另外，個管者也常因為考慮到婦女的需要，會陪同婦女出庭，因以機構另備有法院陪同記錄（請參考附錄二：七），記載婦女訴訟的過程。這些相關的記載，不管是對於系統的連結甚至婦女權益的倡導，都相當重要。

　　除了法律諮詢的使用外，個管者常會依婦女的個別需求整合協調其他相關的資源，如婦女與其孩子的個別或團體諮商。婦女／家人所需的服務或許機構本身即有專職或兼職人員可以提供，然而許多時候，個管者仍須藉助其他機構提供，此時，轉介表（請參考附錄二：八）成為機構間協調的重要工具。轉介工作相當大的挑戰，除了在於機構之間的協調外，如何於當事人保密原則和機構間資訊的流通尋得平衡，也是一大考驗。在這種情況下，個管者在轉介前除了需要徵得

婦女同意外，通常會先以電話方式和欲轉介的機構協調聯繫，並配合書面的轉介表，做行政上的確認。

基於種種理由，個管者終需進行結案的動作。結案時，除了可能需要處理婦女甚至包含孩子的分離焦慮外，亦需要仔細和婦女核對整個服務的過程是否達到原先所設定的目標，有時候也會對未來的發展做些討論，而這些資料會整理記錄在結案記錄表（請參考附錄二：九）中。至此，個管工作可說是告一段落。

二、檔案整理說明

至於在檔案整理部分，一般會同時留有電腦記錄與書面存檔。電腦記錄除了方便管理保存外，若有當事人登錄表（建議可用 EXCELL 或 ACESS 設計程式，不但方便登錄，亦可做進一步的資料統計分析）對於快速查詢亦頗有助益。

對於婦女個管的資料整理，原則上分開歸檔，較能做到保密的工作。有些單位為了幫助個管者能夠更快速地瞭解檔案內容，會於檔案的第一頁加上個管工作存檔目錄一覽表（請參考附錄二：一），個管者可勾選出檔案內容物有哪些。部分機構甚至在個管工作存檔目錄一覽表的後頭，會再加上個案管理服務動態記錄表（請參考附錄二：二），以整體性地瞭解婦女／家人於正式資源的使用歷史，例如在何時曾與哪些單位接觸過，使用過何種資源。另外，個案管理服務動態記錄表的使用，不一定僅侷限於機構間，需要時亦可做些修改，包含納入機構內部個管者之接替記錄。

第九章
多元文化之訓練與工作人員次級創傷之介紹

　　面對越來越多樣性的社會，社會工作甚至其他領域的專業人員是否具備文化敏感度，是促成工作能否順利推動的要素。多元文化的訓練，並非只是種知識，也是種修煉，工作人員若能覺察到自我的世界觀，學習放下個人的偏見及對人許多似是而非的假設，將能夠促成工作人員和服務對象在互為主體的情況下，相互學習與成長。

　　次級創傷雖然經常可在從事婦女或兒童受虐工作的工作人員身上發現，但是國內針對此議題的討論並不多。工作人員作為緊急人命安全的處理者，其背負的壓力原已相當大，若還夾處在被害人的需求、加害人可能施加的恐嚇威脅中，腹背受敵的感受，實在不是外人所能體會。有鑑於此，在本章末，特別以簡單的篇幅介紹次級創傷的形成因素與創傷的一些反應，用意除了在於提醒工作人員外，也希望能夠喚起機構的高層或中央與地方政府的重視。當工作人員在前線奮力作戰的時刻，相當需要的是後線的強力支援，否則非常容易陷入彈盡糧絕，人員重創的困境。

第一節　多元文化訓練

　　其實，「多元」這個字彙本身即有相當的爭議性。表面上相較於

「單一」,「多元」似乎顯得更多樣性,並隱含對差異的接納度較高;
然而弔詭的是,「多元」二字仍擺脫不了將人分類簡化成某特定類別
屬性的危險,而忽視了個人往往同時具備不同的身分、角色、地位、
性取向。即便是種族,其血緣仍可能同時具有多重的來源,尤其在國
際婚姻日趨興盛的情況下。因此若硬是要將人分類,會發現在置入
(in)與區隔(between)之間必然存有模糊難以釐清的地帶(Ming-
Chang, 2002)。

　　「多元」二字雖仍有其限制,不過,在尚未找到更合適的名詞之
前,在這裡仍先以「多元」來表達對於文化多樣性與個人獨特性的重
視。多元文化訓練之目的,乃是期待工作人員可以具備針對特定文化
與族群的瞭解。對於特定群體的基本瞭解雖有助於我們更理解我們的
當事人,然而過度的類化,將對於某族群或文化的理解推論為一種普
遍、理所當然(take-for-granted)的現象,反而會造成刻板化印象
(Ivey, Ivey and Simek-Morgan, 1980),忽視了個別差異性,阻礙了對
於個別服務對象的瞭解,因此多元文化的訓練乃是在提高工作人員對
文化,包含不同族群、性別、區域之敏感度,在實務運用上,工作人
員能夠避免這些知識所可能造成的偏見,而能以開放無預先假設的方
式和服務對象一起工作(Dyche and Zayas; 2001)。

　　對於文化的學習,常源自於個人的家庭。不管我們同不同意家人
對事情的看法,我們都無可避免地會被影響(Ivey, Ivey and Simek-
Morgan, 1980)。

　　多元文化的同理(multicultural empathy)表達的是我們對於不同
於自己本身的世界觀(worldview),能夠給予尊重。一旦我們願意去
瞭解與我們不同的族群、性別、宗教信仰者,則我們將會發現活到老
學到老這句話的真諦(Ivey, Ivey and Simek-Morgan, 1980)。

　　要瞭解他人,恐怕無法避免的是從瞭解己身做起,清楚自己是如

何看待這個世界，自己所持的信仰、價值產生的來源。唯有瞭解自己所帶的眼鏡的顏色，才能敏感到自己是用什麼樣的眼光來看世界，而不會將所見所聞視為理所當然，沒有敏感到自己是如何在被周遭的環境所影響著，成為文化盲（culture bearer）（Ivey, Ivey and Simek-Morgan, 1980）。

> **小小心情分享：**
>
> 和來自異文化的人接觸時，心中常充滿著「好奇」與「不確定」。「不確定感」有時雖讓人覺得不安，無法掌控，不過，換個角度想，若我們可以接受這種不確定性乃是人生的常態，放棄致力於追尋確定感（certainty），有時反而可讓自己有更多新的發現，當然包含進入他人的世界，並和他們一起經驗與感受。
>
> 還有，當我們自以為已經瞭解對方，忙於為對方的經驗下定義時，事實上，會不會反而是已脫離了對方的經驗，並且在彼此之間劃下一道牆，一道自己進不去，也不願對方進來的牆。
>
> 語言障礙在跨文化工作時雖難以避免，難而工作人員的態度也是相當重要的。一個關懷的眼神，願意瞭解的態度常勝過於個管者告訴對方『他知道她/他的意思』。而有時候，正因為我們認為個人不是很有保握瞭解對方的意思，反而容許自己有更多空間去傾聽，也允許對方更多的表達。所以，讓我們一起努力將語言障礙化為增進彼此瞭解的助力吧！
>
>

　　同理心訓練的要素，正是在於對自我的深刻瞭解，以避免在不知不覺中，將自己的信念強加在他人身上（Ivey, Ivey and Simek-Morgan, 1980）。而在服務的過程中，「同理的想像」（empathic imagination）是工作者相當重要的態度。工作人員可以接受不確定、模糊的情況是存在的，放棄致力於找尋「確定性」（certainty），避免掉入人性追求安全安定的天性。如此，工作者方能夠進入服務對象的世界，並允許自己為她／他們的經驗所感動。

　　在這種情況下，多元文化的工作，僅有「真誠」顯然是不夠的，還需包含以尊重的態度帶著好奇與興趣想瞭解對方的經驗和想法，對「不確定感」具接納包容的能力，避免為對方的世界下定義，願意經驗對方的世界，尋求對方敘述的連貫性，而非追尋所謂的事實（truth）（Dyche and Zayas; 2001）。

　　多元文化的訓練運用在與遭受到暴力虐待的婦女工作上，除了強調個別婦女經驗的重要性外，還包含察覺到工作者的文化背景、經驗、與知識是如何影響到工作者個人的價值信念與態度，與其對服務對象的影響。虐待雖然是受虐婦女的經驗，但不應被解讀成其生活的全部，過度簡化了婦女多元的面向與身分。

第二節　次級創傷介紹

　　從事保護性業務工作者由於工作性質要求，經常得面對遭遇重大創傷之受虐婦女，因此可能會有次級創傷壓力（secondary traumatic stress，簡稱 STS）的情況發生。次級創傷壓力又稱悲憫疲乏（compassion fatigue）、替代性創傷（vicarious traumatization）、或陪同性創傷（cotraumatization），意指工作人員、志工、或家人等在日復一日不斷傾聽同理遭遇創傷的個體之後，所引起的類似初級創傷壓力

（primary traumatic stress）的反應（Sexton, 1999; Nelson-Gardell and Harris, 2003）。

　　同理心（empathy）原是人與人之間建立信任關係的重要元素，在專業關係中，甚至會深遠地影響到工作成效，然而工作人員在同理服務對象，悲憫其遭遇，期待能夠協助其解決問題的同時，亦從對方身上吸納了不少壓力與痛苦。次級創傷壓力雖不必然是個問題，然而工作人員若無穩定之支持系統或壓力未得到適當處理，長期累積之後，常會有一些症狀產生，如容易疲憊、生病、無望或失望的感覺、無力感、情感麻痺、人際退縮等（Nelson-Gardell and Harris, 2003），或類似受虐婦女的一些反應，如恐懼、痛苦、作惡夢、強迫性思緒（intrusive thoughts）、逃避等。次級創傷壓力除了對個人可能造成傷害外，亦會為組織帶來負面影響甚至惡性循環，如人員不斷流動、低氣壓、悲觀焦慮之組織氣氛（Sexton, 1999）。

　　除了次級創傷壓力可能造成助人者一些創傷反應外，從事兒保或婦女受虐之工作人員挫折與枯竭的幾項來源還包含（Dane, 2000）：

1. 大量的案件。
2. 案子有時效性。
3. 因為無法知道案子的最後結果而覺得挫敗。
4. 缺乏具體指標以瞭解案子是否處理成功。
5. 必須主觀地認定兒童受害的程度。
6. 常得面對（面質 confront）這些充滿憤怒、敵意的加害人。
7. 過度承諾、過度投入的工作人員常是最脆弱、最容易受傷的。
8. 工作人員若有類似的經驗，其痛苦極可能一再被挑起。
9. 在聽到受虐婦女痛苦且嚴重的經驗之後，工作人員感到恐懼、甚至被嚇呆了。然而這些感受通常都是無意識的，工作人員一

且知覺到，往往會覺得震驚、自責、與羞愧。工作人員若未覺
察到，極可能會以憤怒的形式投射到受虐婦女身上。

10. 受虐婦女所面對的問題有時候常是無法或難以解決的，這會
讓工作人員覺得其工作是無效、無意義、有損其尊嚴、自我
價值、與專業知能。

11. 需要立即的行動也會增加工作人員壓力。

12. 挑戰個人與文化的神話（mythologies）、對人類的信仰。

　　不管是因為同理或工作之危急性而引起的恐懼、憤怒、悲傷、失
望、或無力感覺，都顯現了從事保護性業務對工作人員本身有相當大
的壓力。工作人員在投入工作的同時，亦應注意到個人本身壓力調
適，做好自我照顧的工作，正所謂留得青山在，不怕沒材燒。

　　另外，創傷的本身或許帶給個人許多痛苦，然而在經歷創傷的煎
熬、覺察到其對個人所產生的影響，甚至找尋到創傷與個人過往經驗
的連結之後，往往是更深的自我瞭解的開始，這種開啟不但可促使往
後個人更清楚如何面對困難，更加拉近工作者本身與服務對象的距
離，能夠更深沈地同理到當事人，工作者亦能夠在個人與服務對象的
世界裡，自由自在進出（這常也是同理的相當高境界），在無形中，
工作者的智慧已更上一層樓。

第四篇
防治政策與實務

前言

「家庭暴力」並不是一個新興的社會現象，但直至近年來，在政府與社會各界及婦女團體之大力鼓吹推動下，社會上對家庭暴力行為之本質及嚴重性方有更進一步的認識，並且逐漸接受將家庭暴力行為界定為是公領域之問題，也是一個社會問題，而非是家庭內私領域的問題。

家庭暴力問題逐漸受到社會大眾關心，成為社會各界重視之議題，付諸於行動的就是要求公權力介入「家務事」，將家庭暴力行為「犯罪化」（criminalization）（Fagan,1996）。另一方面，家庭暴力防治工作成為公共政策之一部分，其最主要的手段即透過立法，規範政府部門必須予以回應並且分配資源在這項工作上。 Quarm and Schwartz（1985）即指出，制定家庭暴力專屬法令的目的，在於發揮該專屬法律所代表的象徵性、指導性、威嚇性（包括一般威嚇及特別威嚇）及教育性等功能。

將家庭暴力行為予以明確犯罪化及引入公共政策一環後，行政與司法相關部門之回應即成為重要之議題。與家庭暴力防治工作有關之部門包括社政、衛生、警政、教育、檢察及法院等各系統，有關社政部門之回應與個案處置，因篇幅甚多，已獨立於第三篇來探討。教育系統因國內有關之文獻甚少探討，本書暫予略過討論。本篇中將分章討論關於衛生、警政、檢察及法院等系統之回應，另「民事保護令」制度係家庭暴力防治政策中非常重要之一環，本篇最後一章亦探討民事保護令之內涵、實施現況與成效分析。

本篇之撰寫，於每章中分別就各該體系回應家庭暴力之歷史、扮演角色功能、實施現況、回應策略及相關影響因素等分別探討，並於每章末簡略說明未來之修法方向，期盼能提供讀者一窺各領域之家庭

暴力防治政策與實務執行。

　　家庭暴力防治係一整合性之工作，唯有各領域攜手合作，相互認知，建構網絡運作之模式，方能有所成。本書在撰寫之初，即秉持這樣一個理念，爰在章節安排上即考慮兼顧含括各領域之探討，這樣的安排在國內也算是一個突破，希望對於防治網絡建構有所助益。

第十章
醫療系統回應家庭暴力

　　民國 87 年所通過的家庭暴力防治法，明文規定中央與地方的衛生主管機關應積極參與家庭暴力防治工作，其目的就是期望改變醫療系統不願積極回應家庭暴力防治的作為。依據此法，醫療系統不僅應負責被害人的醫療照顧（如不得無故拒絕診療）與證據蒐證（如開立驗傷診斷書），也規定中央衛生主管機關應訂定家庭暴力加害人的處遇規範，而各縣市醫療院所的相關人員，也自然成為執行加害人鑑定與處遇的關鍵人物，此外，法中也明訂醫療人員有通報之責，衛生主管機關更應擬定及推廣家庭暴力衛生教育的宣導與專職訓練。

　　換句話說，家庭暴力防治法的三大基石──被害人保護、加害人治療與輔導，以及宣導教育，均是醫療系統的防治之責。如今，家庭暴力防治法已實施五年多，醫療系統的回應仍未達理想（李詩詠、黃源協； 2001 ；黃志中、謝臥龍、吳慈恩， 2003 ；張錦麗、顏玉如， 2003）。因此本章引用諸多美國的防治政策與處遇模式，期望能勾勒出未來台灣醫療界努力的方向。

　　本章共分為四節，第一節將說明加、被害人相關的防治理論與處遇模式，其中並針對美國常見的加害人處遇方案實施概況作一般性介紹，並說明目前這些方案的成效；第二節詳細說明美國被害人相關的防治政策與實務，其中更包含醫療系統與被害婦女接觸時細膩的原則

與注意事項；第三節則論及台灣醫療界的防治現況與展望，不僅從結構面，也從執行面，分析目前進展的情形與困境，最後則說明未來的展望，第四節則為結語。

第一節　家庭暴力加、被害人防治理論與處遇模式

一、防治理論

（一）女性主義治療模式

　　不論是針對被害婦女或是加害人的治療理論，強調反父權意識形態的女性主義治療法在近些年來大行其道，其主張強調醫療系統的冷漠回應來自父權社會的價值與信念，根據黃志中、吳慈恩、張育華、李詩詠（1999）等人的研究，發現婚姻暴力本為社會文化所認可，因此它所衍生出來的傷害，並不被視為「疾病」，因此，自然不列為醫療體系中應照顧的對象。就因為受暴婦女的醫療需求不具備社會文化的正當性，因此長期欠缺家庭暴力醫療防治政策與相關措施也就不足為奇。

　　為使加害人與被害人改變其不當的行為，針對被害婦女部分，女性主義治療模式主張透過治療的過程，讓受暴婦女「看見」並「重視」自己的女性經驗，進而達到意識提升以及激力（empower）的效果（吳慈恩，1999），而針對加害人部分，由於強調家庭暴力主因係社會文化長期縱容男性對女性施暴的結果，因此，處遇上應給予施暴者相關男女平權的心理與認知教育，以改變其不當的行為（Pence and Paymar, 1993）。

（二）心理治療模式

　　此模式則認為家庭暴力是因施暴者或受暴者個人可能之人格異常、幼年經驗、依附模式，或認知行為模式所造成，因而應以心理治

療方式加以改善。此模式又可分為認知行為治療模式、精神動力模式以及依附模式等（林明傑，2000），以下將有詳細的說明。

（三）家族治療模式

　　此模式強調家庭暴力係由家庭內之溝通、互動、及結構所造成。因此認為促進家庭內之溝通技巧、增進良善的互動，以及改變家庭內的氣氛與結構，均可避免暴力發生，不過，此模式因無法達到刑事司法體系中對被害人迅速保護的要求，因此，美國有二十州明令禁止用家族治療為其主要治療模式，不過，並不排除其為次要的治療模式（林明傑，2000）只要明瞭相關的限制與條件，亦可為治療方式之一[10]。

（四）醫療模式

　　指的是使用精神病理學的分類，將發生婚姻暴力的個案予以診斷分類，尋找相關的疾病種類，以作為解釋婚姻暴力發生的原因，以成為建構治療的基礎，此一模式將施暴者視為精神病患，若無嚴重精神疾病，也可能會有酒癮、藥癮等問題，此外，此一模式也容易將不願脫離婚姻暴力的受虐婦女視為「被虐待狂」，賦予另一種疾病診斷，綜而言之，此模式將施虐者與受虐者均視有「疾病」的狀態，所以必須給予診斷與治療，而忽略社會文化因素對施暴者與受暴者的影響（黃志中、黃寶萱，2001）。

二、加害人處遇模式

　　而目前美國的重要治療加害人方案，較多是融合上述的女性主義治療與心理治療模式而成，共分成四種不同的模式，茲說明如下：

（一）杜魯斯模式（Duluth Model）

　　本模式最早是由美國1980年明尼蘇達州的杜魯斯所採行，為女性主義治療模式，以被害婦女的需求為其主要的思考中心，發展出教

---

[10]　請參考本書第五章。

育加害人不當的權力與控制行為反應輪 [11]（power and control wheel），以及應改變的平等輪（equality wheel）行為模式（請參閱圖 10-1），此外，此模式也特別強調社區整合模式的處遇，此模式主張唯有網絡連結緊密的司法、警政、受虐婦女服務單位，才能真正保護婦女的安全，因此配合相關的重複逮捕政策或司法審判也被視為影響方案運作成功的重要關鍵（Shepard and Pence,1999；張錦麗、王珮玲、柯麗評，2003）。由此可知，此模式是藉著緊密的服務網絡抑制加害人的暴力行為，同時也藉著心理教育課程改變加害人不當的控制行為，並建立平等與尊重的新行為模式。

圖 10-1　非暴力平等輪

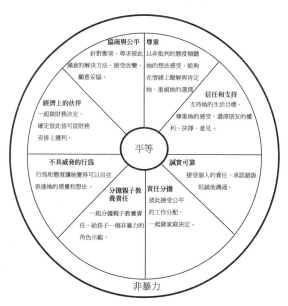

圖資料來源： Domestic Abuse Intervention Project. Minnesota

---

[11]　請參考本書第三章。

　　杜魯斯的治療加害人課程共計為二十六週，分為八個主題，含括無暴力威脅、尊重、信任與支持、誠實負責、對親子關係負責、對家庭負責、建立夥伴關係以及協調與公平。每一段課程前先放錄影帶，內容多為男性不當的控制與權力行為反應，先討論其不當行為背後的信念與思考，以及其不當的影響，接下來再討論較好的行為反應模式，其目標是建立健康的兩性互動。

　　此模式是美國最早與最普遍的模式，然而此方案過於強調以女性主義為中心的教育加害人模式，卻忽略加害人多元且複雜的人格特質或精神疾病，導致此模式對高危險或長期的暴力犯療效不彰的困境（Pence and Paymar, 1993 ；林明傑， 2000 ；林慧芬， 2002）。

（二）EMERGE Model

　　本方案是美國麻瑟諸塞州的波士頓以及附近幾個城鎮所採行，是較深度的團體治療課程，主張此方案的人士認為，單以教育心理課程是無法處理某些較嚴重的暴力犯，因此加上「認知行為療法」是其方案的特色，不過認知教育也可能使暴力犯負面的增加自我中心的世界觀，所以也要同時強化施暴者對其行為負責。此方案為期四十週，分兩個階段進行，前八週為教育模式，教導何謂家庭暴力、心理虐待、經濟虐待、正負面自我對話、正負面溝通，以及家暴對被害人與小孩的影響；後三十二週則以開放式團體進行，由老成員、中成員與新成員共同組成，團體進行時需有成員報告其一週內的負面行為，再由大家進行討論，發展新的行為模式，團體結束前每人均需有離團（check out）報告，內容需包括本週心得分享、本週的行為目標等（林明傑， 2000）。

　　此模式所採行的策略為如下：

　　1. 面質並要求案主對其行為負責。

2. 進行團體討論，採行腦力激盪的方式，找出新的行為模式，並由案主評估此模式的可能性；請案主就較可行的方式與另一成員進行角色扮演。

3. 採行反向的角色扮演，過程中強化同理心的學習與運用，例如要求案主扮演被害者，其他的成員扮演施暴者，並要求其說出內心的感受等，再由大家回饋。

4. 請案主在團體結束前，提出下一週的行為目標與策略，並鼓勵團體成員共同集思廣益。

5. 同時瞭解被害人的狀況與疑慮，以作為協助加害人改變的基礎。

此方案的特色在於運用認知行為療法的相關策略，諸如內在對話與角色扮演，並給予案主自我決定權，與杜魯斯模式相較，不僅方案時間較長，也較強調內在深層的行為改變（Healey, 1998）。

（三）AMEND Model

為美國科羅拉多州的丹佛市所採行，其主張對於高危險或長期暴力犯進行一至五年的治療，其團體分為四階，第一階為前十二至十八週，此階段多以教育及面質的方式處理否認暴力的問題，其目標是要求施暴者對其暴力行為負責；第二階段則要求案主瞭解其暴力合理化的過程，並提出可能改善的行為，此時治療師也需與被害人確認加害者是否言行一致，並持續協助施暴者改變；第三階段為自助／支持團體，若成員有意願持續參加，則鼓勵其組織自助團體，並練習健康的溝通技巧以及討論如何預防日後的暴行；第四階段則為社區服務團體，若自助團體的成員想從事社區服務或反家庭暴力相關的活動，該方案亦應從旁協助。大多數的人均會參與前二階段，後二階段則不如預期，不過此方案的好處是，協助某些施暴者也有現身說法以及長期

增強正向行為的機會（林明傑，2000；林慧芬，2002）。

（四）Compassion Workshop

　　為美國麻里蘭州的巴爾的摩市所採行，此模式採行依附理論的治療技術，其優點是較能深入解釋暴力犯的行為以及減少再犯。此方案主張加害者以表現憤怒的暴力行為，來避免羞辱或苦惱的痛苦情緒，因其過去的經驗中常充滿被輕視、被拒絕、被指責、不被愛或無力感，而這樣的情緒感受正是主要創傷的來源，因此強調運用 HEALS 的認知重建技術加以復原，所謂的 HEALS 是指修復、對自己解釋、對自我同情、愛自己與解決問題（Healing, Explain to yourself, Apply self-compassion, Love yourself, Solve）。其治療共有十二週，每週兩小時，共有四十三個家庭作業，前六週只需在家庭作業中描述自己的經驗，不必在團體分享，在此一階段中，個案需簽署同意不使用暴力與敏感話題的書面文件，而治療師也必須在此階段中教導案主在憤怒的情境中使用暫時隔離（time-out）的方法以及要求案主規劃安全計畫，此期的課程強調內在的情緒管理與增強自信與自尊。後六週則注重在親密關係中運用所學的技巧，在最後一次的課程中，若案主已準備好，可自願大聲唸出「改善信」（healing letter），改善信中包含對被害人道歉、承認自己過去不當的行為、提出自己復原的步驟、以及列出自己如何持續改變的作法。此信的目標是要求案主對自己所做的行為負責，且用具體的承諾與方法改善自己。此方案與其他女性主義方案相較，有較佳的療效（Healey, 1998）。

三、施虐者方案成效

（一）如何定義方案成效

　　而這些施虐者方案到底有無效果？如何檢測？一直都是相當爭議且使關心婚暴議題者深受困擾。另外，何謂「有效」？如何界定？恐

怕不同的人有不同的看法。暴力行為完全杜絕當然是最被認可的，然而可能嗎？哪麼退而求其次，以「減少暴力行為的再發生」為目標，似乎是較可能達成的，但是應該要減少到什麼程度才叫做「減少」呢？所謂的虐待既然包含不同的形式，是否在計算暴力行為時只以減少「肢體暴力」為標的？若是如此，恐怕容易遭致換湯不換藥，暴力的存在僅是改變了形式而其本質未變的爭議。另外，施虐者的暴力行為要停止多久才算成功呢？誰來做此測量？以上這些問題在爭議了幾十年之後，至今仍無答案。

　　由於以上這些問題皆牽涉到施虐者方案的評估工作，在定義困難的情況之下，評估工作進行的可能性也就顯得遙遙無期。不幸的是，足以呈現方案效益（outcome evaluation）的施虐者再犯率（recidivism estimates）的研究工作亦同樣困難重重。首先面對的是施虐者對於其暴力行為是否會據實以報的質疑。由於暴力行為的自陳和施虐者的利益其實是相互抵觸的，因此大部分的施虐者會為了維護個人自身利益，盡量隱瞞暴力事實。施虐者的報告既然可信度有限，那麼是否可能透過受虐婦女處得知真實的情況呢？同樣的，受虐婦女常礙於施虐者可能會有報復行動，而不願意告知真實的情況，而施虐者的報復行動並不一定有所謂的肢體虐待，有可能是心理虐待。在這種情況之下，要瞭解施虐者的暴力再犯率同樣地困難。除了資料蒐集的困難外，施虐者再犯率亦有可能受到外在因素干擾，如司法系統的牽制，或者是施虐者正處於婚姻訴訟階段，期待透過停止暴力行為以增強法官的好印象，而有益於爭取孩子監護權或其他權益。另外，如果受虐婦女已經離開施虐者，而施虐者暫時又無虐待的對象，施虐者的暴力再犯率自然也會降低。而社區、職場、乃至於施虐者或受虐者的家人是否給予施虐者壓力，而影響到施虐者的再犯率（Hamby, 1998）。以上這些在在都說明方案執行者很難證明方案是否真的有效，更遑談列

出影響方案效益的關鍵因素了。

（二）治療方案的困境——施虐者的低完成率

施虐者的低完成率（completion rate）也是各種施虐者方案至今難以解決的問題。根據 Hamby（1998）從其所蒐集的各種資料顯示，一般施虐者參加方案的完成率約僅在二成至三成左右，最高也只有五成，而這些低完成率若是從施虐者是否有參加方案之前的評估（initial assessment）即開始計算，恐怕完成率會更低（Hamby, 1998）。其實，對於方案執行者而言，除了完成率外，誰是最有可能會參加完方案的？而誰又是最可能會中途放棄的，恐怕也是執行者急於想知道的答案。一般而言，失業者被認為是最有可能半途而廢的，而許多研究同時指出，大專以上教育程度和自願參加者完成的機率最高（Hamby, 1998）。

為什麼施虐者方案完成率這麼低？Hamby（1998）和 Mederos（1999）同時指出無司法強制要求，以及無相關配套的懲罰措施，是最大的原因。施虐者即便是在法庭的要求下參加方案，但是施虐者如果沒有出席方案，並不會因此而得到任何懲罰，因以施虐者參加方案通常是因應法庭的要求而去，但是在無後續措施配合下，法庭的要求形同具文。

為了改善這種情形，以社區整合為基礎的杜魯斯模式（Duluth Model）特別擬定了一整套社區配合計畫，以強化施虐者方案執行的可能。當有肢體虐待行為的施虐者被逮捕時，他可以有二個選擇：服刑或在一定條件的緩刑之下參加強制性的施虐者介入方案。施虐者在選擇參加方案之初，即被告知觀護部門（probation department），而此部門將會監督其出席情況，並且會持續和其伴侶、檢察官、心理衛生中心接觸。而方案的帶領者不僅需要和施虐者工作，也必須提供施虐者處遇中的相關訊息給施虐者的伴侶、觀護部門等相關單位

（Mederos, 1999）。

（三）其他相關困境

　　其實不管是上述的任一方案，在 Jennings 眼中，這些屬於較具結構性質的方案，似乎早已注定了效果有限的命運。根據 Jennings 的看法，影響這些加害人結構式方案的成效因素有三：（1）缺乏加害人情況的第一手資料，大部分有關加害人的資訊，都是透過受虐婦女處得知。對於加害人，我們這個社會所知仍極為有限。（2）根據一些較為極端的例子，加害人被視為是危險人物，且缺乏反省與自我控制能力，亦無改變的動機。因此對付這些人的方法，即是透過安排嚴格的教育課程，以盡快地讓他們回歸正常。（3）在感受到加害人是危險的氣氛之下，加害人方案的執行者有時間上的壓力，如被要求需盡快減少並且預防暴力的再發生（引自 Eliasson and Bokforlag, 2001）。

　　Jennings 雖然承認這些結構性方案有教導施虐者憤怒處理、人際溝通等技巧的好處，然而仍無法脫離「控制」的本質，這在短時間之內或許有抑制暴力的效果，然而長期來看，卻可能會妨礙施虐者的發展。因此 Jennings 認為最有效的方法應是以非結構方式，加上緊密監督的支持性自助團體，而結構式團體所欲探討的議題，自然會在非結構式的自助團體中被引發出來，換句話說，非結構式自助團體的成員，會自發性地積極參與下，逐漸學習結構性團體該有的主題，然而又可避免陷入權力和控制的窠臼（引自 Eliasson and Bokforlag, 2001）。

　　除了以團體的方式來進行加害人處遇外，近幾年來，在瑞典也逐漸發展出同時提供個人諮商的男性危機中心（Manscentrum，相當於 Men's Center 的意思）。針對施虐男性，這個中心的處理意旨在於協助施虐者停止再將其暴力行為歸咎他人，為其暴力負起完全的責任，並且學習新的技術與控制自己的方法。治療的重點雖然是在瞭解暴力

行為背後的深層恐懼以尋求解決的途徑，但是個人過往的歷史並不會被深究，以避免施虐者再度陷入自己是被害人的思考模式裡（引自 Eliasson and Bokforlag, 2001）。

第二節　美國醫療系統被害人防治政策與實務

　　家庭暴力防治議題在 1970 年後，已成為美國極為重要的女性公共健康問題（Hamby, 1998），為此，美國醫療系統也開始審視反思醫療界對受虐婦女所產生的權力控制行為，包含淡化虐待事實、責備被害人、不尊重受虐婦女的自主性、對受害人的安全需求未加重視、合理化受害現象以及違反保密原則等（請參閱圖 10-2）。

　　其具體解決之道，不僅制定積極的防治政策，也開始發展醫療體系中相關的被害人服務指標、與被害人晤談以及處理的架構與原則、以及介入的策略等處理模式。以下將針對美國醫療系統內所建立的防治政策、相關原則以及作為（Domestic Abuse Intervention Project, 2000），詳細描述如下：

一、發展防治政策

　　1. 視被害人與其小孩的安全為第一優先。
　　2. 尊重被害婦女做選擇時的完整與自主性。
　　3. 使加害人對其暴力行為負責與停止暴力。
　　4. 為受暴者與其小孩倡導權益。
　　5. 強化醫療照顧系統對被害婦女的健康照顧。

圖 10-2 醫療之權力控制圖

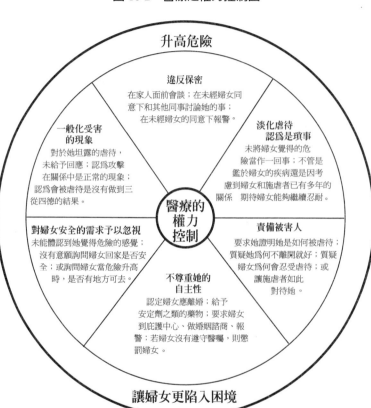

升高危險

違反保密
在家人面前會談;在未經婦女同
意下和其他同事討論她的事;
在未經婦女的同意下報警。

淡化虐待
認爲是瑣事
未將婦女覺得的危
險當作一回事;不管是
鑑於婦女的疾病還是因考
慮到婦女和施虐者已有多年的
關係 期待婦女能夠繼續忍耐。

一般化受害
的現象
對於她坦露的虐待,
未給予回應;認爲攻擊
在關係中是正常的現象;
認爲會被虐待是沒有做到三
從四德的結果。

醫療的
權力
控制

對婦女安全的需求予以忽視
未能體認到她覺得危險的感覺;
沒有意願詢問婦女回家是否安
全;或詢問婦女當危險升高
時,是否有地方可去。

責備被害人
要求她證明她是如何被虐待;
質疑她爲何不離開就好;質疑
婦女爲何會忍受虐待;或
讓施虐者如此
對待她。

不尊重她的
自主性
認定婦女應離婚;給予
安定劑之類的藥物;要求婦女
到庇護中心、做婚姻諮商、報
警;若婦女沒有遵守醫囑,則懲
罰婦女。

讓婦女更陷入困境

資料來源: Medical power and control wheel. By A. Cosgrove, 1992, Kenosha, Wt:
Domestic Violence Project, Inc. 引自: Schornstein, S. L. (1997). *Domestic
violence and health care.*: what every professional needs to know. pp.71,
Thousand Oaks: Sage.

二、政策下應有的認知與原則

（一）了解家庭暴力對婦女所可能造成的各式傷害

1. 身體上各式的傷害：最常見的包含頭部、臉部、頸部還有一些
   容易被衣服覆蓋的部位，諸如胸部、腹部等，此外，臉部重要
   器官諸如眼睛、聽力方面的傷害，還有骨骼方面的損害。

2. 內科與心理相關的異常：諸如頭痛、胸悶、背痛與腹痛等，還
   有一些與心理相關的症狀諸如睡眠與胃口不佳、欠缺活力容易
   疲倦、難聚精會神、性功能失調、頭昏等。

3. 慢性疾病的加劇與失控：糖尿病、心臟病、高血壓等均容易在
   暴力的威脅與恐懼中持續惡化。

4. 產科與婦科上的問題：婚姻暴力的強迫性行為常使得婦女發生
   陰道感染、無計畫懷孕、慢性骨盤疼痛、性功能失常甚至流產
   等危機與病痛。

5. 情緒與精神方面的困擾：諸如情緒低落、無助、易怒、焦慮或
   是罹患有憂鬱症、強迫症、企圖自殺以及其他精神方面的疾
   病。

6. 與虐待相關的後遺症：諸如藥物濫用、酗酒等。

（二）瞭解受虐婦女的困難

對受虐婦女而言，對別人提及她受虐的情況、觸及她所需的服務，以及離開施暴者等均是困難重重，因為許多加害者為使受害者臣服其權控當中，減少被害者觸及醫療資源，就成為控制受害者常用的伎倆，而即使施暴者陪同被害者就醫，也可能顯示其控制的行為，諸如不讓醫療相關人員有單獨接觸受暴者的機會，或是要隨時掌握醫療人員跟案主說了什麼，以及為案主做醫療上任何決定等，此外，若是受虐婦女身份特殊，諸如可能是同性戀者、新移民女性（外籍新

娘），她們可能因為語言不通或是想取得居留權等顧忌與障礙，而使得她們更容易隱瞞暴力。

（三）關注受虐婦女個人的特殊狀況

1. 這位案主目前是處於被虐的情況中嗎？她過去曾被虐嗎？她目前身處於危機當中嗎？

2. 誰是加害者？

3. 虐待對案主造成什麼樣的影響？

4. 對案主而言，回家安全嗎？她身處於什麼樣的危險當中？她有可能自殺或殺人嗎？

5. 案主知道如何做安全計畫嗎？有誰可以幫忙？

6. 案主需要什麼？資訊、支持、庇護所、諮商、支持團體、法律扶助、精神醫療服務或是其他相關資源？案主可以自己處理嗎？還是需要外界的幫忙，才能按步就班的找到所需的資源？

7. 在社區中有什麼服務的資源可以幫忙她？這些服務的機構瞭解文化上的差異、案主精神方面的議題、虐待後遺症的相關問題？同性戀或是新移民女性的困境嗎？

8. 當醫療體系的人員詢問這些議題時，案主是如何回應？感覺如何？

9. 案主的回應又是如何影響詢問者的感受？醫療相關人員是稱職的提供相關服務嗎？

（四）服務提供者提供服務時，應關注的受虐婦女面向

1. 安全與隱私：在詢問受虐婦女相關問題時，一定要注意是否已提供安全與隱密的情境，以便讓受害者無顧忌與擔憂的敘述，所以櫃檯的人員或是護士均不應隨意詢問婦女，除非她們是在

婦女單獨一人或是較隱密的情境下，此外，也不應在孩子面前詢問，若發現受害者在醫院，也無法逃避加害者任何暴力的形式時，醫院中的醫事人員或保全人人員，則應迅速隔離受害者與施虐者，以確保受害婦女的安全。

2. 有障礙的婦女（woman with disabilities）：其就醫時，常有同行的照顧者，相關的醫療人員亦應注意同行的照顧者是否就是施暴者，而應在單獨與婦女會談時，再觸及相關的受虐者議題。

3. 有語言障礙的婦女：若受虐婦女有語言上的障礙，醫療情境中最好有專屬的翻譯人員，因為陪同婦女來就醫的人可能是施暴者，也可能是傾向施暴者的同路人，因此，由他們來替受害者翻譯，常是不恰當的。

4. 保密：讓受暴婦女知道她所說的，你都會為她保密，絕不會洩漏給任何人，不過若法律要求強制通報給相關單位，則在開始時，就應將其規定告訴受虐者，讓她瞭解這麼做是為了維護她的安全與保護她必備的措施，此外，也要讓她知道醫療人員也必須同時通報兒童虐待，另外，告訴她保護自己與小孩的相關措施與步驟，均是必要的。

5. 尊重與激力（empowerment）：在傳統的醫療情境中，醫生會在瞭解案主的病情後，開一個適合病人的診斷書，然而這樣的作法對受虐婦女並不合適，因為權威的醫療人員常會忽略受虐婦女的需求，也不知道應尊重案主的選擇。因此針對受暴婦女的處遇，是需要醫療相關人員耐心的聆聽，不指責、不嫌棄她的處境，並鼓勵她自我選擇，一旦選擇後，亦應受到尊重。因此同理與充滿關懷的處遇均需花費許多時間，儘管受虐婦女未必採納醫療人員所給的資訊與建議，但這些人性的關照，均將是受暴婦女日後求助或改變的希望與動力。

6. 避免時間壓力所造成的負面情緒：醫療人員通常在上班時均十分忙碌，因此，時間對他們而言充滿壓力，而上述提及對受暴婦女的人道處遇（諸如聆聽、解釋、倡導、增權、評估等），常需花費較多的時間，因此，醫療人員若對受暴婦女有更多的瞭解，且知道處遇的技巧與資源，醫療人員就可節省較多的時間，此外，醫院的社工人員若能熟悉受暴相關處遇，他們也將成為醫療人員處理上最重要的幫手與資源，當然也能減少醫療人員處理的壓力。

7. 發展新觀點處理自己負面的情緒：受虐婦女常處在充滿焦慮、害怕、自責、無助等負面的情緒當中，而當醫療人員進行處理時，也容易受到她們的情緒污染，身陷在一種負面的情緒當中，此外由於受虐婦女的負面情緒，也會使得他們在與醫療人員溝通時，無法呈現較多的理性，甚至言詞反覆，或是無法聽從服務者「較佳」的建議，這些狀態均會使醫療人員充滿無力感與挫折，而萌生退意，無意願也無動力提供服務，因此，瞭解受虐的機制（the dynamics of abuse）與嘗試離開施暴者的困難，以及增加處理相關問題的資源，均將有助於醫療人員發展新的觀點，重新審視受虐婦女的情境，不受負面情緒的污染，跳脫無助的情緒，增加自己協助弱勢受虐者的動機與熱忱。

三、政策下應有的作為

其包含發展醫療系統內人員與受虐婦女晤談與處理的架構、原則與內涵：

（一）例行性的詢問有關虐待的相關議題

1. 若是受虐症狀並不明顯，可用下列的問句：

（1）我們都知道家庭暴力是個非常普遍的問題，在這個國家大約有 25% 的婦女曾被她們的配偶虐待，你曾經也有過這樣的經驗嗎？

（2）因為家庭暴力是一個普遍性的問題，我可以問你幾個相關性的問題嗎？

（3）我不知道你是否為家庭暴力問題所困擾，不過在我臨床的經驗中發現，這真是個很普遍性的議題，你介意我問你幾個例行性的問題嗎？

2. 若是受虐症狀十分明顯，可用較直接的問句

（1）有人打你嗎？是誰？是你的配偶嗎？

（2）你的配偶曾經對你的身體造成傷害嗎？幾次？這樣的情形持續多久？也會打小孩嗎？

（3）你的配偶用什麼樣的方式控制你或虐待你？暴力虐待？性虐待？經濟控制？言語威脅或恫嚇？

3. 若不方便以直接的問句開頭，也可採用間接的問句

（1）你最近曾感受很大的壓力嗎？你和你的配偶有一些問題嗎？有吵架嗎？有動手嗎？有受傷嗎？你會感到害怕嗎？

（2）你說你丈夫最近常常發脾氣？他會動手打小孩嗎？小孩有受傷嗎？

（3）你說你丈夫最近酗酒很厲害，他會失控打你嗎？還是會用其他的方式，讓你覺得很難堪或受到傷害？

4. 若受虐者不願承認暴力，仍然可以提供一些相關的資訊，並展現對案主的關心，這些均是將來她有機會走出受虐情境的資源與契機。

（二）評估案主的安全性

　　評估案主在離開醫療情境後，她的安全狀況至為重要，因為這牽涉案主生命的安全與否，而評估案主所面臨的安全危機指標包括：

　　1. 施暴者是否在家庭外也發生暴力。

　　2. 施暴者是否也對小孩暴力相向。

　　3. 施暴者威脅要殺死案主與小孩，或是威脅要自殺。

　　4. 施暴者使用暴力可能加劇的不當藥物。

　　5. 即使案主懷孕，也無法免於肢體的暴力虐待。

　　6. 案主嘗試計畫要離開他，或是已找到介入暴力的相關資源。

　　7. 施暴者過度迷戀案主，曾不斷表明「沒有她就無法過生活」的話語，以及有跟蹤、忌妒、疑心病等行為反應。

　　8. 案主在過去曾遭受施暴者嚴厲的攻擊與傷害。

　　9. 家裡目前擁有或是曾出現致命的武器。

　　10. 施暴者曾經威脅案主的親朋好友。

　　11. 案主表明自己十分恐懼與害怕。

（三）評估案主自殺或他殺的傾向

　　包括有沒有殺（傷）害自己或別人的念頭與經驗。

（四）詳細檢查並以文件記錄受虐情況，且保存相關的證據

　　1. 如果受傷的狀況十分明顯，需要詳細詢問暴力受傷的事件、暴力虐待的形式、暴力使用的工具或武器、威脅的言語內容（如再不聽話，就要殺死你）、暴力的歷史、與最近是否有暴力加劇或是次數頻率增高的情形，並要記錄所有前述詢問的重點，包含發生的時間與地點，記錄時應盡量採用案主的語言，例如「我丈夫曾經用皮帶抽打我」，而非只記錄「案主曾被打」。

2. 進行身體相關的檢查與保存證據：在進行任何檢查前，均需詳
細說明每一個將進行的步驟，以及這麼做的原因與需要，以減
少醫療體系中的再度傷害與控制，可能採取的身體檢查包括神
經系統與精神狀況。同時，也需詳細描述傷口的情形，諸如傷
口大小、受傷次數、範圍、身體的位置等。若案主曾指出最近
遭受性虐待，則應檢查陰道與皮膚紅腫的情形，以及情緒方面
的創傷反應，以了解性虐待所造成的傷害。

另外，也要記錄非身體方面的證據，諸如毀損的衣物、殘缺的
珠寶飾物，帶有血跡的衣物，甚至相關的工具與武器，經由對
案主的解釋後，再用密封的塑膠袋保留，帶子上要註名案主的
姓名、採取的時間等，以最為日後在法庭控訴的證據。

（五）了解案主以往受暴的歷史

包含小時後曾發生過什麼樣的虐待情形，以及虐待對她所造成的
影響？對她的小孩所造成的影響？她會如何處理這個問題？她會如何
保護她自己與小孩的安全？她如何看待暴力與她自己？她會做什麼樣
的事情以改變暴力的情況等。

（六）與案主討論其他的選擇與相關的資源

（七）提供倡導（教育）與轉介

（八）給予醫療與精神方面的處置

（九）提供後續的追蹤照顧

除了上述處理原則外，Chambliss（1997）針對醫療系統如何介
入親密伴侶虐待也提出下列具體的建議：

1. 在入口處或各科別尤其是化妝室放置一些家庭暴力（含婚姻暴
力）相關的資訊，這些資訊的提供除了可促使需要者更清楚如

何求助外，也宣示了醫療系統對於暴力的關心。另外，在資訊提供時，可建議受虐婦女將這些資料放在加害人不容易找到的地方，如鞋子裡。

2. 千萬別假設自己一定比受虐婦女更清楚她的危險程度，多瞭解受害者的感受與看法，以做出最適當的協助。

3. 提高對受虐婦女的敏感度並對強化對其正向的支持：如注意對方是否覺得恐懼、羞愧、擔心他人知道她的事、認為受暴是她的責任、對一些問題採迴避的態度、問診時，避免眼睛和他人接觸、對受傷過程描述不一致等。當懷疑婦女被虐待時，應向婦女確認你相信她、強調她並不孤單、提醒她沒有人有權利虐待她，沒有人應被如此對待等。

4. 若有明顯的傷口，在得到病人的同意下，可用彩色相機拍下傷口照片。然後在 48 小時之後再拍一次，因為淤傷常在幾小時之後才會較為明顯。照片中至少應有一張是臉部的，病人若不同意拍照，可以用畫的。

5. 切勿在未經同意下做通報，這樣的通報不但妨礙了婦女的獨立自主權，且有可能危害到婦女的安全。再者，因為未經婦女同意且未在這樣的過程和婦女有充分的討論，因此，此種通報結果常是無效的。

6. 給予病人足夠的時間回答問題。

另一項重要的原則是，對於當婦女與先生同為病人時，應如何處理？ Wysong（1997）則提出以下處理原則：

1. 確定提供的服務與協助方式不會升高暴力的發生。

2. 詳細記載有關虐待任何懷疑事項。記錄所有肢體上受到虐待的訊號（signs），以逐字稿的方式寫下婦女敘述其如何受傷的過

程。

3. 醫生不能只反過來和先生討論有關虐待的事，如此將會增加婦
　女的危險。

4. 不做婚姻諮商（marital counseling），因為在權力不均等的情況
　下，婚姻諮商並無法協助解決問題，反而很可能對弱勢的婦
　女，形成另一種控制。

5. 先生與太太的記錄應分開且未經任一方同意之下，不可將另一
　方記錄內容洩露。

6. 應具體記錄問題，並做危險評估，以及安全計畫。

　　由上述可知，美國衛生醫療系統已從明確的防治政策中，建構具
體細膩的處理原則與作為，換句話說，家庭暴力防治工作已是美國醫
療界較普遍的共識與責任，與我國至目前仍以社政與警政為家暴防治
主軸明顯不同，以下將描述台灣的防治現況。

第三節　台灣醫療系統防治現況與展望

一、防治現況與困境

　　雖然台灣醫療界在少數倡導先進的努力下，已奠定某些防治的基
礎，但嚴格說來，目前仍欠缺明確理念與防治政策，不過，依然可從
九十三年度評鑑各縣市的詳細指標以及呈現內容，看出防治政策的雛
形，具體而言，仍分為被害人保護、加害人治療與輔導，以及專業訓
練與一般大眾宣導等三個重要層面，不過為求前述三項的防治服務能
具體落實，預算、人力結構以及參與防治網絡相關會議，均是結構面
可參考的重要指標，以下將根據各縣市於九十二年度醫療院所服務指
標所提報出來的詳細內容（內政部家庭暴力及性侵害防治委員會，

2004a），並參酌相關文獻與筆者連續三年跟隨內政部家庭暴力防治委員會，進行縣市家暴防治評鑑的走訪觀察心得，依序說明：

（一）結構面

預算　檢視各縣市所提報出來的詳細內容，發現大部分的縣市仍無獨立預算，絕大多數是仰仗社政以及中央的協助，少部分有獨立編列預算的情形（全台只有八個縣市），即使編列的縣市也大都在百萬元以下，只有台南縣與高雄縣上達千萬，顯示衛生醫療系統仍未將防治工作視為其分內的職責，從欠缺自主預算，便可窺出端倪。

人力　雖然從無到有已是進步，但是大部分也都是兼辦人力（共有十四個縣市），雖然量化的人力指標項目，有十二個縣市均填答有專責人力，但在詳細訪談中，發現在醫政或保健課下的專責人力，還是要負責精神醫療的相關工作，並未達真正的專責，且目前人力流動大，專業難累積。既無專責人力，且人力流動頻繁，防治業務自然難有大幅度的拓展。

參與網絡會議的頻率與層級　防治工作需要透過網絡來推動，而衛生醫療系統內的人員，是否積極參與相關的聯繫會報或個案研討，當然也是重視與否的關鍵性指標。依據量化的內容統計，目前衛生主管參與的層級仍是以課長與承辦人員為主，且承辦人參與的次數也是寥寥可數，在民國92年全年的會議中，有十二個縣市只出現兩次或一次，至於局長的層級，在全年的會議中，有七個縣市的局長均缺席，在局長重視不足的情況下，承辦人員也欠缺動力，防治工作的牛步化也不足為奇。

（二）執行面

被害人保護　簡春安（2002）曾在一項被害人質性訪談的研究中，說明被害者至醫療機構最基本的期待包括：（1）得到更多的資訊，使受暴者能得知醫院的程序與規矩；（2）能盡速得到費用不高

的驗傷單；（3）不需要在醫院中東奔西跑，茫然無緒；（4）驗傷時，請各科不要重複問話（5）醫院在驗傷時應注意被害人的安全與隱密性，然而並非所有的醫療院所都能提供上述的服務內涵，仍有許多被害婦女有負向的經驗，包含驗傷單難拿、醫護人員問話制式且態度冰冷，以及對受暴婦女欠缺基本的認知等，目前根據各縣市於九十二年度指標所提報出來的詳細內容（內政部家庭暴力及性侵害防治委員會，2004a），發現醫療院所目前被害人重要的服務項目包括通報、制訂相關保護流程與建立專責醫療團隊，以及驗傷採證列入醫院評鑑項目等，以下依序說明：

通報：含性侵害與家庭暴力的通報件數，各縣市的醫療院所通報的比例約佔所有通報的三至五成，由於家庭暴力被害人在遭致傷害後最常去的地方，不外是醫院或警察局（簡春安，2002），因此醫院通報的頻率也自然較高，不過，這也顯示醫院開始視通報為分內之責。

制訂相關保護流程與建立專責醫療團隊：在量化的指標中並無此項目，不過根據柯麗評（2004）在四所醫療機構的訪談中，發現均有基本的流程，且發現若為家庭暴力事件受害人均會轉介社工員處理，而社工員卻普遍不足，是否能處理周全自是另一個問題，而在處理過程中是否能確切照會醫院其他科室，也並不一致，筆者也曾經在一項研究訪談中，發現大部分的地區責任醫院，並未建立專責的醫療團隊處理家庭暴力的醫療照顧，且因其訓練不足，暴力敏感度不夠，儘管有基本的流程，但也未必照表操課，尤其在會診相關科室部分，往往欠缺專業引領與過於忙碌的情況中遭致忽略，此外，醫護人員只醫病不醫人的態度，也使受害人得不到周全的醫療照顧。

驗傷採證列入醫院評鑑項目：二十一個縣市均表示已將驗傷採證納入評鑑項目，只有四個縣市未納入，顯示醫療院所在家暴法的強制規定下，已將驗傷採證視為醫療院所的職責，不過驗傷採證的品質卻

尚有爭議，由於欠缺與司法機構對話的機會，再加上醫生只對看得到的傷口或經由儀器檢測出來的傷口作簡略的描述（黃志中， 2001 ；柯麗評， 2004），例如傷口是二乘二，而傷口是為何而來、為何種器物所傷，以及有否主動會診其他科室，而其他科室的診斷情形為何？例如受害人精神或心理的描述等，均付諸缺如，而具體的傷部照片也無從得知，因此驗傷採證是否符合被害人至法庭的需求則未可知。

　　加害人治療與輔導　依照目前的加害人處遇規範，最重要項目包括家庭暴力相對人裁前鑑定及執行處遇計畫。

　　裁前鑑定：指的是法官要先裁定，鑑定團隊才開始鑑定相對人，而家庭暴力相對人裁定前鑑定，是自民國 90 年 8 月起全台開始施行，截至目前，各地法院辦理鑑定的次數落差仍大，追究原因，除某些縣市家暴中心的整合不力、司法體系的認同不高外，另外的主要原因則是醫療體系未將鑑定工作視為己分內之事，因此在過度以經濟考量的醫療科層體系運作下，鑑定工作落實不易，效能不彰，也就不足為奇（黃志中、謝臥龍、吳慈恩， 2003）。由於目前各縣市執行審前鑑定的團隊小組成員並不限於醫生，也含社工師、心理師等，但仍以醫療體系的專業人員為重，因此審前鑑定工作未徹底落實，醫療衛生單位仍難辭其咎，以執行較佳的縣市為例，如台北市與新竹市，其每月均會安排兩次鑑定（台北市社會局， 2002），由於鑑定通常必須仰賴法官的裁定，若法官不願裁定，鑑定也無法進行，從有家暴法執行的這段期間，也就是從民國 88 年至 93 年 4 月間，法院裁定要加害人接受強制輔導與治療的件數，共有 1374 件（內政部家庭暴力及性侵害防治委員會， 2004a），而所有聲請的保護令為 102346 件，裁定需治療的件數，所佔的比例約為 1% ，也就是聲請 100 件保護令，僅核發 1 件處遇令，比例實過低，按照目前實際的執行情形，有法官的鑑定裁定，才較可能會有後續的加害人治療輔導，因此強化對法官的

倡導與對話，仍是目前亟待努力的方向。此外，也有法官已要求加害人需進行裁前鑑定，但卻有加害人不到法院鑑定的情形，主要原因是裁前鑑定並不具強制力，如此一來也使得鑑定成效不彰。

處遇計畫：在法官裁定後，就由執行機構來進行處遇，一般而言，絕大部分均是以醫療院所作為處遇的機構，較少的縣市（如台北市等十二個縣市）也會開發民間的諮商單位，作為醫院精神醫療科以外的另一種選擇，目前除連江縣外，大部分的縣市均有一家以上的責任醫院負責執行，既是以醫院為主，處遇計畫的執行機構資源開發以及行政作業，仍大多仰賴縣市衛生局（內政部家庭暴力及性侵害防治委員會，2004a）。

根據周月清（2000）對全國二十一縣市政府家庭暴力防治中心所做的問卷調查，發現加害人處遇仍有多項缺失，舉舉大者為：經費與專業人員不足、缺乏足夠的加害人處置單位與相關配套措施，其次是欠缺處遇的強制力，使得加害人可以不到相關的機構進行治療輔導等（簡春安，2002），均是導致處遇計畫難以落實，成效不彰的主因。而這些情況直至民國93年也並未獲得明顯改善。至於目前處遇機構的收費情形，少由加害人自行負擔，大部分是由政府補助，而最常執行的認知教育輔導也大多由團體輔導進行，較少的縣市採單獨的個別治療輔導（內政部家庭暴力及性侵害防治委員會，2004a）。

教育訓練與大眾宣導

教育訓練：目前進行的方式大多採整合醫療相關研習進行，其次為醫療系統單獨辦理或是配合防治網絡共同舉辦，不過參加專業訓練的仍以醫療社工以及承辦的行政人員為主，其次為護理人員，再次為臨床心理師，最少參與的則為專科醫師，由此可知醫院重視的情形。

大眾宣導：在家庭暴力防治法中本就明文規定，相關的衛生醫療機構應提供家庭暴力被害者助援資訊（§44）、新生兒父母與住院未

成年人之父母家庭暴力防治資訊（§47）以及實施其他家庭暴力防治宣導計畫（§43），而醫療衛生單位目前仍未積極辦理，甚至認為這是社政的責任，因此相關的宣傳資訊多由社政單位提供，不過從九十二年度衛生署匯總各縣市衛生局所提報出來的詳細內容（內政部家庭暴力及性侵害防治委員會，2004a），發現衛生醫療單位宣導的對象，不只包含上述的對象，已擴展至學校社區，其次為一般的醫護人員，不過目前仍是零星的辦理，並未進展至系統的規劃階段。

綜而言之，加害人鑑定、處遇與訓練宣導均仍屬起步階段，未來仍有許多努力的空間。

二、防治展望

整體而言，中央衛生署應比照美國的作法，制訂相關的家庭暴力防治政策，在政策的引領下發展相關的措施與方案，並敦促地方執行，此外更應訂定短中長期的個別（醫療體系內部）與整合性（結合警政、司法、社政等單位）防治計畫，以目標導向，強化績效考核，改善目前的缺失。在結構面部分，需編制專責人力與經費，且要求相關首長積極參與，以承諾衛生醫療參與防治的決心。不過要期待公部門自動產生這樣的作為，並不容易，仍須仰賴民間團體積極的倡導，才有可能跨越目前的障礙，至於在執行面的展望，又可分為下列三項說明：

（一）被害人保護

改善驗傷診斷書或保存完整的醫療記錄　目前衛生署訂頒的家庭暴力驗傷診斷書，其內容均以身體所造成的傷害記錄為主，並無其他虐待型式的評估（黃志中，2001），導致非外科的醫生不願意在診斷書上留有任何的診斷記錄，換句話說，醫療院所並不承認其他形式的家庭暴力傷害，如果被害人遭遇的是精神上的虐待，她（他）將遭遇

無傷可驗的窘境，日後要尋求司法上的正義更是難上加難，因此為強化對被害人的保護，修正目前的驗傷診斷書將是當務之急，未來如何涵蓋相關的受傷情形描述、醫療人員對受傷可能原因的看法、檢附外傷照片、相關的醫療史，病人主述及暴力事件描述（以病人的語言加以記錄），以及其他科別的會診記錄，將是未來應改革的重點（丁雁琪，2004）。

落實家庭暴力被害者標準化服務流程，強化團隊照顧　依上述所言，目前並非沒有標準化流程，只是落實程度令人堪憂，或是這些流程是否禁得起被害人或其他專家的考驗，則是不得而知。理想上，醫院應將婚姻暴力視為常態篩檢的內容，若發現有家庭暴力之虞，就應進入醫院緊急處理的流程，並強化醫護人員與社工的協同處理，並視需求照會其他科室，諸如精神科、內科或婦產科等，唯有落實醫療院所家庭暴力被害者標準化服務流程，被害人保護才有實踐的可能（丁雁祺，1997；簡春安，2002）。

強化醫護人員或醫療社工與被害婦女的晤談原則與內容　包含提升對家庭暴力議題的全盤瞭解與對被害人的敏感度辨識、被害人隱私權與安全上的保障、轉介資源的認識與合作、特殊被害人應關照的注意事項等。

提供安全且隱密的環境　目前並非所有的區域型責任醫院均設有被害人休息的溫馨室以及隱密較佳的診療室，或是曾有設置但後來卻不當使用，因此未來區域型的責任醫院必須要求有此配備且強化使用率。

（二）加害人鑑定與處遇

　　不論是裁前鑑定或是後來的加害人處遇工作，均亟需仰賴與家暴防治中心以及司法單位（含法院、警政、檢察觀護等單位）的協調聯繫與合作，以改善目前審前鑑定與處遇報到率不高的情況，具體方式

可透過建立協調聯繫的準則，以及定期與不定期辦理跨專業體系的會報或個案研討會，以解決目前的疏漏與困難（黃志中、謝臥龍、吳慈恩，2003），或是透過修法將認知輔導教育，列入加害人必須進行的事項，以避免加害人不到法院參與鑑定的情形，並在認知輔導教育課程中，再行瞭解加害人是否還需進行其他戒癮、心理或精神治療等的處遇。除此之外，還有下列幾個重要的作為：

1. 醫療機構應將裁前鑑定與處遇視為醫院（至少是責任醫院）分內之責而給予參與鑑定或處遇小組的成員，必須的優先工作協調與支持。
2. 建立合宜的裁前鑑定工作與處遇支付原則，以避免經濟問題成為執行障礙。
3. 建立鑑定的督導制度，協助鑑定小組的成員提升鑑定品質，而對處遇工作應強化評估，以昭責信。
4. 加強參與鑑定與處遇的成員必備的專業訓練。

（三）教育訓練與宣導

專業訓練 應將家庭暴力醫療照顧納入在職與養成教育的內涵，衛生署更應要求各科醫學會，將家庭暴力的醫療照顧列入進修課程範圍，以提升醫護人員參與在職訓練的誘因。

大眾宣導 更應積極製作相關的防治宣傳資訊，透過多元化的管道，如電腦網路、廣播電視、各項活動等，向學校、社區以及赴醫院的民眾，做有系統的宣導教育。

而不論是上述的被害人保護、加害人鑑定與處遇，以及專業訓練與宣導等，均必須透過內政部家暴防治委員會以及衛生署與衛生局的年度評鑑，或內部追蹤列管與績效考核的方式，加以落實。

第四節　結語

　　台灣衛生醫療單位參與家庭暴力防治工作，乃是家庭暴力防治法強制下的結果，雖然此領域中已有少數倡導先進積極推動，然而衛生醫療院所仍未將防治之責視為己分內之事，導致在被動消極「配合」社政與警政的觀念引領下，防治政策與措施均仍待建構，不過觀念的改變實難一蹴可及，醫療人員養成訓練與在職訓練的強化就更顯其迫切性，而被害人保護、加害人治療以及教育宣導的落實，仍必須仰賴外在醫療評鑑具體內容的強制規範，只有在教育的潛移默化中，以及外在的強力要求下，醫療衛生的家庭暴力防治工作，才有更大進展的動力。

第十一章
警察系統回應家庭暴力

　　對家庭暴力的回應中，警察系統一直被賦予重要的角色，主要是因為警察經常是被害人求援的第一個單位，也是在相關網絡中唯一提供二十四小時緊急救援與服務的司法單位，具有便利性與可親近性，且警察機關亦是刑事司法系統（criminal justice system）之入口單位，因而世界各國有關家庭暴力防治政策制定過程中，警察都是其中非常重要的力量。本章將從警察回應家庭暴力的歷史沿革談起，再就防治政策與目前實務運作加以說明，接續分析影響警察回應之相關因素，最後將探討在警察回應中最重要之手段——「逮捕」相關之問題。

第一節　警察回應的沿革與角色功能

　　警察人員在處理家庭暴力案件之角色扮演上，無論是國內外之經驗，在過去三十年中都呈現了巨大的改變（黃富源，1995；高鳳仙，1998；Sherman,1992）。我們以美國為例，從 1970 年代開始，美國警察在家庭暴力防治工作上，從不願回應之消極處理態度到目前強制逮捕政策之採行，中間經歷了很大的變革（Ferraro, 1989），而檢視我國警察對家庭暴力防治工作之發展，我們可以發現，我國警察角

色之演變與歐美國家有類似之發展足跡。由於我國有關警察回應家庭暴力之論述在這幾年才逐漸累積，因此本節將先舉美國與英國之警察回應演變過程作一說明後，再回過頭來探討台灣警察之發展。

一、美國警察之回應

在 1960 年代前，美國警察機關並未針對家庭暴力案件有特別之處置流程與規定，甚至警察機關對家庭暴力案件係不願意處理，或在勤務派遣上將家庭暴力列為不重要之案件，延後派遣警力處理（U.S. Commission on Civil Rights, 1982）。當警察到達現場後，大都試圖去勸解雙方息怒和好，而且經常是未採取任何的處理措施即離去（Parnas, 1971），因此警察介入處理並未對施暴者帶來任何處罰或威嚇的效果。

至 1960 年代，美國社會開始關注家庭暴力這個問題，當時在民權運動、反戰運動及婦女接受高等教育及外出工作比率逐漸提高等因素之推波助瀾下，婦女運動方興未艾，一些女性主義運動者開始設立救援專線、危機處理中心及庇護所，致力倡導家庭暴力是一個社會問題，政府必須重視[12]。這股風潮直至七〇年代後期，倡導者開始強調以立法之方式，改革刑事司法系統對家庭暴力案件之被動回應模式。

在這同時，一些倡導者也協助家庭暴力被害婦女對警察機關提出法律控告，控訴因為警察的冷漠回應，導致她們受到更嚴重的家庭暴力傷害，要求警察機關賠償（例如 *Bruno v. Codd, 1976; Scott v. Hurt, 1976; Thomas v. Los Angles, 1979*）。其中引起最大回響的是發生在康乃迪克州之 *Thurman v. City of Torrington*（1984）訴訟案件。 Tracy Thurman 是一位長期遭受其配偶施暴的婦女，在其遭施暴後，多次報

---

[12] 請參閱本書第二章第二節——美國受暴婦女權益倡導沿革。

警，但警察卻都無積極之回應，甚至連派員到現場都無。當最後一次 Tracy 又遭到其先生嚴重的毆打，打電話報警，當時 Tracy 已經擁有法院核發之保護令，第一位警察到場後既未逮捕施暴的先生，也未將 Tracy 送醫急救，直到第二位警察到場後才予以處理，致使 Tracy 受到嚴重的脊椎骨傷，終身健康受到影響。後來 Tracy 控訴當地警察局，獲得勝利，法官判 Torrington 市警察局必須賠償 Tracy Thurman 女士 230 萬美元。

這個案例出現後，再加上明尼阿波里市家庭暴力警察逮捕實驗（the Minneapolis Domestic Violence Experiment）結果公布，美國檢察總長家庭暴力專案小組（the U.S. Attorney General's Task Force on Family Violence）的研究報告中明確予以回應，指出家庭暴力問題必須正視，而且家庭暴力行為必須被視為是一種犯罪行為，建議美國政府對家庭暴力案件採取控制與刑事司法途徑之方式回應（U.S. Department of Justice, 1984）。因此，在八○年代中期以後，美國各州開始修改法律，警政單位對家庭暴力案件之回應及處置一改以往被動的態度，改採積極介入、擴大逮捕、設置專人及強調網絡合作等政策方向至今。

二、英國警察之回應

在 1975 年前，英國的警察對親密關係暴力的加害人是不主張逮捕的，但自 1975 年國會組成專案委員會，針對婚姻中之暴力（Violence in Marriage）進行一連串的聽證會後，家庭暴力議題才引起公共政策之討論（Hoyle, 1998）。在專案委員會之書面報告中，建議警政首長檢討修正警察回應家庭暴力政策，要求警察對家庭內之暴力傷害事件，必須與對家庭外之暴力傷害事件同等看待，而且要求警察在家庭暴力現場如發現有被害人受傷之證據時，即應逮捕加害人。依

據該委員會的建議，英國自 1976 年以後通過一連串相關的法律（如 The Domestic Violence and Matrimonial Court Act 1976, the Domestic Violence and Magistrates Act 1978, 及 the Matrimonial Home Act 1983 等），根據這些法律，對於家庭暴力施暴者可命令其離開，對違反保護令者可予以逮捕，並且提供家庭暴力被害人暫時住所之服務。

　　如同美國一樣，學術研究及婦女團體在促使英國司法體系改變其對家庭暴力案件之處理上，佔有重要的地位。自八〇年代，一些學者（如 Dobash and Dobash, 1979; Edwards, 1989）開始研究刑事司法系統對家庭暴力回應的實際狀況，研究結果均指出家庭暴力的施暴者很少被逮捕及起訴，且大多數的研究指出，家庭暴力被害人對警察處理方式感到不滿意（Hoyle, 1998）。因此，學者們為促使刑事司法系統能重視回應家庭暴力事件，遂推動「教育政策制定者」的運動（Hoyle, 1998），結合婦女權益倡導者及婦女保護組織的力量，對刑事司法系統內之重要領導者與幹部加強溝通與訓練，促使刑事司法系統積極回應此一議題。

　　1990 年，內政部（The Home Office）第六十號公報（*Home Office Circular 1990/60*）即對此議題有積極的回應，主張對家庭內發生的家庭暴力事件（含對身體、性自主及心理的侵害）應採有效的處理方式，並建議各警察機關應製作完整的家庭暴力案件記錄，以便警察人員於處理家庭暴力案件時能查詢該家庭暴力案件的歷史。另外在該公報中也建議警察應採取更干涉性的作為，對家庭暴力案件應考慮逮捕與拘禁的策略，在處理過程中對被害人應採取同情與理解的態度，另也鼓勵各警察局設置專門的單位，配置專責之警察負責處理家庭暴力案件並負責與各相關機關聯繫。

三、台灣警察之回應

我國警察機關回應家庭暴力之方式，若依是否制定標準處理流程及作業規範之要求而言，可概分為傳統之回應、角色轉型及依法積極介入三個階段，該三個階段皆有其個別之影響因素存在：

（一）傳統之回應

不可諱言的，在民國 85 年我國警察機關第一本有關於家庭暴力工作手冊制定前，警察機關對於家庭暴力之處理大多是處於被動回應、不積極介入之歷程。警察在處理家庭暴力事件時，一方面由於社會上對家庭暴力仍普遍視為是「家務事」，另一方面家庭暴力行為所涉及之傷害、毀損、妨害自由或妨害風化（性侵害）等罪多明定需告訴乃論，因此警察之處理態度上多扮演調解、勸導者之角色，處理原則多是秉持「勸合不勸離」（葉麗娟， 1996）；若該案件被害人不提告訴即結案，於員警工作記錄簿上註記備案；如果當事人要提出告訴時，警察才會採取蒐集證物、製作筆錄、移送地檢署等措施。

傳統上警察機關缺乏積極介入家庭暴力案件之動力，警察同仁對家庭暴力案件之處理亦缺乏「執法」之概念，其原因主要可歸納為以下幾點（黃富源， 1995 ；韋愛梅， 1998 ）：

1. 社會文化因素：認為家庭暴力問題是家務事，最好由當事人自行解決，不要動用法律制度，亦即「法不入家門」。

2. 法律限制：家庭暴力案件之處理仍要回歸刑法及刑事訴訟法之相關規定，對於告訴乃論案件（如傷害案件），當當事人不提出告訴時，警察機關能給予之實質幫助不多。

3. 傳統警察角色對婚姻暴力事件之不重視：警察傳統上被要求扮演的角色是以處理犯罪問題為主，由於家庭暴力並不被視為是犯罪問題，因此家庭暴力案件當然就不會受到重視。

4. 警察組織缺乏鼓勵警察處理婚姻暴力事件之誘因：警察機關以往績效制度之制定，是以打擊犯罪、緝捕要犯為主，處理家庭暴力事件往往被視為不具生產性，故員警處理之意願相對低落。

5. 被害人的態度反覆不明：家庭暴力案件之被害人與加害人間之親屬關係，往往使得被害人對加害人之態度表現出矛盾與不確定，對警察機關介入之期待亦會反覆不定，故降低了警察人員處理家庭暴力案件的意願。

（二）角色轉型

自民國 83 年起，我國家庭暴力防治法之立法運動逐漸展開（高鳳仙，1998），因此社會上對警察人員處理家庭暴力案件傳統之因應方式，有著更多的期待。另一方面，這段期間警察體系也開始倡導「警察社區化」模式，跳脫原有「專業模式」之範圍，與社區居民結合，一起解決社區問題，因此，警察機關對傳統犯罪問題以外之社會問題有更多的投入。例如，為改善傳統處理家庭暴力之被動回應方式，台北市政府警察局於家庭暴力防治法尚未公布施行時，在台北市婦女權益促進委員會之共同努力下，首先於民國 85 年 11 月編印「台北市政府警察局處理家庭暴力手冊」[13]。此階段警察機關對家庭暴力事件之處理模式，較之於傳統之回應方式，已有改善，但由於其最後依據之法律（如刑法）仍未變更，警察人員缺乏足夠之法律授權以積

---

[13] 台北市之手冊於民國 86 年 6 月修訂，補充更完整之說明與規定。台灣省部分，當時之台灣省政府警政廳亦積極回應社會各界之要求，參酌台北市所訂定之手冊，於民國 86 年 7 月訂頒「台灣省各縣市警察局處理家庭暴力及性暴力要領、流程」乙種；高雄市政府警察局亦於民國 86 年 6 月訂定「高雄市政府警察局處理家庭暴力執行計畫」。

極介入家庭暴力事件，即使願意協助被害人或制止暴力之發生，亦常有力不從心之感。

（三）依法積極介入

　　家庭暴力防治法於民國 87 年 6 月 24 日公布施行，無疑地，為警察機關處理家庭暴力事件帶來最大之改變。本法擴大了警察處理家庭暴力事件之權利與義務，促使警察必須積極介入家庭暴力事件，且在家庭暴力防治工作中扮演多元的角色，包括是案件處理者、通報者、資訊告知者、保護令執行者及宣導教育者等，相當重要。

　　在婦女團體推動家庭暴力防治立法運動中，內政部警政署感受到各界的壓力與期許，乃積極回應，旋於民國 87 年 10 月間，由刑事警察局負責成立家庭暴力工作專案小組 [14]，歷經近一年的努力，召開十四次專案小組會議、二十餘次之準備會議及三次大規模跨部會之研商會議，制定警察機關處理家庭暴力案件作業方式，研訂「警察機關執行保護令及處理家庭暴力案件辦法」、警察機關處理家庭暴力案件流程、警察人員處理家庭暴力案件各項書面記錄格式及其他有關警察機關推動家庭暴力防治工作準備事項等；並於民國 88 年 6 月頒行《警察機關防治家庭暴力工作手冊》，明白宣示「家庭暴力為違法之行為，非家務事，各級員警應本主動、積極、關切之態度，依法處理家庭暴力案件，保護被害人之權益」（內政部警政署，1999）。至此，警察系統對於家庭暴力案件已清楚呈現去私務化、犯罪化、積極介入及制度化處理之政策方向。

---

[14] 專案小組召集人係現今刑事警察局局長侯友宜（當時任職刑事警察局副局長），專案小組成員包括警政署相關單位代表及縣市警察局各層級人員代表，作者當時為該專案小組之承辦人。

第二節　警察實務運作

在家庭暴力防治工作中，因為警察機關是一個最普及、便利的執法機關、提供快速反應、立即救援的服務，居於關鍵地位，因此必須有一套完善之反應與處理流程，對保護被害人、終止家庭暴力之循環發生，才能發揮各界所期待公權力介入之結果。以下僅就警察機關處理案件之流程與重要措施作一分析。

一、處理流程

在受理民眾舉報時，首先必須注意是否屬家庭成員[15]間實施之身體或精神上不法侵害，如果係屬家庭暴力案件，則必須依家庭暴力案件之處理流程來處理（內政部警政署， 1999；林美薰、蘇峻瑩，

---

[15] 依據家庭暴力防治法之規定，家庭成員包括下列各員及其未成年子女（內政部警政署， 1999）：

（一）配偶或前配偶。

（二）現有或曾有事實上之夫妻關係、家長家屬或家屬間關係者。

1 事實上之夫妻關係者，係指無婚姻關係下，而有同居或其他共同生活之事實者。

2 家屬或家屬間關係者：同家之人除家長外均為家屬。另雖非親屬而以永久共同生活為目的同居一家者，視為家屬（民法第一一二三條）。

（三）現為或曾為直系血親或直系姻親：如爺爺、奶奶、父母親、公婆、岳父母、養父母、子女、養子女、孫子女等。

（四）現為或曾為四親等以內之旁系血親：如兄弟姊妹、伯、叔、姑、舅、姨、堂兄弟姊妹、表兄弟姊妹、姪兒、姪女、外甥、外甥女、姪孫、姪孫女、外甥孫、外甥孫女等。

（五）現為或曾為四親等以內之旁系姻親：如兄弟妻、姑丈、伯叔母、舅媽、姨丈、姪婦、姪女婿、外甥婦、外甥女婿、堂兄弟妻、堂姊妹夫、表兄弟妻、表姊妹夫、姪孫婦、姪孫女婿、外甥孫婦、外甥孫女婿等。

2001；New York City Police Department, 1994）：

（一）受理報案

1.「110」電話二十四小時受理民眾報案。
2.與各縣市政府之「113」專線合作，處理緊急救援案件。

（二）調查蒐證

1. 派員警赴現場處理，員警出勤應攜帶相關設備（「家庭暴力現場處理箱」）及記錄書表，以利現場蒐證與記錄製作。
2. 評估現場人員受傷情形，如需立即就醫，應即呼叫救護車作急救處理。
3. 控制現場、隔離雙方，監控加害者之行為，並注意保護被害人及其他家庭成員之安全。
4. 隔離加害人與被害人分別詢問。調查詢問事件之始末，並應瞭解受暴歷史、嚴重性、家中成員、證據力及被害人之支持系統與需求等〔詢問內容請參考附錄二：十一警察機關處理家庭暴力案件調查記錄（通報）表〕。
5. 現場各項跡證之蒐集、拍照。現場蒐證是警察人員處理家庭暴力案件最重要工作之一，由於現場情狀如不立即處理，很快的就會被破壞；而現場人員受傷情形往往也是家庭暴力案件成立之重要關鍵，如不立即拍照，將喪失重要佐證資料。參考美國警察單位之做法，員警於現場如發現有人員（包括被害人與加害人）受傷或財物破壞、毀損情形時，應立即針對被害人受傷部位、毀損之財物拍照，而且同一個部位均需拍攝兩張（New York City Police Department, 1994），併存於個案資料中，以作為該案件向法院聲請民事保護令或進行刑事訴訟程序時之重要

　　證據。

6. 如有雙方互毆之情形，應仔細判別誰為主要施暴者（primary/predominant aggressor），並詳細記錄下列事項以供判斷：

（1）雙方受傷之情形。

（2）是否有一方要脅或曾經要脅將傷害另一方或其他家庭成員。

（3）是否有一方曾有家庭暴力之記錄或前科。

（4）是否有一方式因為保護自己而有自衛行為。

（三）記錄與通報

1. 製作處理家庭暴力案件調查記錄（通報）表與現場報告表：家庭暴力案件常常是雙方各執一詞，所謂「公說公有理、婆說婆有理」，令第三人難以判斷事實之真相，因此案件現場當時之記錄即非常之重要，警察人員於受理案件時，應忠實且詳實的記載現場所見之情形，證人之證詞，以有利於該案件被害人據以向法院聲請保護令及進行刑事訴訟。

2. 受理案件後應立即通報家庭暴力防治中心。

（四）告知被害人權益與轉介

1. 告知被害人其得行使之權益、救濟途徑或服務措施，並交付書面說明資料予被害人。

2. 視被害人狀況轉介家庭暴力防治中心等相關單位提供後續服務，諸如緊急庇護、法律救助、生活扶助、諮商輔導等。

（五）逮捕與拘提加害人

1. 發現家庭暴力罪或違反保護令罪之現行犯、準現行犯時，不論

被害人或有告訴權人是否提起告訴，依法應逕行逮捕加害人。

2. 經逮捕之現行犯，所犯為告訴或請求乃論之罪，被害人或有告訴權人未提出告訴者，應報告檢察官後依指示處理。

3. 雖非家庭暴力罪之現行犯，但認其犯家庭暴力罪嫌疑重大，且有繼續侵害家庭成員生命、身體或自由之危險，而符合逕行拘提要件者，應依刑事訴訟法第八十八條之一規定處理。

（六）評估是否聲請民事保護令

1. 如發現被害人有遭受家庭暴力之急迫危險[16]時，警察人員應立即為被害人向法院聲請「緊急性暫時保護令」。

2. 於法院核發「緊急性暫時保護令」前，必要時得在被害人住居所守護或採取其他保護被害人及其家庭成員之必要安全措施。

---

[16] 依據家庭暴力防治法施行細則第六條之規定，是否構成「急迫危險」，應考量被害人有無遭受相對人虐待、威嚇、傷害或其他身體上、精神上不法侵害之現時危險，或如不核發緊急性暫時保護令，將導致無法回復損害等情形。

另內政部警政署亦於《警察機關防治家庭暴力工作手冊》中明列出下列六項情形，提供警察同仁於處理家庭暴力案件時，參考審酌是否被害人有遭受家庭暴力之「急迫危險」：

（1）加害人之暴力行為已對被害人造成身體精神上之重大侵害。

（2）當事人衝突情形無緩和之跡象，如不立即隔離加害人，被害人或家庭成員有遭受生命、身體或自由之危險存在。

（3）加害人經常利用器械或其他物品侵害被害人，至被害人有再度遭受侵害之虞者。

（4）加害人有長期連續施暴被害人，並有酗酒、施用藥（毒）品之習慣者。

（5）加害人曾以言詞、文字或其他方法恐嚇被害人不得報警或尋求協助者。

（6）被害人為十二歲以下之兒童、六十五歲以上之老人或殘障人士者，無能力保護自身安全，亦再度成為被害之對象者。

3. 如無緊急急迫之危險時，應考量加害人威脅程度、被害人之安全需求、被害人之支持系統強弱、意願及證據等因素，並以被害人之最佳利益為原則，評估是否需協助被害人聲請「通常保護令」及「一般性暫時保護令」。

4. 聲請保護令時應謹慎評估被害人所需之保護令款項內容，依實際狀況及可確實執行之內容（如聲請給付令時需考量加害人實際收入情形及被害人開支之情形）勾選聲請項目。

（七）維護被害人安全

1. 提供被害人「安全計畫書」（詳如附錄二：十三）。

2. 實施家庭暴力被害人安全保護之各項措施，諸如加強被害人住所之巡邏、有安全顧慮時陪同被害人出庭、辦理家庭暴力被害人求助連線系統等。

（八）執行民事保護令

保護令之執行，由警察機關為之，但關於金錢給付之保護令，得為執行名義，向法院聲請強制執行。有關警察機關之執行方式如下：

1. 警察分局接獲法院核發之保護令，除有關金錢給付之保護令外，應由家庭暴力防治官通報分駐（派出）所指派轄區員警或適當人員執行。

2. 執行保護令，必要時得通知被害人協助或引導執行。

3. 對保護令所列禁止行為及遵守事項，應命相對人確實遵行。

4. 保護令命相對人遷出被害人之住居所時，應確認相對人遷出之行為，並已交付被害人全部之鑰匙，確保被害人安全占有住居所。

5. 依保護令執行命相對人交付汽、機車或其他個人生活上、職業

上或教育上之必需品時，由被害人指明標的物所在地，命相對
人交付之。相對人拒不交付者，得強制取交被害人，但不得逾
必要之程度。

6. 命相對人依處遇計畫書，至指定處所接受處遇治療或教育。

7. 保護令執行完畢，應製作「保護令執行記錄表」，並將第一聯
交予被害人。

8. 接受檢察官或法院指揮執行所命令之條件，有關執行方式同保
護令。

（九）偵查處理家庭暴力罪及違反保護令罪案件

1. 家庭暴力罪[17]案件之調查、蒐證、偵辦與移送。

2. 發現或經舉報有違反保護令罪之嫌疑者，應即進行調查，並依
調查結果檢具事證移送管轄之地方法院檢察署偵辦。

（十）約制加害人防止再犯

1. 持續追蹤加害人，不定期查訪、約制，防止再犯。

2. 對於經交保、飭回之加害人，加強約制告誡。

二、指定專責人力

由於家庭暴力事件之處理往往是較為複雜，因此國外許多警察單
位均有指定專責單位或人員來處理家庭暴力工作（如美國紐約市警察
局[18]、康州 New Haven City 警察局），這些專責人員必須接受特別之

---

[17] 依家庭暴力防治法所稱之「家庭暴力罪」，係指家庭成員間故意實施家庭暴
力行為，而成立其他法律所規定之犯罪。常見的有傷害、妨害自由、殺人、妨
害性自主、恐嚇等罪嫌。例如家庭成員因毆打構成傷害罪嫌，警察機關移送時
會以構成「傷害罪」及「家庭暴力」二項罪嫌移送。

訓練，並且必須熟悉網絡之相關資源。警政署參考國外警政機關之作法，亦規定設立專責人員來辦理家庭暴力防治工作，目前係於各縣市警察局之分局指定一名官警擔任「家庭暴力防治官」，其職責包括（內政部警政署， 1999）：

　　1. 辦理保護令聲請事宜。
　　2. 彙整、登錄轄內保護令資料、處理家庭暴力案件調查記錄表、

18 　紐約市警察局於每一警察分局社區警政組均指派一名官警擔任「家庭暴力防治官」（Domestic Violence Prevention Officer, DVPO），其職責為：
　　1 蒐集家庭暴力案件報告單並建置資料庫。
　　2 建立被害人最新動態資料，包括住址、保護令資料、指訴之暴行以及在該住所之逮捕記錄。
　　3 積極推動家庭暴力防治工作，特別是與執法及追訴加害人有關部分。另蒐集家庭暴力案件報告單後，藉由家庭訪問、電話訪問、信件或訪談被害人，注意瞭解該被害人是否需特別之輔導，家庭暴力防治官應協助他們尋求諮商輔導、聲請保護令及告訴加害人。
　　4 逮捕加害人。
　　5 協助被害人提供有關送達保護令通知之服務。
　　6 提供資訊與分局內相關之人員，包括：家庭暴力調查員、社區警政官警、勤區警員、少年警官。
　　另於每一分局刑事組指派一名刑警擔任「家庭暴力調查員」（Domestic Violence Investigator, DVI），其職責包括：
　　1 協調刑事組偵查員辦理家庭暴力案件加害人逮捕工作。
　　2 協調家庭暴力防治官調查侵害之類型，以便進行追訴工作。
　　3 與特殊被害案件單位建立合作網絡，辦理兒童虐待以及性虐待案件。
　　4 與地區檢察官及社會服務機構合作，以建立協助被害人與追訴加害人之網絡。

現場報告表、保護令執行記錄表等，並依個案專卷保存，建置
資料庫。

3. 檢視被害人各項資料，提供外展服務，藉由家庭訪問、電話訪
問、信件或訪談被害人，注意瞭解該被害人是否需特別之輔
導，並建立被害人之動態資料，協助轉介被害人接受諮商、輔
導、安置與補助。

4. 通報分駐（派出）所及通知被害人執行保護令之時間、地點。

5. 協助被害人提出對加害人之告訴事項。

6. 提供資訊並聯繫相關之單位與人員，包括：警察局業務主管單
位、分局刑事責任區佐警及分駐（派出）所之勤區佐警、家庭
暴力防治中心、社政與醫療單位等。

7. 辦理相關宣導與教育訓練事宜。

　　家庭暴力防治官自設立以來，實質上已經成為各縣市警察分局家
庭暴力防治工作最重要的力量之一，其對內是警察處理家庭暴力案件
之樞紐，必須負責處理家庭暴力案件，也肩負督導與訓練所轄各分駐
（派出）所警察同仁處理家庭暴力案件之工作；另一方面，家庭暴力
防治官也是警察單位對外聯繫的窗口，包括對被害人之安全維護、加
害人之約束以及與防治網絡各單位之協調聯繫等。實施至今，家庭暴
力防治官之功能雖已獲肯定，但亦面臨人數過少（每一分局僅只一
位）、無法專責（有些單位之家庭暴力防治官仍需兼辦其他工作）及
異動頻繁等問題，針對此，警政單位應思考循更制度化之方式來推動
專人制度。

三、參與防治網絡運作

　　各縣市警察局均參與各縣市政府家庭暴力防治中心之運作，指派
警力負責家庭暴力防治中心「暴力防治組」之工作，但各縣市參與之

方式並不盡相同。如高雄市政府警察局派一名婦幼警察隊之同仁，常駐高雄市政府性侵害及家庭暴力防治中心內，受理並處理家庭暴力案件，該名同仁亦為警察系統與防治網絡各單位之聯繫管道；亦有如其他縣市以人員兼任之方式，定期至家庭暴力防治中心辦理公文與協調工作事項。另在各縣市目前亦大力倡導資源整合，故警察機關亦與各有關機關、團體、機構及學校協調配合，共同深入社區、學校、團體等辦理家庭暴力防治宣導工作。

第三節　警察執行現況探討

一、執行現況

　　自家庭暴力防治法公布施行後，警察機關處理之家庭暴力案件數以相當大之幅度逐年成長。根據警政署的統計，全國各警察機關無論在受理家庭暴力案件、協助聲請保護令、執行保護令、處理違反保護令罪案件或逮捕家庭暴力罪或為保護令罪現行犯等各方面，每年成長比率驚人（如表 11-1）。以受理家庭暴力案件數來看，民國 89 年共受理 11,080 件，逐年成長，至民國 92 年已突破 20,000 件，四年中成長比率接近九成（187.8%）。如以每月之平均受理案件數來看，全國警察機關平均每月受理之家庭暴力案件數於民國 89 年約為 1,000 件，民國 90 年為 1,200 百件，民國 91 年約 1,500 百件，至民國 92 年則增加至每月約 1,750 件。

表 11-1　　民國 89 年至 92 年警察機關處理家庭暴力案件分析

年度	受理家庭暴力案件		協助聲請保護令		執行保護令		處理違反保護令罪案件		逮捕現行犯	
	件數	％	件數	％	件數	％	件數	％	人次	％
89 年	11,080	100.0%	6,020	100.0%	5,372	100.0%	501	100.0%	432	100.0%
90 年	15,382	138.8%	7,636	126.8%	8,089	150.5%	690	137.7%	630	145.8%
91 年	17,376	156.8%	7,701	127.9%	9,704	180.6%	727	145.1%	609	140.9%
92 年	20,810	187.8%	7,490	124.4%	11,155	207.6%	889	177.4%	727	168.3%

資料來源：內政部警政署（民國 93 年）。

　　警察機關受理家庭暴力案件呈現成長之狀態，在家庭暴力防治法公布後最初幾年內，應該是正常現象，且應予以肯定，原因係：

（一）法律制定後大力倡導，犯罪黑數逐漸浮出

　　家庭暴力防治法實施以來，政府各體系均已成立專責單位（如內政部成立家庭暴力防治委員會，各縣市政府設立家庭暴力防治中心；警政體系在中央於刑事局設立「婦幼安全組」，各縣市警察局設「婦幼警察隊（組）」，各警察分局設「家庭暴力防治官」），以專責單位及人員來推動家庭暴力防治工作；另一方面，也展開對家庭暴力防治之觀念宣導，逐漸改變民眾「家醜不外揚」及家庭暴力是家務事之傳統迷思觀念，帶動傳播媒體與民眾持續關注之「關心效應」（concern effects）發酵，因而家庭暴力之犯罪黑數逐漸浮出，被害人之舉報數逐年成長。

（二）被害人對警察機關服務之滿意度提高，願意報警求救

　　不可否認的，警察體系回應家庭暴力案件之態度與作為，在家庭暴力防治法通過後，已有制度化之變革，相較於家庭暴力防治法未制定前，社會普遍認為警察機關抱持「法不入家門」之態度改善許多。

內政部警政署為了解警察機關處理家庭暴力案件之服務成效，於民國92年辦理被害人滿意度調查，共計完成訪問900位之家庭暴力被害人，其中80%對警察機關之整體表現與服務感到滿意或非常滿意（內政部警政署，2003）。因此，我們或許可以推論，警察機關在本法公布後，已提升對家庭暴力被害人之服務，受理家庭暴力案件亦可能依法定之工作流程處理，致被害人滿意度較以往提高，因而鼓勵更多的被害人勇於出面向警察機關舉報家庭暴力案件。

二、問題探討

不可諱言的，警察機關對於對於庭暴力案件之回應，仍存有一些問題，其中最常被詬病的包括：（1）視家庭暴力為「瑣碎」事，與社會治安無關，故輕忽是類案件之處理（Dobash and Dobash, 1992; Ferraro and Pope, 1993）；（2）政策與實務執行間差距過大，致執行效果大打折扣（黃富源、陳明志，2001；王珮玲，2003a, 2003b；Buzawa and Buzawa, 1997; Hoyle, 1998）；（3）習於以「調解」之方式處理家庭暴力案件；（4）警察的態度問題。以下分別討論之：

（一）家庭暴力是瑣碎事，與社會治安無關？

家庭暴力是不是屬於「瑣碎」事？家庭暴力是不是犯罪？以及家庭暴力與社會治安有什麼關係？針對這個長久以來一直被警察機關拿來當作藉口的問題，作者將以警政署出版之刑案統計資料來作說明。

針對婦女遭受家庭暴力問題，依據警政署之刑案統計資料，在過去四年（民國89－92年）之故意殺人案件中，屬於夫妻、同居、家屬及親戚等家庭成員之「家庭暴力」範疇者，佔了約10.4%－14.4%，重大傷害案件中佔了約12.9%－16.7%，而一般傷害罪所佔比例更高達四分之一；另妨害性自主罪及妨害自由罪之案件亦分別佔有一成及一成五之比例（詳如表11-2）。故意殺人、重大傷害及妨害

性自主等犯罪算不算「瑣碎」？當以犯罪發生率來看是會治安狀況時，家庭暴力佔了相當之比例，與社會治安狀況會沒有關聯嗎？

表 11-2　民國 89 年至 92 年警察機關受理刑事犯罪案件屬「家庭成員 *」
　　　　所犯之比率分析

年度	故意殺人（件數）	重大傷害（件數）	一般傷害（件數）	妨害性自主（件數）	妨害自由（件數）
89 年	11.3%（208）	15.0%（23）	28.5%（2709）	10.0%（208）	13.7%（276）
90 年	14.4%（225）	16.7%（15）	27.1%（2906）	9.9%（265）	15.7%（295）
91 年	13.2%（240）	13.2%（16）	26.8%（3094）	11.3%（306）	13.5%（270）
92 年	10.4%（184）	12.9%（22）	25.0%（2446）	9.3%（265）	12.7%（236）

＊說明：本表之「家庭成員」包括夫妻、家屬、親戚及同居關係者，與家庭暴力
　　　　防治法中之「家庭成員」定義不盡相符，但因受限於警察刑案記錄系統
　　　　之加、被害人關係分類，尚未配合家庭暴力防治法之「家庭成員」定義
　　　　予以修定，爰無法正確統計出家庭暴力防治法中之「家庭成員」所犯各
　　　　類型犯罪之比率，本表內容僅供參考。

　　另「一般傷害」案件對警察而言可能不算什麼大案，而且又屬於告訴乃論案件，但如果我們設身處地為被害人思考，以一個人性的角度看家庭內的傷害事件，是不是比發生在馬路上的強盜、搶奪更令人害怕？因為暴力就像不定時炸彈，隨時會在家裡引爆，而被害人無法抵抗；如家庭中有未成年子女，則目睹該等暴力之子女也可能會同時遭到傷害或造成心靈受創，所以，它「瑣碎」嗎？

　　由於家庭暴力的產生與行為的惡化是漸進性的，施暴對象與其行為樣態是可具體掌握的，因此警察的提早介入處理就非常重要而且也較有效果。如果家庭暴力行為尚未惡化至殺人或重傷害前，被害人向警察機關舉報求援，警察人員在當下立即處置，對於遏止其惡化當是可發揮威嚇功能的。

（二）法條上的規定到了實際執行時，當中差距多大？

　　法律上的規定與實際執行上有所差距，這是可以理解的，而差距的大小顯示出來的就是對法律的了解、熟悉、尊重與認同的差異。警察機關被視為是執法機構，理應貫徹法律的執行，但事實上恐仍存有差距。

　　在作者前對 168 位家庭暴力被害人進行之調查研究，希望瞭解依據家庭暴力防治法及警政署所訂頒之「警察機關防治家庭暴力案件工作手冊」之規定，警察處理家庭暴力案件應作或提供之服務，實務中到底落實了多少？由表 11-3 被害人所呈現出來的結果發現，未及一半的被害人曾接受到警察告知相關的權利、救濟途徑（王珮玲，2003a, 2003c）；而黃富源與陳明志（2001）對台北市 21 位家庭暴力被害婦女所作之調查，亦發現絕大部分之警察同仁並未告知被害人應有之權益、救濟途徑與服務措施。

　　由此，我們可以了解到，警察人員處理家庭暴力案件，有時會忽略了過程中一些重要的內涵與作為，不是把案件處理完就好，也不是績效凸顯出來了就好，重要的是，在過程中，警察是否設身處地的提供當事人最好的服務？當事人與警察接觸的過程中，是否獲得其依法應得到的權益保障？

表 11-3　警察人員回應家庭暴力案件之處置情形

案件處置	件數	百分比
總件數	168	100.0
警察沒有處理	18	10.7
警察介入處理	150	89.3
聲請保護令	113	67.3
告知被害人相關權力、救濟途徑與服務措施	73	43.5
蒐集證據	63	37.5
製作安全計畫	47	28.0
護送至安全處所	32	19.0
協助送醫治療	28	16.7

資料來源：王珮玲（2003a）。

（三）以「調解」方式處理家庭暴力案件適當嗎？

　　美國知名警察學者 Black（1980）曾指出，警察組織回應家庭暴力的四種模式：調解、治療、補償及刑罰模式；另 Elliott（1989）也歸納出警察處理家暴案件的四種處理方式：逮捕、調解、隔離以及不介入。而在一些研究中都發現，警察人員最常採用的是調解模式（Hirschel et al., 1992）。

　　那台灣的情況呢？根據作者前調查家庭暴力被害婦女的反應發現，警察處理家庭暴力案件採取的策略很多，包括拒絕受理、受理後未採取任何措施、調解、聲請保護令、以刑事案件偵辦及採「多重策略」（即一個案件採二種或二種以上之策略，樣態包括（1）調解不成後聲請保護令；（2）調解不成後以刑事案件偵辦；（3）聲請保護令又以刑事案件偵辦；（4）調解不成後，聲請保護令又以刑事案件偵辦）等。扣除掉遭警察拒絕及警察未處理之案件外，在警察有採取回

應作為之案件中,「調解」是警察回應家庭暴力案件最常採用之策略,所佔之比率超過一半(王珮玲, 2003a, 2003c),與國外之研究有相同之發現。

為何長久以來警察對家庭暴力不願採取正式行動,而習於以調解之方式處理呢?Hirschel et al.(1992)指出可能的原因包括:認為對加害者採取強硬的手段會傷害到他的家庭,尤其當加害者是家庭經濟之重要來源時;或介入處理家庭暴力案件並非是真正之警察工作;以及警察大部分是男性,會比較站在加害人這一邊。

然而,在警察回應家庭暴力案件之策略中,調解是被認為最不適當的方式,因為調解的基本假設,是當事人雙方均有相同的過失與可責性,因而使施暴者無需對其犯罪行為負責,將致使施暴者無改變行為的動機(Martin, 1997)。將家庭暴力行為視為犯罪行為的這種政策改變,代表社會不能容忍家庭暴力行為的發生,公權力之介入,主要係為達成二項目的,使被害人安全獲得保障及使加害人負起責任。因此,對於家庭暴力案件不應以「調解」方式為最優先之策略,如此將使加害人之責任部分轉嫁至被害人身上,進而演變成責備被害人,暴力循環模式無從改變,將陷被害人於更危險之情境中。

(四)警察的態度如何?

警察角色本身是一個情感動力者,警察的態度會對被害婦女產生相當大的影響。依據對家庭暴力被害婦女所呈現之調查結果, 11.4% 表示警察處理家庭暴力案件的態度「很好」, 36.5% 表示「好」, 30.5% 表示「普通」, 12.6% 表示「不好」,而有 9.0% 表示「非常不好」。當分析什麼因素影響家庭暴力被害婦女對警察整體表現之評價時,研究發現,警察的「能力與態度」是最重要的因素,而警察採取什麼策略來處理家庭暴力事件則不是影響被害人評價警察表現的重要因素(王珮玲, 2003a, 2003c)。這個結果告訴我們,可能警察本身並

未感覺到，但警察的態度對前來尋求協助的被害人而言是多麼的重要。

　　警察在第一線面對被害婦女，警察在態度上必須注意在互動過程中五種儀式（Goffman, 1968）的表現：言語上、姿態上、空間安排上、投入狀況以及溝通的結構。警察如何說話、問什麼問題、臉上的表情、安排被害婦女陳述的場所以及認真提供婦女幫助的程度等，對面對警察的婦女而言，這些行為都功能性地傳達出警察的態度。

　　林美薰及蘇峻瑩（2001）曾提出警察在處理家庭暴力案件面對被害人時的 Do & Don't 原則，可以提供警察人員參考：

Do...
　　1. 表達你的尊重與支持。
　　2. 反映被害人所提的事實。
　　3. 強調暴力是犯罪行為。
　　4. 考慮是否有其他受暴者。
　　5. 告知你將採取之步驟。
　　6. 提供安全計畫與資源手冊。
Don't...
　　1. 責備被害人。
　　2. 忽略她或其他受暴者。
　　3. 與施暴者站在同一陣線。
　　4. 批評被害者的判斷能力。
　　5. 羞辱被害者。

　　另美國警長協會（the National Sheriffs' Association, 2001）對於第一線警察人員如何回應各類犯罪被害人提出一份工作手冊（*First Response to Victims of Crime 2001*），在該手冊中，特別強調警察人員

必須瞭解被害人三項最基本的需求：（1）被害人有安全感的需求；
（2）被害人有表達情緒的需求；（3）被害人有知道案件後續流程的
需求。在理解被害人最基本之需求下，警察人員對家庭暴力被害人之
第一線反應就必須特別注意：

1. 在訪談被害人時必須注意獨立空間的安排，必須確保詢問被害
   人時不被干擾，讓被害人能感到安全，可以安心的陳述。

2. 詢問被害人時，要抱著是處理一個「人」的問題，不是只是在
   作一份案件報告。

3. 警察人員可以利用身體語言來表達關心，例如點頭、自然的眼
   神接觸、姿態上保持開放親切，語調平穩，對被害人之問題有
   所回應。

4. 被害人之相關資料必須被保密。

5. 詢問被害人是否需要警察代為聯繫其他家人或朋友。

6. 避免評斷被害人或該事件，家庭暴力關係有其複雜之因素，警
   察人員在現場對被害人行為提出「忠告」，是無法解決複雜問
   題的。

7. 注意現場是否有小孩，有時小孩會因害怕而躲起來，與小孩接
   觸時必須要有親切、關心的態度，並且注意小孩是否同時遭受
   到暴力施虐。

8. 在案發後，最好能將加、被害者短暫分離，至少在案發當晚能
   有所隔離，此時警察人員若無任何法律權力（如緊急性暫時保
   護令或逮捕）可強制帶走加害人，則可考慮以口頭要求加害人
   暫時離去（但無強制力）；在不得已之情況下，亦可考慮保護
   被害人暫時離開。

9. 注意提供被害人一些安全資訊，包括被害人如何聯繫處理之警

察人員、被害人協助單位之資訊及相關之被害人權益措施保障
之資訊。

10. 向被害人解釋案件後續發展可能之流程，並告知被害人後續
可能接觸之單位及內容。

第四節　影響警察回應之相關因素

什麼因素會影響警察回應家庭暴力之行為呢？作者檢視國內外相
關之研究文獻，將之歸納為四個面向：警察個人特性因素、組織因
素、警察副文化因素及情境因素等，以下分別說明之。

一、警察個人特性因素

性別是一個重要的因素。研究發現，女性警察較會幫助被害婦女
以及關心被害婦女的狀況，也比較會轉介被害婦女至庇護處所
（Homant and Kennedy, 1985）。當探討警察之逮捕行為時，Robinson
and Chandek（2000）也發現男性警察逮捕家庭暴力加害人之意願顯
著比女警低。本土的研究也支持警察性別因素的重要影響力，研究結
果大都指出女性警察同仁較認同警察應積極介入處理家庭暴力案件
（葉麗娟，1996；韋愛梅，1998；黃富源，2000）。

警察由於服務之年資與經驗的不同，在處理家庭暴力案件上也會
有所差異。例如 Stalans and Finn（1995）研究警察對「正常」的家庭
暴力被害婦女與「不太正常」的家庭暴力被害婦女（如有酗酒或藥物
濫用）之回應方式有何差異，發現具豐富經驗的警察（處理家庭暴力
案件數超過 100 件以上）與「菜鳥」警察（從警經驗未及一年、或處
理家庭暴力案件在 10 件以下者）之回應方式與判別基準有顯著之不
同。具豐富經驗的警察不會去責備被害婦女或強調被害婦女本身應控
制自己的行為（如控制飲酒與藥物使用），而會在處理時特別注意誰

的證詞比較可信、造成之傷害為何及證據力等實質之問題。而相對的，年輕且無經驗的警察則會從加、被害者兩造行為的可責性（如酗酒或藥物濫用行為）來作為處理時判斷的標準。在有關台灣的研究中也發現，資深、經驗豐富的警察比較願意去處理家庭暴力案件（王珮玲，2003a）。

　　另外警察之教育因素也是一個需重視之影響變項，有研究指出，受過較高教育之警察（如接受大學教育者）會較認同警察應介入處理家庭暴力案件（Breci and Simons, 1987；黃富源，2000）。

二、組織因素

　　在警察組織因素與家庭暴力防治工作之關係，較常被探討的包括警察單位改變的動力來源、政策導向、員警訓練及獎懲制度等四方面。美國的研究告訴我們，當該警察單位所在的社區如有較多的婦女團體或女性政治人物存在，則會促使該警察單位有較大的改變動力（Hirschel et al., 1992; Murphy, 1990）。我們回顧台灣的發展情形，也可發現相同的現象 [19]。

　　著名的警察學者 Wilson（1968）曾指出，一個警察單位的政策走向，受到該單位警察首長的影響最大，警察首長對於某項問題的重視程度，會直接反應在基層員警的勤務作為上。如果該警察單位之首長重視家庭暴力案件之處理，那麼員警自然就會重視，這是警察官僚體系下所必然發生之結果。

　　另外訓練與獎懲制度也是相當重要的因素。Mignon and Holmes（1995）研究 24 個警察局，探討各警察局的警察如何回應家庭暴力強制逮捕法律的改變，結果發現，警察接受訓練之多寡是影響警察因應此法律變革最重要之因素。獎懲制度也對警察行為有相當的影響力，

---

[19] 請參閱本書第二章第三節——有關台灣家庭暴力防治推動工作與立法過程。

警察系統之功蹟表現，傳統以來都重視辦大案、抓要犯，家庭暴力案件相較起來就顯的不是那麼受到重視（Alpert and Moore, 1997）。在對台灣警察回應家庭暴力之研究中，王珮玲（2003a, 2003b）指出獎懲因素是影響警察單位是否同意採取優先逮捕政策之重要影響因素之一。

三、警察副文化因素

許多警政的研究均指出警察系統有其特殊之職業副文化存在，而其中與警察回應家庭暴力最有關聯的是父權文化及警察對女性角色的態度。父權文化對女性在婚姻及家庭中之角色抱持著相當保守的看法，當警察具有這樣的思想，處理家庭暴力案件時，會傾向責備被害人、認為是被害婦女自導自演，並且會指責其他單位的干涉（Rigakos, 1995）。

因此許多女性主義者（例如 Dobash and Dobash, 1979; Edward, 1989; Ferraro, 1989; Stanko, 1989）就指出，警察會將被害婦女分類為「值得保護」與「不值得保護」兩種類型。如果被害婦女是符合傳統婦女角色時，警察會認為她是值得保護，因而會積極介入處理；如果被害婦女不是像傳統在家持家教養子女的女性角色時，那警察會傾向認為她不值得保護，因而就不會採取該有的作為。另外如果警察對女性角色抱持傳統看法時，警察也會認為警察的介入對阻止家庭暴力是無效的，也超越了警察的職權（Feder, 1997）。

在作者對台灣警察回應家庭暴力的研究中也指出，警察是否贊同採取較強制之家庭暴力防治政策（如擴大警察對家庭暴力加害者之逮捕權限），其中最顯著的影響因素是「警察是否認同家庭暴力是犯罪行為」。當警察越認同家庭暴力是犯罪行為時，警察就越會同意以強制的力量介入家庭暴力事件（王珮玲， 2003a, 2003b）。

那現今台灣警察對家庭暴力行為的認知與態度為何？在作者對全省六縣市 1,105 位警察所實施之問卷調查發現，約有六分之一的警察回答同意「丈夫以打罵來管教不守婦道、言行不檢的妻子是合理的行為」、「如果太太不講理，故意激怒先生，則丈夫打太太有時候是必要的」以及「被打的婦女常是一些不做家事，不善盡主婦職責的婦女，所以才會被打」等看法，這顯示出有少部分的警察在認知上仍存有迷思（王珮玲， 2003a）。

但我們必須指出，警察的父權文化只是整個社會文化的一個縮影，警察體系並不是自行製造出父權文化，只是經由警察組織一些正式之程序規定（如輕忽婦幼案件）與非正式之規範（如同儕間之默契、看法），警察單位在警察內部組織中「複製」了社會父權文化（Edward, 1989; Rigakos, 1995）。

四、情境因素

警察是街頭政治家（Ferraro, 1989），處理案件時會受當時之情境因素影響其反應。警察處理家庭暴力案件，於決定是否逮捕加害人時，會受加害者、被害者之個人特性因素（如種族、社經地位、是否酗酒吸毒、工作狀況、婚姻狀況等）（Gelles and Straus, 1988; Hatty, 1989; Buzawa and Austin, 1993）、被害人之意願（Buzawa et al., 1996）、是否有證人在場（Migon and Holmes, 1995）及是否接近該警員應下班時間（Ferraro, 1989; Robinson and Chandek, 2000）等情境因素之影響。

第五節 警察逮捕政策探討

在現今有關警察回應家庭暴力案件之政策中，最普遍也最受注意的就是擴大警察對家庭力案件之逮捕權限。以美國為例，自 1970 年

代始，美國社會歷經婦女運動、婦女團體因警察機關處理家庭暴力事件不當而對警察機關提起訴訟及明尼阿波里市之家庭暴力警察逮捕實驗之結果，各州相繼制定家庭暴力之專法，規範民事保護令制度及改變警察逮捕之法令規定。至九〇年代，幾乎全部州對於屬輕罪之家庭案件均採「無令狀逮捕」政策，員警只要有可能的理由（Probable Cause）認定有家庭暴力行為發生，即可當場逮捕施暴者。其中有二十一州及華盛頓特區採更嚴格之「強制逮捕」規定，當有理由認定有家庭暴力行為發生，則警察必須強制逮捕施暴者（Buzawa and Buzawa, 2003）。

　　我國是否應採取類似之政策？在家庭暴力防治法立法之初亦有所討論（高鳳仙，1998），但後來在各方意見不一致之情形下，有關警察在家庭暴力案件之逮捕或逕行拘提規定，仍回歸至刑事訴訟法之相關規定，也就是說，並無針對家庭暴力案件有特殊規定之處。

　　然家庭暴力防治法施行至今已逾五年，婦女團體對是否應擴大警察在家庭暴力案件之逮捕權限亦一再倡導，故本節將就此項政策之評估、支持與反對意見及相關考量因素作一分析。

一、相關評估結果

　　擴大警察在家庭暴力事件之逮捕權限，是否真能發揮防治家庭暴力之成效？針對此一課題，學術界及實務部門於過去二十年中陸陸續續有一些成效評估之研究，以下僅摘錄部分國內外較具代表性之研究評估結果：

（一）國外之評估研究

　　1. Sherman and Berk（1984）在明尼蘇達州明尼阿波里市所作之警察逮捕實驗，在三組（逮捕組、隔離組及勸導組）處遇下，

加害人再犯率以逮捕組最低。另依此實驗模式在其他六個城市之複製實驗，卻顯示出不一致之結果，有部分之評估結果發現逮捕僅對有工作者及已婚者有效果，綜合而言，逮捕在不同城市、對不同之人口群有不同之嚇阻效果。

2. Steinman（1990）評估整合性處遇方案實施前後警察逮捕加害者的效果，他發現未實施整合性服務方案前的逮捕行為，會導致暴力行為惡化；而在實施整合性方案後，逮捕行為就發揮了嚇阻的效果。

3. Syers and Edelson（1992）利用小組研究蒐集施暴者逮捕後當下及六個月後、十二個月後的資訊，發現再犯率最低者是那些逮捕後被法官下令必須接受處遇治療者；再來是逮捕後未被命接受治療處遇者；再犯率最高者是那些未被逮捕的施暴者。

4. Tolman and Weiz（1995）檢視採行社區整合性方案後，逮捕及起訴對再犯率的影響為何。他們發現逮捕顯著嚇阻後續的暴力行為發生，在研究持續追蹤之十八個月當中，嚇阻的效果一直保持。曾經被警察逮捕過的施暴者及警察曾經接觸過但未逮捕的施暴者，在追蹤期間比較容易再度被逮捕。對於已經成功被起訴者其再犯率低於那些未被起訴者，但其中之差異未達顯著水準。

（二）國內之評估研究

國內因尚無類似美國之逮捕政策，所以並無就逮捕之成效所作之評估研究。國內現今有的研究集中在探討警察人員對採取此項政策之態度與看法。葉毓蘭（2001）對六縣市之員警實施問卷調查（受訪警察同仁數為 1,163 人），結果顯示約一半之受訪員警贊成採取擴大警察逮捕權限政策，主張警察對家庭暴力事件應採更強硬之態度；約四

分之一之受訪員警反對此一政策，而約有四分之一之同仁未表示贊成
與否。王珮玲（2003a, 2003b）進一步分析影響警察對此項政策度之
相關因素，發現警察本身「是否視家庭暴力為犯罪行為」、「是否願
意處理家庭暴力案件」及「同僚之看法」等三項因素是最重之預測因
子，當警察愈認同家庭暴力是犯罪行為、對處理家暴案件的意願愈
高，及認為同僚間對於處理家暴案件係持肯定態度者，那警察支持擴
大逮捕政策之可能性就愈高。

二、贊成與反對逮捕之理由

在考量本項政策之前，作者試圖整理了相關贊成與反對的意見如
下：

（一）贊成逮捕之理由：

1. 立即的逮捕可預防更嚴重的傷害發生。
2. 逮捕可降低再度施暴的可能性。
3. 逮捕可使警察處理具一致性並減少員警處理之偏差。
4. 逮捕可增加定罪率。
5. 逮捕顯示警察與社區重視家庭暴力案件並且視其為嚴重的犯罪
   行為。
6. 逮捕顯示在法律下平等的保護被害者。
7. 逮捕會衝擊施暴者視施暴為可接受的信念，而增加被害者的安
   全。
8. 逮捕可強化法律對暴力的懲罰。
9. 逮捕可打破被害者被孤立的情形，並且告知被害者社區所提供
   的保護與支持。
10. 逮捕是對家庭暴力係家務事觀念的重大衝擊。

（二）反對逮捕的理由：

1. 逮捕賦予警察更多控制民眾的權利並且可能被濫用。
2. 逮捕並不是使施暴者離開被害者的必要方法。
3. 逮捕不能保證家庭暴力事件可被正確的起訴。
4. 當被害人不願意他的伴侶被逮捕時，逮捕可能促使婦女不願意報警。
5. 逮捕不能保證警察會做好案件報告與蒐證工作。
6. 當庇護處所不足時，逮捕可能增加被害者的危險。

三、是否採行擴大警察逮捕權限應考慮之問題

（一）必要性

　　擴大警察在家庭暴力案件逮捕權限，是歐美各國防治家庭暴力工作非常重要之政策走向，其立論基礎為特殊威嚇及一般威嚇理論（Buzawa and Buzawa, 2003），於立法政策考量時，首先應探討的是「必要性」問題，其必須從（1）立法精神與目的；（2）現行法令之限制；（3）預期發揮之功能三方面思考之。

　　家庭暴力案件有別於一般之刑事案件，其具有關係親密、隱私、重複發生及加害人威脅被害人之特性，一旦發生家庭暴力案件，被害人報案，警察到達現場處理時，是家庭暴力衝突點爆發最高的時刻，較佳之處理模式應為逮捕加害人帶離現場，防止暴力的再發生。而此亦為先進國家經過學術實驗研究後普遍認同所採之處理模式。

　　然警察人員在抵達家暴現場時，絕大部分情況並無現行犯或準現行犯之情形，無法符合現行刑事訴訟法中有關逕行逮捕的規定；另一方面也因家暴案件絕大多數未能符合緊急拘提要件。因此，受限於刑事訴訟法相關逮捕、拘提規定之限制，當警察人員到現場後，僅能作蒐證、聲請保護令及應被害人之告訴展開調查工作，無法對加害人採

限制作為或強制帶離，致使警察離開後，加害人得以對被害人脅迫或
持續施暴，而造成更大之傷害。

　　由於家庭暴力的產生與行為的惡化是漸進性的，國外許多研究亦
指出加強警察對暴力者之逮捕權限，並輔以後續之命令強制治療，是
嚇阻暴力惡化一個很重要的措施，就此觀之，擴大警察逮捕權限，係
符合防治家庭暴力之立法政策方向。

（二）刑事配套措施

　　警察機關僅為刑事司法系統之入口單位，主張對家庭暴力採擴大
逮捕政策，必須於家庭暴力防治法中增訂相關配套措施，例如，遭逮
捕之加害人如未遭羈押，則必須強制附條件釋放，另對違反釋放條件
者必須明文規範為構成羈押之充分理由。

（三）實務執行可能遭遇之問題

　　國外經驗告訴我們，採取擴大警察逮捕權限之政策後，警察於實
務執行上可能會面臨應拘提不拘提、不應拘提而拘提之問題。另現場
警察人員在無法判斷施暴者為何人時，可能發生雙逮捕（dual arrest）
問題（Martin, 1997）。此部分必須思考在家庭暴力防治法中規範一些
參考原則[20]，作為警察及檢察官之參酌要件。

---

[20] 目前行政院版之「家庭暴力防治法修正草案」第三十條已規範檢察官、司法
警察官或司法警察於逕行拘提家庭暴力加害人或簽發拘票時，應注意下列事項：
　　一、被告或犯罪嫌疑人之暴力行為已造成被害人身體或精神上傷害或騷擾，不
　　　　立即隔離者，被害人或其家庭成員生命、身體或自由有遭受侵害之危險。
　　二、被告或犯罪嫌疑人有長期連續實施家庭暴力行為或有酗酒、施用毒品或
　　　　濫用藥物之習慣。
　　三、被告或犯罪嫌疑人有利用兇器或其他危險物品恐嚇或施暴行於被害人之
　　　　記錄，被害人有再度遭受侵害之虞者。
　　四、被害人為兒童、少年、老人、身心障礙或具有其他無法保護自身安全之
　　　　情形。

（四）員警之態度與執行能力問題

依據前述作者（王珮玲， 2003a, 2003b）對員警採行本項政策之研究發現，如果未來修法確定採行本項政策，警察單位必須加強對員警之觀念認知教育，同時，也必須制定一完整之操作流程規定，讓第一線之警察同仁有所依循。

第六節　結語

當家庭暴力事件發生時，警察人員常是被害人向公權力求助的第一個對象，且婚姻暴力中之受虐婦女有警察或法律的支持，對婚姻暴力的防治是最為直接有效的（周月清， 1996）。因此警察人員對暴力現場的處理、執行技巧與專業判斷，將是該案件後續處理最重要的基礎。另我國在家庭暴力防治之政策走向中，已規劃採擴大警察逮捕權限，於行政院或民間修法聯盟所提出之「家庭暴力防治法修正草案」中，均已增訂相關規定，警察人員所肩付之責任將更形重要。

其次要強調的，正確觀念是處理家庭暴力案件落實與否最重要的因素，如何建立員警正確之觀念認知，是警察機關推動家庭暴力防治工作最艱鉅之工程。警察機關在繁重業務和績效導向之警察制度下，如何改變傳統之警察內部生態，加強為民服務工作，提昇各級員警對家庭暴力的認知，改善警察同儕間對家庭暴力習以為常的態度，對是類案件予以重視，落實對被害人之保護，促使加害人終止暴力，這些都是警察系統要積極面對的挑戰。

最後，我們必須肯定警察系統在家庭暴力防治法施行後，一些積極的改變，如果我國家庭暴力防治工作有一些成效的話，警察體系絕對是其中最重要的推動力量之一。雖然在本章中，作者檢討警察工作呈現的一些問題，但警察工作是一份榮譽的工作，企盼警察體系對家庭暴力防治有更深的體認與投入！

第十二章
檢察系統回應家庭暴力

　　不同於對警察多面向的探討，在國內外的研究文獻中，有關檢察官在家庭暴力防治工作上的角色及影響是較少被探討的。原因何在？有關執法機構對處理家庭暴力的改革，絕大多數都是在強大的外在壓力下作出改變的，而推動改變的外在壓力大都是來自婦女團體或是提供被害人庇護服務的被害人權益倡導者或法律服務者（Cahn and Lerman, 1991），由於這些倡導者是站在第一線的服務者，他們感受最深刻的是在緊急情況時被害人需要的立即服務，因此倡導者會對同是提供第一線服務的警察、醫療及社福單位有較多的訴求，而對後續檢察官或法官的角色功能就較少去觸及。以美國的經驗來看，對檢察官在家庭暴力防治工作上發揮功能的關心，是在警察機關修正對家庭暴力施暴者之逮捕政策後，以刑事程序逮捕加害人之案件增多，此時大家開始關心，檢察官面對這些案件與被逮捕人，如何處理？以及檢察官如何看待家庭暴力事件？相關的研究以及法令實務程序的探討，也才陸續豐富起來。而在國內，對於檢察官與家庭暴力防治議題之探討，則仍尚屬起步階段，爰本章有關的探討分析將以美國之文獻為主，最後再輔以台灣實務之狀況與相關問題為補充。

第一節　檢察官之角色功能

　　有關檢察官在家庭暴力防治工作上之角色與功能，在我國對此議題之討論相當地少，一直到家庭暴力防治法公布施行後，明文賦予檢察官一些工作（諸如聲請保護令、偵查違反保護令罪案件等），爾後，對檢察官之角色功能開始有了一些討論（如內政部，2000），但相關之研究仍不多見，爰本節將先檢視美國檢察官相關之發展，再回過頭來檢視台灣的現狀。

一、檢察官之被動反應

　　一直到 1970 年代末期，美國的檢察官仍主張家庭暴力案件不適合用刑事司法程序來處理，主要原因是檢察官普遍認為家庭暴力案件大都是輕微的案件，而且許多被害婦女到最後都會撤回告訴（Cahn, 1992），因此，檢察官對家庭暴力案件較傾向採不干涉態度，如果案件被移送到檢察官，檢察官大都會將案件轉介至以調解或非法律手段處理之機構（Cahn and Lerman, 1991）。除了上述原因外，學者 Buzawa and Buzawa（2003）亦指出，檢察官對加害人與被害人間具有密切關係之案件，在某些程度上是存有「偏見」（bias）的。檢察官認為此類案件對公共秩序較無威脅，表面上看來大多屬個人問題，加害人對他人再犯之可能性不高，而兩造間之關係會影響案件之發展，因此，在檢察系統資源並不豐富的情形下，檢察官對家庭暴力案件向來是不重視的。

　　另一方面，美國著名學者 Ford（2003）指出，檢察系統代表國家執行法律，基本上，檢察官起訴案件的目的是要使犯罪者得到法律制裁，而為了達到這個目的，檢察體系在考慮相關政策與實施程序上均會朝：（1）減少案件量；（2）擴大案件有罪判決結果等兩方面思考。而眾所週知，家庭暴力案件量相當龐大，但每件案件是否會有判

刑結果,卻是相當令人質疑。因此,檢察體系對家庭暴力案件之被動回應態度,當是可理解的。

二、檢察體系之改革

但自八〇年代中期以後,由於許多警察機關開始改變其家庭暴力防治策略,對家庭暴力加害人改採逮捕政策後,長期以來檢察系統之被動回應方式立即受到影響。因為家庭暴力案件大量進入檢察系統,檢察系統之處理模式遂受到各界關心,尤其在婦女團體的壓力下,檢察系統亦開始尋求改革。 1984 年美國檢察總長之家庭暴力專案小組(the U.S. Attorney General's Task Force on Family Violence)在其報告中即針對檢察系統提出四點改革建議(U.S. Department of Justice, 1984):

1. 檢察機關應設立特別單位來處理家庭暴力案件,且檢察官應儘可能一案到底(vertical prosecution)。
2. 在檢察官起訴前,被害婦女無須正式對加害人提出告訴,除非法律有強制性之規定。
3. 在審前聽證會上,除非必要,檢察官應儘可能不要要求被害婦女出席作證。
4. 假如加害人未被羈押,考量被害人之需要,檢察官應報告法官核發禁制令,禁止加害人接近被害人,作為釋放之附帶條件。假如加害人違反此釋放條件,則撤銷釋放。

前述第一項建議,旨在彰顯並強化檢察系統對家庭暴力案件之回應能力;第二項建議則是減輕被害人控訴加害人之責任負擔;第三項建議是彰顯檢察系統對於被害婦女之保護;最後一項建議則是對於進行中案件之被害人提供立即且週全的安全保障。爾後,美國各州之檢

察系統陸續採取一些改革方案，諸如於地方檢察署指定處理家庭暴力之專責檢察官、設立被害人服務處、參與防治網絡協調運作及採取「禁止撤回告訴政策」（no-drop policy）等，相較於七〇年代的不作為，檢察體系在八〇年代中後期積極從事改革，處理家庭暴力案件之方式與流程已有大幅度的改善。

三、檢察官之角色功能

　　檢察官在刑事司法系統扮演的角色主要是犯罪偵查及提起公訴，依據我國法院組織法第六十條之規定，檢察官之職權為：（1）實施偵查、提起公訴、實行公訴、協助自訴、擔當自訴及指揮刑事裁判之執行。（2）其他法令所定職務之執行。在家庭暴力案件中，涉及檢察官職權者，包括家庭暴力罪及違反保護令罪案件之偵查及起訴。而在此刑事犯罪之範疇中，家庭暴力案件以普通傷害罪佔最多數，然依刑法之規定，普通傷害罪係屬於告訴乃論罪，因此家庭暴力案件進入刑事訴訟程序並完成審理判決之案件比率並不高。另違反保護令罪案件雖屬非告訴乃論案件，但依據統計，違反保護令罪案件數每年僅約數百件，所佔案量並不大；若以此觀之，在家庭暴力防治實務工作上，似乎檢察官與家庭暴力防治之關係並不是那麼重要。

　　上述實務上偏誤之看法，基本上是輕忽了檢察官在家庭暴力防治工作上的功能所致。檢察官在預防家庭暴力案件上至少具有下列三項功能（Ford and Regoli, 1993）：

1. 起訴加害者，使加害人可能會因懼怕未來的刑事處罰而克制自己之暴行。
2. 利用法院的力量來強制加害人接受處遇及遵守法院所令之各種命令（刑事保護令）。
3. 激力（empower）被害人，讓被害人有信心去採取各種策略來

　　保護自己的安全。

　　因此，檢察體系絕對是家庭暴力防治工作上重要之一環，尤其家庭暴力行為有高比率重複發生之特性，針對此一群危險之施暴者，檢察官如能善用其刑事制裁之力量，對加害人當較能發揮威嚇之效果。

　　但另一方面，欲彰顯檢察官從中所扮演之角色，也要思考（1）因為我國對於家庭暴力案件並未採取「逮捕優先」（pro-arrest policy）之刑事政策，致使家庭暴力案件循刑事程序處理之比例不高；（2）如果警察人員對違反保護令罪案件處理不力的話，檢察官所能主動介入者也屬有限。因此，如何發揮檢察官在家庭暴力防治工作上之角色功能，恐需從法制修正、檢察官觀念改變及警察機關配合等三方面著手。

第二節　檢察系統回應家庭暴力之現況

　　檢察系統在家庭暴力防治網絡上有其重要角色，在刑事司法系統對家庭暴力案件之回應上，警察擔任第一線之處理，而檢察官則扮演案件是否往前進入到司法審判程序之守門人角色（Ford and Regoli, 1993），檢察官必須直接與警察、被害人、證人、加害人及法官等接觸互動，再加上檢察官對於案件是否聲請保護令、是否對加害人附條件釋放、是否起訴、是否聲請簡易判決處刑及是否適用緩起訴等，於刑事訴訟法之規定下均有其一定之裁量空間，因此其重要性可見一斑。本節首先將依據家庭暴力防治相關法規，檢視檢察官與同屬法務系統之矯治機構在防治家庭暴力工作上之職責，然後再予檢視目前實施之現況。

一、檢察與矯治系統之職責

　　依據家庭暴力防治法之規定，檢察與矯治系統在家庭暴力防治工

作上，職責有下列各項：

（一）聲請民事保護令

依據家庭暴力防治法（以下簡稱本法）之規定（§9、§11），檢察官得向法院聲請通常保護令、一般暫時保護令及緊急暫時保護令。另依據法務部函頒之「檢察機關辦理家庭暴力案件注意事項」（以下簡稱檢察注意事項）之補充規範，檢察官發現有家庭暴力情事，且被害人聲請保護令有困難或不便者，得斟酌個案具體情形，檢具事證，向法院聲請通常保護令；如預期被害人短期內仍有繼續受家庭暴力之可能，但尚未至有急迫危險之程度，得聲請核發暫時保護令；如發現被害人有受家庭暴力之急迫危險者，得聲請法院核發緊急性暫時保護令（檢察注意事項§24、§25）。

（二）刑事程序之執行與指揮

有關家庭暴力罪之現行犯遭警察人員逮捕後，或加害人家庭暴力罪嫌疑重大，符合刑事訴訟法逕行拘提要件而遭逕行拘提之嫌疑人，於警察機關報告檢察官後，檢察官應依刑事訴訟法相關規定處理（§22）。而於檢察官處理時，縱使被害人已表明不願追訴，檢察官仍應斟酌被害人之安全情形，為適當之處理（檢察注意事項§7）。

（三）命被告遵守釋放條件

家庭暴力或違反保護令罪之被告經檢察官或法院詢問後，認無羈押之必要，而逕命具保、責付、限制住居或釋放者，檢察官或法院得附下列一款或數款條件命被告遵守（本法§23）：

- 禁止實施家庭暴力行為。
- 命遷出被害人住居所。
- 禁止對被害人為直接或間接之騷擾、接觸、通話或其他聯絡行為。
- 其他保護被害人安全之事項。

於被告未遭羈押之情形下所附之命令，因係屬於刑事程序中法院或檢察官所下之命令（條件），且其內容與「民事保護令」雷同，故亦可稱為「刑事保護令」（Buzawa and Buzawa, 2003）。

（四）指揮司法警察執行「刑事保護令」

檢察官對於前述所附令被告遵守之條件，得指揮司法警察機關執行（本法§32），而警察機關執行之方式與民事保護令同。

（五）家庭暴力罪與違反保護令罪案件之偵查

依據刑事訴訟之程序，警察機關於偵辦家庭暴力罪或違反保護令罪案件後，應將案件移送或報告檢察官；或檢察官因告訴、告發、自首或其他情事知有家庭暴力犯罪嫌疑者，應即開始偵查。在偵查過程中，為落實家庭暴力防治法有關防治家庭暴力行為及保護被害人權益之立法精神（本法§1），檢察機關有下列之特別保護措施：

1. 應主動對家庭暴力案件之被害人提供關於其得行使之權利、救濟途徑及當地家庭暴力防治中心等相關資訊（檢察注意事項§6）。

2. 檢察機關應提供被害人及證人安全出庭之環境與措施。檢察官傳訊家庭暴力案件之被害人或證人時，應主動注意其出庭安全，必要時，得與被告分別時間傳訊，或行隔別訊問，或於訊畢令被害人或證人先行離開偵查庭，或指示法警或志工護送其安全離開檢察機關，或為其他保護被害人或證人安全之適當措施（檢察注意事項§12）。

3. 檢察官對家庭暴力案件被害人之訊問，應以懇切態度耐心為之。對於智障被害人或十六歲以下被害人之訊問或詰問，得依本法第二十八條第二項規定，依聲請或依職權在法庭外為之，或採取適當隔離措施；訊問時，尤應體察其陳述能力不及常人或成年人，

耐心給與充分陳述之機會，詳細調查（檢察注意事項§ 14）。

4. 被告所涉家庭暴力罪屬告訴乃論之罪時，為使被害人免受被告脅迫，檢察官應儘量避免勸導息訟（檢察注意事項§ 15）。

5. 檢察官認家庭暴力案件被告犯罪情節輕微，而衡量是否依職權為不起訴處分時，應充分考量被害人之安全問題，並宜聽取輔導被害人或被告之直轄市、縣（市）政府或社會福利機構之意見（檢察注意事項§ 16）。

6. 檢察官偵辦家庭暴力案件，認有必要傳訊被告或被害人之未成年子女作證時，應儘量採隔別訊問，並注意其情緒變化，避免使其受過度之心理壓力；於起訴時，如非必要，應避免於起訴書內引用被告未成年子女之證詞，作為認定被告罪嫌之唯一佐證（檢察注意事項§ 17）。

7. 檢察官開庭或製作書類時，應注意有無對被害人住居所予以保密之必要，尤應注意不得暴露安置被害人之庇護處所（檢察注意事項§ 19）。

（六）矯治機構內之處遇

對於犯家庭暴力罪及違反保護令罪案件之被告，經判決確定入矯治機構服刑時，法務部及行政院衛生署應訂定並執行家庭暴力罪或違反保護令罪受刑人之處遇計畫（本法§ 33）；另監獄長官應將家庭暴力罪或違反保護令罪受刑人預定出獄之日期或脫逃之事實通知被害人（本法§ 34）。

（七）辦理在職教育並建立聯繫網絡

為使相關司法人員建立正確認知，法務部應辦理防治家庭暴力之在職教育（本法§ 48）；另檢察機關為與家庭暴力防治網絡中之家庭暴力防治中心、警察、衛生、教育等防治家庭暴力有關機關建立緊

密之網絡關係，亦已設立聯絡人制度，加強平時業務之聯繫（檢察注意事項§29）。

二、檢察官處理家庭暴力案件情形

（一）檢察體系處理家庭暴力刑事案件數呈遞減現象

　　自家庭暴力防治法公布施行以來，我們發現檢察官真正處理之家庭暴力案件並不多，由表一之分析可知，自民國89年至92年，每年各地方法院檢察署受理有關家庭暴力案件（含家庭暴力罪及違反保護令罪案件）之件數約在三、四千件之間，其中以民國89年所收件數最多，達4,520件；而民國92年各地方法院檢察署所新收案件數即大幅滑落至3,657件，這個現象值得我們特別注意，因為在該四年間，家庭暴力案件通報數及聲請保護令案件數均呈直線成長，唯有家庭暴力之刑事案件數呈現下滑，此原因為何？是否係因為家庭暴力罪案件中以傷害罪案件佔最多數（民國92年之統計顯示傷害罪案件佔全般家庭暴力案件之60.6%，詳如圖12-1），而傷害罪係告訴乃論之罪，被害人可能以選擇聲請保護令維護自身安全，而捨刑事告訴程序？或者係因為刑事告訴程序之結果判決過輕（可參考表12-2），致被害人覺得毋需耗費精神走刑事訴訟之途呢？這值得深入探討。

　　另在地方法院檢察署偵查終結之家庭暴力案件中，以傷害罪名佔最多數，以民國92年為例，傷害罪有2,216件，佔60.6%；其次為違反反保護令罪809件（22.1%），妨害自由罪112件（3.1%），而殺人罪有30件（0.8%）（詳如圖12-1）。

（二）偵查終結之家庭暴力案件以不起訴處分佔最多數

　　各地方法院檢察署偵查終結之家庭暴力案件中，以不起訴處分佔最多數，自民國89年至民國92年，每年不起訴之案件均超越四成，而依通常程序起訴之案件逐年遞減，聲請以簡易判決處刑者則呈逐年

圖 12-1　民國 92 年各地方法院檢察署家庭暴力案件偵查終結罪名分析

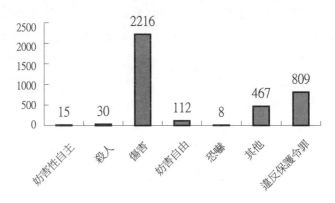

表 12-1　民國 88 年至 92 年地方法院檢察署偵查家庭暴力案件收結
　　　　情形統計

年　度	新收件數	終結案件件數（含舊收）					
		總計	起訴	聲請簡易判決	緩起訴處分	不起訴	其他
88 年 7-12 月	1,901	1,890	744	343	0	762	41
		100.0%	39.4%	18.1%	0	40.3%	2.2%
89 年	4,520	4,370	1,516	846	0	1,847	161
		100.0%	34.7%	19.3%	0	42.3%	3.7%
90 年	4,257	4,437	1,385	966	0	1,946	140
		100.0%	31.2%	21.8%	0	43.8%	3.2%
91 年	4,413	4,413	1,196	1,135	28	1,909	145
		100.0%	27.1%	25.7%	0.6%	43.3%	3.3%
92 年	3,657	3,657	595	1,228	84	1,624	126
		100.0%	16.3%	33.6%	2.3%	44.4%	3.4%

資料來源：法務部（民國 93 年）。

註：本表之家庭暴力案件包括家庭暴力罪及違反保護令罪案件。

增加之比率；另自民國 91 年開始實施緩起訴制度後（刑事訴訟法 §253-1 至 § 253-3），我們也可以發現家庭暴力案件亦有少部分處以緩起訴處分（詳如表 12-1）。此結果顯示，檢察官對於家庭暴力案件之起訴作為，偏向以輕微案件處理。

　　為什麼家庭暴力案件中不起訴處分所佔比例如此之高？以民國 92 年為例，全部偵查終結案件中，不起訴處分案件計 1,624 件，佔全部終結案件之 44.4%（詳如表 12-1）。進一步分析偵查終結案件不起訴之原因，其中因撤回告訴者佔 73.0%，因罪嫌不足者佔 15.8%，而檢察官認以不起訴為適當者佔 8.0%，此顯示被害人撤回告訴之情形仍佔相當高之比率。

　　家庭暴力案件經前述檢察官之各種處分之後，最終經法院判決之情形如何呢？依地方法院檢察署執行家庭暴力案件裁判確定情形之分析結果，我們發現，最終判決情形偏向低度刑。以民國 92 年為例，在檢察署執行之家庭暴力裁判確定案件中，以處拘役者 1,568 人，佔 43.9% 最多，其次為處一年以下短期刑者 895 人（25.0%），而處罰金刑者有 113 人（3.2%）（詳如表 12-2）。在此，也許我們可以探討一

表 12-2　民國 92 年地方法院檢察署執行家庭暴力案件裁判確定情形

單位	總計	科刑		有期徒刑			拘役	罰金	無罪	不受理	其他
		小計	無期徒刑	一年未滿	一年以上至三年	逾三年以上					
人數	3,573	2,671	1	895	46	49	1,568	113	111	766	25
%	100.0	74.8	0.0	25.0	1.3	1.4	43.9	3.2	3.1	21.4	0.7

個問題，家庭暴力案件之判刑相較於其他相同罪名但非屬家庭暴力案件（例如發生於非家庭成員間之普通傷害罪與發生於家庭成員間之普通傷害罪比較）是輕還是重呢？這涉及到檢察官之偵查起訴作為與法官量刑之考量，仍有待後續之研究分析。

三、聲請民事保護令情形：檢察官聲請案件非常少，所佔比例不及 1%

依家庭暴力防治法之規定，檢察官一個很重要的工作是協助家庭暴力被害人聲請民事保護令，我們檢視近三年之統計資料發現，檢察官聲請民事保護令之比率相當的低，於民國 90 年有 17 件，民國 91年有 21 件，民國 92 年則為 7 件（司法院，2004），每年檢察官聲請民事保護令之件數均不及當年全般聲請件數之 0.2%[21]。這其中的原因，可能是當家庭暴力罪案件在警察機關處理時，警察機關已視被害人之需要與當下狀況，先行協助被害人聲請民事保護令在先，至案件移送至檢察官處，檢察官即無須再行協助聲請。但另一方面，我們必須瞭解，並非每件家庭暴力案件之被害人都會至警察機關報案，有一些案件是檢察官在案件偵查時發現有家庭暴力情形，而主動協助被害人聲請民事保護令。然究竟檢察官接觸到之家庭暴力案件而可以主動協助聲請民事保護令之案件比例有多少？我們並不清楚，但由每年檢察官聲請民事保護令如此稀少之情形，顯然仍是有再努力之空間。

四、「刑事保護令」實施情形：檢察官幾乎未曾運用

最後，我們要探討對於家庭暴力防治法中特別設計之「刑事保護

---

[21] 各地方法院民事保護令聲請事件審理終結之案件，於民國 90 年有 12,978件，其中檢察官聲請之案件有 17 件，佔 0.13%；民國 91 年檢察官聲請 21 件，佔當年全般審理終結案件 14,513 件之 0.14%；民國 92 年檢察官聲請 7 件，則佔該年全般審理終結案件 15,943 件之 0.04%。

令」制度，檢察官實施之情形如何呢？很遺憾的，我們檢視相關統
計，發現檢察官運用此項特別規定之情形非常的少。以民國 92 年為
例，各地方法院檢察署辦理家庭暴力案件附條件命具保、責付、限制
住居或釋放者僅二人次（法務部，2004），其中一件為限制被告住
居，同時附條件令被告禁止對被害人騷擾；另一件為釋放被告，同時
令其遷出被害人之住居所。

　　為什麼檢察官幾乎不運用刑事保護令呢？國內尚無相關之研究可
以告訴我們可能之原因，作者以為，檢察官可能因所接觸之家庭暴力
案件數不多，而對此項規定尚不熟悉；或認為被害人已另外循民事途
徑向法院聲請民事保護令，無須於刑事訴訟過程中再重複附條件令加
害人遵守。另一方面，檢察官的態度可能也是一個重要因素。有研究
指出，檢察官對於這些屬於「家庭糾紛」的案子，較會試圖去影響被
害人撤回告訴，而不會將家庭暴力視為犯罪案件，或考量被害人安全
的立場來處理（Belknap et al., 2001）。因此，檢察官如何看待家庭暴
力案件也是一個重要變項。

第三節　影響檢察系統回應之相關議題

　　檢察系統最主要之職掌為家庭暴力案件之偵查與起訴，檢察官在
法律範圍內，具有獨立之裁量權，因此哪些因素與檢察官之裁量決定
有相關呢？這些因素會產生何種影響呢？依據學者之分析，影響檢察
官回應家庭暴力之相關因素可區分為法律因素與非法律因素兩大類
（Schmidt and Steury, 1989），以下分別討論之。

一、法律因素

　　在法律規範之限制下，影響檢察官對家庭暴力案件處置之法律因
素，雖不似非法律因素有較大之探討空間（Ford and Regoli, 1993），

但法律因素是影響檢察官對該家庭暴力案件是否構成為一件起訴案件最基本之考量,包含之因素如下:

- 證據:包括驗傷記錄、證物、是否有目擊證人、嫌疑人是否到案等。
- 犯行之嚴重性:包括犯罪之手段、是否使用武器以及被害人受傷程度等。
- 嫌疑人之施暴記錄。

　　上述各項法律因素,對檢察官處理家庭暴力案件之影響程度,是否存有差異?美國學者 Schmidt and Steury(1989)檢視了 Wisconsin 州 Milwaukee 郡地方檢察署自 1983 年 1 月 1 日至 1984 年 6 月 30 日處理過之親密關係暴力案件,比較檢察官起訴與不起訴案件間之差異,發現當被害人受傷程度愈嚴重、加害人使用武器、加害人前有施暴記錄及加害人於偵查庭中未到案等因素,對檢察官作出起訴之決定有較大之影響力。

　　除上述研究發現之外,法界與實務界對檢察官起訴之問題,會特別重視案件之證據力問題。由於家庭暴力大都是發生在隱密的私人住所內,經常是沒有目擊證人的;亦或可能有目擊證人,但目擊證人是目睹暴力的兒童、少年或是雙方之親屬,在此種情形下,證人是否會協助作證,亦多所考量。因此,家庭暴力案件往往是過度依賴被害人之證詞,而缺乏相關人證或物理證據(Hanna, 1996),這對檢察官判斷該加害人是否罪嫌充分,會產生重要的影響。

　　我們分析民國 89 年至民國 92 年我國各地方法院檢察署偵查終結而不起訴處分之家庭暴力案件,不起訴之理由中,以該案件加害人之「嫌疑不足」者,在民國 89 年有 261 件,佔全部不起訴案件之 12.6%;而民國 90 年至民國 92 年檢察官因「嫌疑不足」之理由而不起訴家庭暴力案件之比例分別為 13.4%、 14.7% 及 15.8%(法務部,

2004），有逐年升高之趨勢。由於家庭暴力案件不起訴處分之理由以告訴人「撤回告訴」為最多，每年約佔六成至八成之間，如果扣除該類案件，那「嫌疑不足」之理由就是檢察官對暴力案件不起訴處分之最重要原因。

因此，家庭暴力罪及違反保護令罪案件之蒐證就顯的相當重要。對於家庭暴力舉證問題，除了被害人之證詞及驗傷證明之外，下列蒐證方式與資料亦可強化證據力（Cahn, 1992; Hanna, 1996）：

- 110 及 119 之報案電話記錄與錄音。
- 被害人歷次之就醫診療記錄。
- 家庭成員目睹暴力之證詞。
- 專家證人對家庭暴力被害人之身心狀況評估。
- 至現場處理案件警察人員之證詞。
- 現場家具、器物損壞及凶器之相片。
- 歷來家具、器物毀損修補或重新採購之金錢支出記錄。
- 針對被害人於訴訟過程中可能發生之改變心意、或懼怕加害人而不願意出庭作證問題，在某些地方之檢察官（如美國明尼蘇達州 Indianapolis 市即採此種作法）會將第一次訊問被害人之過程錄影起來，作為被害人陳述之佐證資料。

二、非法律因素

除了法律因素外，有一些非法律因素會影響檢察官處理家庭暴力案件時之決定，亦即，檢察官在過濾起訴案件、起訴求刑內容及是否命「刑事保護令」時，相關之非法律因素對檢察官會產生影響，下列是經常被提到的非法律因素：

（一）被害人是否合作

家庭暴力被害人提出刑事告訴後又撤回之情形，一直困擾著檢察

體系，依據研究指出，此類案件之撤回告訴比率確實較其他刑事案件明顯高出許多（Ford and Regoli, 1993; Lerman, 1986）。以學者 Rebovich（1996）對檢察官所作之調查結果顯示，有 33% 的檢察官表示，被害人不合作之案子佔其所處理之家庭暴力案件之 55% 以上，有 16% 之檢察官表示，在其經手之家庭暴力案件中，被害人不合作之案子佔約 41%-55%。被害人可能是家庭暴力案件中唯一之證人或是最重要之證人，若被害人不與檢察官合作，該家庭暴力案件可能就面臨無足夠之證據或證人而無法起訴。

　　那接下來的問題就是，被害人為什麼不合作呢？學者 Erez and Belknap（1998）對家庭暴力被害人進行調查研究，結果指出影響被害人與檢察官合作之相關因素依重要性排序如下：

1. 害怕加害人報復。
2. 認為刑事司法系統沒有什麼效果。
3. 擔憂小孩。
4. 不信任刑事司法系統。
5. 過去與刑事司法系統打交道之痛苦經驗。
6. 對加害人情感上之依賴。
7. 對加害人經濟上之依賴。
8. 缺乏其他家庭成員之支持。

　　由上面的結果我們可以發現，除懼怕加害人報復此一因素外，有關刑事司法系統本身運作之過程與結果因素，對被害人是否願意合作之影響力，大於被害人與加害人之關係考量。這樣的發現告訴我們，檢察系統一方面責備被害人不合作，但深入了解被害人不合作之原因，卻又發現是司法系統本身之運作模式與效果對被害人的態度產生負面影響。因此，當司法系統習於責備被害人之同時，是否亦應反

省，司法系統是如何與被害人之互動？又帶給被害人什麼樣的結果？

（二）衡量被害人的動機

相較於其他暴力犯罪之被害人，家庭暴力與性侵害犯罪被害人最常被司法系統質疑其受害與報案的動機。例如就家庭暴力案件，司法系統人員會質疑被害人向警察機關報案，是否是為了要辦離婚？女朋友控告男性友人性侵害，有人會質疑是否是為了報復？因此有學者從被害人提起家庭暴力刑事告訴之各種動機，來探討其中之關聯性，確實也發現一些不同動機的被害婦女。例如，有一些被害人希望獲得保護，但也希望維持一個完整的家庭，因此在訴訟進行過程中，獲知可能對其配偶產生之司法判刑結果，即有可能對檢察官採取不合作的態度（Buzawa and Buzawa, 2003）。另有一些婦女在作決定時是很理智且工具取向的，她們會利用司法系統來爭取她們的利益（advantages）。學者 Ford（1991）深入訪談二十五位家庭暴力被害婦女後指出，這類型被害婦女利用司法系統獲取權利後，對是否持續完成刑事控訴程序就不會太在意。

分析被害人之動機與被害人對檢察官是否合作之關係，在 Erez and Belknap（1998）的研究中亦得到證實。在他們的研究中探討被害人願意與檢察官合作的理由有哪些？結果發現主要的理由包括：阻止加害者的暴力行為，讓加害人知道施暴行為是犯法的，懲罰加害者，幫助離婚之進行以及幫助被害人在與加害者之關係中爭取某些利益。

因此，影響被害人是否願意採取刑事告訴，並且在過程中是否與檢察官合作，牽涉之因素可歸納為三個部分：被害人之動機與目的、被害人在進行刑事訴訟過程中其所處之社會脈絡關係，以及被害人對刑事司法系統之經驗與認知。由於被害人的動機與目的是其中一個重要因素，因此，檢察官在作起訴決定時即會受到影響。

（三）加、被害人之個人特性

　　檢察官在處理家庭暴力案件時，當事人不同的背景與特性，是否會影響檢察官之決定？依據學者研究，有關兩造當事人（被害人與加害人）個人特性因素之影響力，加害人之個人特性因素具有較顯著之影響，其中以加害人是否酗酒或藥物濫用、加害人是否自我獨立謀生或仰賴他人供給，以及加害人在偵查庭上之態度表現等最具影響力（Schmidt and Steury, 1989）。而被害人之個人特性因素（如年齡、教育程度、社經地位等）及被害人與加害人之關係（如是否有婚姻關係、是否同居）並無顯著之影響力（Schmidt and Steury, 1989）。

　　很可惜地，我國並無相關之研究可相互檢證，目前檢察官與法官在作裁量時，係依據刑法第五十七條所規定項目審酌：

　　（1）犯罪之動機。
　　（2）犯罪之目的。
　　（3）犯罪時所受之刺激。
　　（4）犯罪之手段。
　　（5）犯人之生活狀況。
　　（6）犯人之品行。
　　（7）犯人之智識程度。
　　（8）犯人與被害人平日之關係。
　　（9）犯罪所生之危險或損害。
　　（10）犯罪後之態度。

　　上述第（5）、（6）、（7）、（8）及（10）等項目，均與加害人之個人特性有關，與國外之研究發現有異曲同工之處，但國內缺乏實證之研究告訴我們，這些因素之影響力為何？其中是否有高低之別呢？而面對家庭暴力案件時，是否與其他犯罪案件有所差異？這仍有

待後續研究來告訴我們答案。

第四節　檢察體系之防治政策

在過去二十年中，美國檢察系統回應家庭暴力之改革是多方面的，包括採取積極之「禁止撤回告訴」（no-drop policy）政策、加強被害人服務及建構網絡合作等，以下僅就前二項國內較陌生部分說明之[22]。

一、禁止撤回告訴政策

（一）政策起源背景

由於司法部門是否介入家庭暴力案件之處理，被害人扮演著啟動者的角色，如果被害人不報案，或報案後在刑事調查過程中不合作、撤回控訴，司法力量對該家庭暴力案件之作用就無法發揮，而這對家庭暴力犯罪化，並企圖藉由司法力量來防治家庭暴力之政策是很大的一個缺口；因此，一些家庭暴力防治工作倡導者提出呼籲，認為刑事司法系統的防治政策如果是依賴在被害者的行動上，那麼這些政策將會是無效的（Buzawa and Buzawa, 2003）。在這樣的背景下，「禁止撤回告訴」政策開始被倡導，也是緊接在警察「優先逮捕」政策後之接續性作為。

「禁止撤回告訴」政策之理論基礎為：強化刑事處罰之效果，威嚇加害人不准再犯。這項政策相當明確表明，家庭暴力不只是侵害個人利益，家庭暴力更是一個犯罪行為，威脅社會安全，違反了公共利益，因此，不能僅藉由民事訴訟、民事保護令或是由被害人自行決定是否提出刑事告訴等手段來處理，必須由國家司法機關積極的介入與

---

[22] 有關建構網絡合作機制部分，請參閱本書第十五章。

主導。這項政策將提出刑事告訴的「負擔」由被害人身上轉移至檢察官，可提高對加害人起訴、定罪之比率，最重要的，「禁止撤回告訴」政策彰顯出國家不容許任何型式的暴力行為（Hanna, 1996），不論是發生在家庭內或家庭外。

（二）實務運作情形

　　禁止撤回告訴政策之內涵在美國各州有一些差異，總體而言，禁止撤回告訴可分為「絕對禁止撤回告訴」（hard no-drop）及「有條件允許撤回告訴」（soft no-drop）兩種類型（Cahn, 1992; Ford and Regoli, 1993）。所謂「絕對禁止撤回告訴」是指被害者絕對不准撤回對案件之控訴，且強迫作為案件之證人，當法庭要求被害人以證人身分出庭作證時，被害人不得拒絕；如拒絕出庭，法院得以傳票強制要求被害人出庭，更甚者，法院得以「藐視法庭罪」拘提被害人到案（Buzawa and Buzawa, 2003）。而「有條件允許撤回告訴」係賦予被害人在某些條件下，可以撤回家庭暴力案件的控訴，這些條件依各州之規定不同，例如有些州規定必須被害人接受諮商後，到法官面前陳述撤回的理由，法官再根據其理由決定是否同意其撤回告訴；也有些地方規定需被害人已離開加害人後，被害人才可以提出撤回告訴；另也有些地方規定，必須加害人到庭接受訊問後，檢察官才受理被害人提出撤回告訴（Ford, 2003）。

　　目前美國許多地方都已經採取「禁止撤回告訴」政策，依據Rebovich（1996）的調查，在轄區人口超過二十五萬的地方檢察機關中，有 66% 的單位已經採取這項政策，但其中有九成表示，這項政策真正在實施時，仍是有一些彈性的。採取「絕對禁止撤回告訴」政策的只有少數地區的檢察機關，比較著名的有明尼蘇達州的杜魯斯（Duluth, Minnesota）及加州的聖地牙哥（San Diego, California）等地，事實上，大部分的地區是採「有條件允許撤回告訴」政策，檢察

官並不會用強制的方法，要被害人參與刑事訴訟過程，相反地，檢察署會提供被害人一些支持服務，以協助並鼓勵被害人繼續參與完成刑事訴訟過程，提高對家庭暴力加害人起訴、判刑之比率（Hanna, 1996）。

（三）政策影響與評估結果

「禁止撤回告訴」政策實施後有何效果或影響？以美國加州聖地牙哥市為例，當 1985 年開始實施該項政策後，當地之家庭暴力謀殺案由 1985 年的 30 件，在 1990 年降低至 20 件，而至 1994 年則降低為 7 件；同時，整體之家庭暴力再犯率也大幅降低（Epstein, 1999）。另外，美國華盛頓特區（Washington, D.C.）之檢察署自 1996 年設立專責組並開始實施「禁止撤回告訴」政策，專責組檢察官對家庭暴力案件之起訴比率大幅增加，第一年起訴之家庭暴力案件為 6,000 件，第二年成長至 8,000 件，佔當年警察逮捕的所有家庭暴力案件之三分之二，起訴比率成長幅度相當驚人。而在起訴案件中，判刑確定者亦高達 69%，專責組檢察官之工作成效獲得肯定（Epstein, 1999）。

但另一方面，亦有學者對「禁止撤回告訴」政策提出質疑，認為該項政策對被害人會有負面之影響。法律學者 Hanna（1996）指出，法庭強制沒有意願控訴施暴者的被害人出庭作證，對被害人而言是一種「懲罰」，也會對被害人造成二度傷害。同時，某些被害人如果知道向警察報案，加害人遭逮捕後一定會移送給檢察官偵查及起訴，那被害人即有可能就不報警了。另因為檢察官之起訴決定及法官之判刑，可能會受到當事人之種族、社經地位及文化認知之影響（Dobash and Dobash, 2000），因此，「禁止撤回告訴」政策之實施，對弱勢族群之被害人（如新移民、原住民及低社經地位者），可能會產生更負面之影響（Buzawa and Buzawa, 2003）。所以近來有部分學者、甚至是女權運動者呼籲，應尊重家庭暴力被害人之自主性，主張唯有尊重

被害人之個別差異及其對自身處境之主導權，被害婦女才可能在這過程中獲得充權而掌控自己的人生方向（Ford and Regoli, 1993; Mills, 1998; Erez and Belknap, 1998; Ford, 2003）。

　　要評估「禁止撤回告訴」政策之成效，不是一件容易的事，其中的原因包括：（1）該政策全面性實施至今仍是屬初期階段；（2）該政策與實際執行間存有相當大之差距（Ford, 2003），因此難以作結果評估；（3）最重要的，評估標準很難訂定：政策「成功」的定義是什麼？是定罪率？再犯率？威嚇效果？還是被害人之滿意度（Hanna, 1996）？而這又牽涉到政策背後的一些「兩難」，如被害人之自主權與國家司法權之拉鋸，國家介入之目的與結果係應尊重被害人之個人經驗或是應強調司法系統之目標？

　　最後，被害人之反應其實也是相當矛盾的。Smith（2000）調查家庭暴力被害人對刑事司法系統採強制政策之看法，發現被害人的反應似乎是矛盾的。研究結果顯示，絕大部分被害人支持司法系統的強制政策（包括強制逮捕與禁止撤回告訴政策），但較少的被害人相信這樣的政策對他們會直接受利；也有相當多數的被害人表示，強制政策會促使他們較不願意出面舉發家庭暴力受害事實。這是不是家庭暴力被害人創傷特質的另一種展現？

二、加強被害人服務

　　犯罪被害人之人權保障是二十世紀末期刑事司法系統新興之議題，以美國為例，各州均已制定相關之「被害人權法案」（Victim's Bill of Rights），明定犯罪被害人在法律上之權益保障事項及司法機關應對被害人提供之服務事項，因此，在地區檢察單位亦依據法律提供被害人保護方案。

　　我們舉加州洛杉磯郡檢察署（Los Angeles County Attorney Office）

為例，其下設有「被害人／證人協助方案」（Victim-Witness Assistance Program）之專門單位，在全郡各檢察單位均設置有專責之工作人員，合計超過一百名，而該被害人服務方案之主管係一位資深之檢察官[23]。依據加州法律規定（California Penal Code Sec.13835.5），檢察署之被害人服務單位提供被害人下列必要之服務：

1. 危機介入服務。
2. 緊急狀態時之協助，包括食物、安置、衣物以及必要時金錢之提供。
3. 協助提出案件訴訟。
4. 案件進行情形之告知。
5. 資源與轉介之諮商服務。
6. 被害人直接與後續之諮商輔導服務。
7. 被害人補償之申請協助。
8. 協助被害人提出損失賠償。
9. 被害人財物之取回服務。
10. 刑事司法系統之介紹服務。
11. 法院出庭護送服務。
12. 被害影響報告之撰寫（Victim Impact Statement）。
13. 通知被害人雇主，以減少被害人出庭作證時無法工作之損失。
14. 通知被害人之家人與朋友。

---

[23] 筆者於 2003 年 11 月間曾訪問美國加州洛杉磯郡檢察署，與該署「被害人／證人協助方案」辦公室之主管檢察官有深入之交談，瞭解其服務方案與功能。有關該署被害人服務方案可參考該署之網站資料 http://da.co.la.ca.us。

　　而針對一些易產生創傷需特別關照之犯罪被害事件，包括家庭暴力、跟蹤案件、老人虐待、兒童虐待、性犯罪及仇恨犯罪（hate crime）等，洛杉磯郡檢察署又特別設置了 VIP（Victim Impact Program）方案，並針對家庭暴力案件指派受過專業訓練之檢察官成立家庭暴力案件專責組（Family Violence Prosecution Unit），專責處理是類案件，採「一案到底」（vertical prosecution）之方式，從案件受理到結束均由同一位檢察官處理。另為對家庭暴力被害人提供更專業之服務，檢察署亦在「被害人／證人協助方案」中指派數位被害人權益倡導者成立「家庭暴力小組」，協助專責組檢察官處理家庭暴力案件。

　　事實上，在檢察機關中設置被害人權益倡導組織的政策，在1992 年美國全國少年與家事法庭法官會議（National Council of Juvenile and Family Court Judges）中就已經提出建議（Buzawa and Buzawa, 2003），至今已相當普遍。目前檢察署中設立之被害人服務單位有兩種型式：

1. 為檢察署自行設置（如加州洛杉磯郡之模式）。
2. 為外部獨立之被害人服務組織所提供之服務。

　　至於哪一種組織型態較為適當？目前並無定論，但有學者對檢察署自行設置之被害人服務單位可能產生之目標衝突提出質疑（Buzawa and Buzawa, 2003），認為被害人服務單位如果是檢察署組織內部的部門，無可避免的會與檢察部門負有共同之組織目標──提升起訴率，此是否與其社會工作倫理──尊重案主決定──有所矛盾？但目前尚無相關研究來比較兩類組織型態之工作影響差異。

　　依據調查，家庭暴力被害人對司法機關所提供之被害人服務，滿意度大都很高（Jolin and Moore, 1997; Buzawa et al., 1999）。被害人認

為接受服務後，較能瞭解刑事司法系統之過程，較有可能完成他們的目標，也有八成的被害者表示，將來如果再碰到類似之情形，會再利用被害人服務單位所提供之服務。另外針對家庭暴力被害人於訴訟過程中不合作之問題，根據 Dawson and Dinovitzer（2001）的研究發現，接受檢察署所提供之被害者服務之被害人，其於訴訟過程中與檢察官合作之比率，較未接受該類服務之被害人高出三倍之多。因此，檢察系統提供完善之被害人服務，對提高刑事訴訟品質與起訴率是會有所助益的。

第五節　結語

不可否認的，我國檢察系統目前在家庭暴力防治工作所扮演之角色，尚未凸顯出來，相較於國外，很明顯地功能減弱許多，主要的原因應係國內現行家庭暴力防治法中，對於刑事程序之相關規定，並無重大突破，大都仍受限於刑事訴訟法之規範，因而家庭暴力被害人大多循民事程序聲請民事保護令以為救濟。另檢察官於處理家庭暴力罪案件時，又不擅運用「刑事保護令」，致使期待檢察官能發揮家庭暴力防治之功能，似乎更顯的遙遠。

所幸的是，目前內政部已著手修正家庭暴力防治法[24]，在修法草案中已增列被告或犯罪嫌疑人有繼續侵害家庭成員生命、身體或自由之危險情況時，檢察官、司法警察官或司法警察得逕行拘提之要件（行政院版修正草案修正條文第二十九條及第三十條）；另為使現行條文所定附條件逕命具保、責付、限制住居或釋放者之約制力更臻明確，亦增列雖無刑事訴訟法第一百零一條第一項或第一百零一條之一第一項各款所定情形之一，而有羈押之必要時，亦得羈押規定（行政

---

[24]「家庭暴力防治法」修正草案已於立法院進行審議中。

院版修正草案修正條文第三十二條）。上述條文若能儘速通過，由放寬對家庭暴力加害人之逕行拘提要件，進而檢察官或法官能善用「刑事保護令」，再輔以對於未遵守「刑事保護令」者得以構成聲請羈押之原因，如此之規範已形成為刑事訴訟法之特別規定，對於強化刑事司法系統介入並發揮威嚇之效果，當是可期待的，檢察官之角色就可彰顯出來。

　　另國內對於檢察體系缺乏實證研究，且檢察體系對於家庭暴力被害人保護工作也還有很大的發揮空間，期待未來有所改善！

第十三章
法院系統回應家庭暴力

　　近幾年來台灣社會逐漸意識到家庭暴力問題之嚴重性，也開始進行觀念倡導、制定法律與採取各種行政措施等來回應此一問題，同時，各界關心之觸角也慢慢觸及到法院系統，這主要是因為目前台灣司法回應家庭暴力之最重要變革乃係「民事保護令制度」，而法官負責審理與核發保護令；另家庭暴力罪及違反保護令罪案件之審判結果，也是一個關心重點。因此，法院系統如何回應家庭暴力？法官審理與核發保護令之狀況如何？法官如何看待家庭暴力行為？以及法官是否應與防治網絡合作？等議題，就成為家庭暴力防治工作中重要之面向。本章將就法官回應家庭暴力之問題、實務狀況分析、影響法官回應因素及防治政策等方面分別探討之。

第一節　法官 vs.家庭暴力防治

　　在刑事司法系統中，法院是最封閉與最具專業權威的體系，因此有關家庭暴力防治工作之推動，法院系統的探討都是最後被觸及，而相關之研究也是最少的（Buzawa and Buzawa, 2003）。美國一直到八〇年代，家庭暴力防治法制全面修正後，對於法官所扮演的角色探討與相關問題之研究才逐漸發展，但至今仍是有限。

　　我國的情形類似，在家庭暴力防治法公布施行前，家庭暴力問題僅能依傳統之民、刑法律之規範，法院系統接觸到家庭暴力案件最主要集中在離婚訴訟及刑事案件審理兩部分，被害人所能尋求之法律途徑如：拒絕履行同居義務、請求離婚、子女監護、損害賠償，為刑事告訴、提起自訴等，均只是暴力事件後之補救方法，欠缺防範措施（高鳳仙， 1998）。因而在如此之法律架構下，姑不論法官對家庭暴力之認知為何，法官的角色都顯的被動，無法在家庭暴力防治上有更積極之角色扮演。

　　家庭暴力防治法公布施行後，法官角色之重要性即凸顯出來。法官在家庭暴力刑事案件、民事保護令事件、家事事件及一般民事案件之審理上均會接觸到家庭暴力之當事人，尤其聲請民事保護令之案件量快速成長[25]，有關法官對民事保護令聲請案件之裁定，即成為社會各界、婦女團體及防治網絡中相關單位關心之焦點。另一方面，由於家庭暴力防治工作之最終目標為保護被害人及讓加害人終止暴力、擔負責任，但家庭暴力行為本質有別於一般陌生人間之暴力侵害行為，其具有關係親密、隱私、重複發生及加害人威脅控制被害人之特性；因此，為了達成上述之最終目標，法官之角色除了傳統的中立審判者外，是否應扮演更積極之防治者、網絡參與者、甚且是領導者之角色？

　　法院或法官如何回應家庭暴力？我們先舉美國的例子，再回過頭來思考本土可能發展的方向。在一份評估司法系統如何有效發展回應家庭暴力策略的建議中， Littel et al.（1998）對法院系統提出檢核的面向包括：

　　1. 法院在案件審理過程中，對被害人所提供之保護與支持為何。

---

[25]　請參閱本書第十四章民事保護令之分析。

2. 法院對於案件資料之整理為何，是否提供法官對同一被害人、加害人在不同法庭之相關資訊，可以在資訊系統中清楚且簡便得知。

3. 透過審判，對於加害人是否清楚傳達了司法是不容忍家庭暴力行為的信念。

4. 在審理過程中之各項決定，是否將被害人之安全保護列為最優先考量原則。

5. 法院是否積極參與社區有關家庭暴力防治活動。

在上述五個面向當中，各有許多細部之檢核點，提供給法庭及各界來參考，其中在第五點有關法院是否積極參與社區有關家庭暴力活動，報告中提列出下列七點檢核項目：

1. 積極於社區中倡導中止對婦女之暴力，參與這樣的倡導活動，並不是放棄法官應有的中立立場，相反的，法官參與後對家庭暴力案件會更為敏銳，會在審理過程中有更為公正的回應，會增加司法系統回應的能力，而讓家庭暴力案件之處理更為有效。

2. 法官應在法院系統中擔任老師的角色，教導系統中之工作人員瞭解家庭暴力。

3. 與司法系統中之相關單位、社區中之被害人服務倡導團體以及相關之服務提供者，運用網絡整合之力量，以提升被害人之安全保障，科予加害者責任。

4. 促使法院工作者與社區倡導組織及法律服務提供者合作，定期檢視法院流程與判決之效果為何，對於發現之問題提出解決方案。

5. 對於因家庭暴力及跟蹤造成之死亡案件，檢討案件處理過程，

找出系統中疏漏及失敗之處，尋求改善。

6.支持社區中之服務倡導組織，提供被害人服務。

7.推動社區教育，對婦女受暴行為採零容忍的態度。

　　由上面所舉之例子，我們清楚看到，法院系統在家庭暴力防治工作上是居於領導的地位，法官的角色除了是審判者外，更是防治者、網絡參與者與領導者。而在實務上，類似的理念思想確實也主導了許多法院的實務運作模式（Hart, 1998；Littel et al, 1998；Kleinhesselink, 2003；柯麗評，2003），包括設立家庭暴力案件專門法庭、加強法院工作人員之訓練、改變案件審理庭期安排、定期檢討案件處理流程、設立被害人服務處及參加社區防治網絡活動等，目前均是相當普遍。

　　那台灣呢？近年來第一個大規模對法官婚姻暴力態度進行之研究，黃心怡（2004）對台北等六個地方法院民事、家事法庭之 120 位法官進行問卷調查，探討法官如何看待自己在審理婚姻暴力案件時的角色功能。研究發現，法官在審判者角色外，認為尚有下列其他角色功能（為複選題）：

- 67.5% 認為是轉介者。
- 60.0% 認為是協調者。
- 35.8% 認為是婚姻暴力防治者。
- 19.2% 認為是諮商輔導者。
- 9.2% 認為無其他角色功能。

　　由上述結果，我們發現多數法官基本上認同法官應扮演更積極之角色，接近七成的受訪法官認為，在審判時，若當事人有需要，法官應協助轉介到其他機構；也有超過三分之一的法官認為法官是婚姻暴力防治者。在該次調查中，並未將「網絡參予者或領導者」之角色作

為選項之一，殊為可惜；但對照同份問卷中調查法官審理婚姻暴力案件的困難，發現有 58% 的法官認為缺乏轉介資源的資訊， 48.3% 的法官認為缺乏與其他單位溝通協調的管道（黃心怡， 2004）。雖然有接近七成之法官認同法官是轉介者，但卻有約一半的法官指出「缺乏資訊與管道」，此凸顯出法官對防治網絡各相關單位、機構之了解相當有限，亦欠缺通暢之溝通聯繫管道，而此是法院體系未參與轄區網絡合作所產生之困難結果。

綜合上述，我們對法院系統與法官在家庭暴力防治工作上可以有什麼樣的期待？雖然司法制度各國均有差異，但是司法之目標：確保被害人安全及讓加害人負起責任終止暴力，卻是相同的。我國家庭暴力防治法第一條之立法目的：防治家庭暴力行為及保護被害人權益，明白告訴我們國家對家庭暴力防治之政策目標。法官除了分配司法正義外，法官更要積極的發揮防治家庭暴力的功能。

司法是獨立的，但司法也是為民服務的，而司法最終之目的更是為解決社會問題的。因此，法官在捍衛案件之獨立審判權外，法院行政部分對於家庭暴力防治工作，應該扮演防治者、網絡參與者、推動者及教育者之角色，而法官在案件審理上，亦應注意資源轉介與被害人安全維護之功能。

第二節　實務狀況分析

有關法院實務與家庭暴力相關者主要包括民事保護令案件之審理及家庭暴力刑事案件之審理，以下分別說明之：

一、民事保護令案件之審理

（一）保護令核發件數成長迅速，駁回比率呈降低趨勢。

家庭暴力防治法施行後，民事保護令之聲請與核發案件均逐年增

表 13-1　民國 90 年至 92 年地方法院民事保護令聲請案件終結情形

終結情形／年度	終結件數		核發		駁回		撤回		其他	
件數（%）	件數	%	件數	%	件數	%	件數	%	件數	%
90 年	12,978	100.0%	8,403	64.7%	1,482	11.4%	2,865	22.0%	228	1.8%
91 年	14,513	100.0%	9,311	64.2%	1,477	10.2%	3,464	23.9%	261	1.7%
92 年	1,5943	100.0%	10,157	63.7%	1,566	9.8%	3,814	23.9%	406	2.5%

資料來源：司法院（民國 93 年），由作者整理製表。

加 [26]，而各地方法院民事保護令審理終結案件中，駁回聲請之比率則有逐年降低趨勢。在過去三年間，駁回比率由民國 90 年之 11.4%，民國 91 年之 10.2%，至民國 92 年降低至 9.8%（詳如上表 13-1）。如果扣除掉撤回聲請之案件 [27]，在法官進行審理與裁定之保護令聲請案中，法官最後裁定「駁回」之案件所佔之比例在民國 90 年至民國 92 年分別為：14.7%、13.4% 及 12.9%；亦即每一百件之聲請案中，扣除於過程中已撤回之案件數，約有七分之一至八分之一的案件會遭法官駁回，而其中又以通常保護令聲請案之駁回比率最高，而緊急性暫時保護令聲請案之駁回比率最低。

　　法官駁回的原因為何？作者未能發現司法院之相關統計說明，惟沈慶鴻與彭昭芬（2001）抄錄台北與士林地院計 425 份保護令裁決書，在 112 筆駁回案件中，歸納下列八點法院駁回保護令聲請案之原因：

　　1. 未依規定繳納費用（包括聲請費、送達費、郵資費等）。

---

[26] 請參閱本書第十四章第三節民事保護令制度實施情形。

[27] 有關撤回原因之探討，請參閱本書第十四章第四節：聲請與撤回民事保護令之相關因素。

2. 聲請書中未載明具體之事實。

3. 無優勢證據以證明繼續施暴，或有不法之侵害行為。

4. 在期限內未能補正相關資料。

5. 已離婚、分居、離家、或無再發生之事實，故無核發之必要。

6. 法律不溯既往（暴力行為發生在民事保護令實施前）。

7. 雙方互毆，無法證明相對人施暴行為，且聲請人隱瞞暴力行為。

8. 未能舉證為長期之暴力行為。

（二）保護令核發率雖高達八成五，但核發內容是否符合被害人之需求仍有疑問。

　　依據司法院之統計，在保護令審理終結案件中，扣除掉聲請人撤回之案件，法院核發保護令之比率在過去四年中均高達八成五以上[28]，但司法院之統計基礎係以聲請案件數為基準，並非以每件之聲請項目數為分析基準（舉例說明：如一件聲請案中，聲請人計聲請五項保護令內容—禁制令、遷出令、遠離令、子女暫時監護及給付令等，但法官審理終結，對該案僅核發禁制令一項，依據司法院之統計方法，亦歸納為核發件數），因此，高核發率並不表示被害人之需求也是高度被滿足。

　　當然，法官審理民事保護令，有其審酌之必要。依據司法院頒布之「法院辦理家庭暴力案件應行注意事項」—辦理民事保護令事件部分第十六點之規定，法院應斟酌加害人之性格、行為之特質、家庭暴力情節之輕重、被害人受侵害之程度及其他一切情形，選擇核發一款或數款內容最妥適之保護令。然針對法官之審理，有下列三個問題必

---

[28] 請參閱本書第十四章表 14-1，歷年家庭暴力案件通報與保護令聲請與核發統計。

須考慮：

第一，民事保護令之特色在於預防未來之侵害，然在司法院所訂之審酌項目中，缺乏明確規範對未來危險評估之考量，而這危險評估應包括對被害人在身體上及精神上所可能造成之傷害與恐懼。以前述沈慶鴻與彭昭芬（2001）所歸納出來之第五點駁回理由——已離婚、分居、離家、或無再發生之事實，故無核發之必要為例，依據 Kantor and Jasinski（1998）指出，親密伴侶分手初期是發生暴力最危險的時期，如果只因兩造已分手或分離，就認為無核發之必要，而未考量到未來之危險性，將會對被害人之處境造成很大之影響。

第二，法官審理過程，是否可建立「以案主為中心」之核發思維？在與被害人訪談中，一些研究指出，保護令核發之內容未能符合被害人之需求（沈慶鴻、彭昭芬，2001；王麗容，2003），並認為法官站在自己的立場去評論並不恰當，應考量的是相對人和聲請人的生活經驗而非是法官的生活經驗（沈慶鴻、彭昭芬，2001）。建立「以案主為中心」之核發思維，這樣的訴求對法官是一個挑戰，除了傳統之法律專業訓練外，相關的人文科學訓練必須強化，但這是司法系統必須思考的方向。

第三，法官依職權核發之主動性是否已發揮？依家庭暴力防治法及「法院辦理家庭暴力案件應行注意事項」之規定，法院核發保護令之內容，不受聲請人之約束，可核發聲請人所聲請之保護令，亦可依職權核發聲請人所未聲請之保護令。然於審理實務上，法官核發的傾向是依據聲請人聲請之項目，對於未聲請之項目，法官也傾向不核發（沈慶鴻、彭昭芬，2001）。這牽涉到聲請人當初聲請時是否確實瞭解保護令之內容，如果被害人在聲請當時並無警察或社工人員協助，或協助之人員解釋不清楚，那聲請書可能就無法反應被害者之需求，甚至填寫聲請書都產生困難（簡春安，2002）。在這樣的情況下，法

官在審理過程中，是否會依被害人及相對人陳述之情形，而依職權主動核發未聲請之保護令內容呢？這仍有待觀察。

（三）法院提供之保障，其落實度有待檢驗。

　　針對家庭暴力案件之特殊性，法院在審理保護令案件之程序中有一些特別的措施，以提供對被害人之保障，這些措施包括：（1）民事保護令事件不能夠調解或和解；（2）法院調查證據認為必要時，可以隔別訊問被害人和相對人；（3）法院審理民事保護令期間，宜聽取該管家庭暴力防治中心或社會福利機構社工員的意見；（4）法院不可以因為被害人和相對人（加害人）間有其他案件在偵查或訴訟，而延緩核發民事保護令；（5）法院應切實注意被害人或證人之出庭安全，必要時，得使被害人或證人先行離開法庭，或為其他保護被害人或證人安全的環境和措施。

　　實際上執行的情形如何呢？依據觀察，有部分法官考量保護令聲請人的安全，會根據聲請人或陪同家人、社工的請求，由聲請人先行離開，並留置相對人於法庭，避免相對人在離開法庭時對聲請人施暴。有時法官根據判斷，甚至會主動詢問聲請人是否需要先行離席，並請法警看管相對人，以避免相對人以上廁所等理由離開（張淑貞，2003）。但實務上亦發現，有法官會要求加、被害人和解；不理會被害人在法庭上之恐懼，而未採隔離詢問；拒絕社工人員的陪同或陳述意見；及拒絕被害人之請求，未對被害人之出庭與離去採任何安全措施等。所以法院所應提供之保障，在實務上落實之情形為何？仍有待檢驗。

二、家庭暴力刑事案件之審理

（一）刑事判決結果傾向低度刑。

　　家庭暴力刑事案件之審理，包括家庭暴力罪案件及違反保護令罪二大部分，而根據家庭暴力防治法第三條第二項之規定，所謂家庭暴力罪係指家庭成員間故意實施家庭暴力行為而成立其他法律所規定之犯罪，所以「家庭暴力罪」可說係一統整之罪名，而其內涵可以包括各類型之犯罪。

　　有關家庭暴力罪及違反保護令罪案件之判刑情形如何？依據司法院（2004）之統計，自家庭暴力防治法於民國 88 年 6 月 24 日全面實施至民國 92 年底，各地方法院裁判終結之家庭暴力罪案件計有 7,235 件、 8,359 位被告，而違反保護令罪案件計有 2,552 件、 2,590 位被告。而在家庭暴力罪之犯罪類型上，以傷害罪佔約八成五最多，其次為妨害自由罪。而在判刑之結果方面，除殺人罪及妨害性自主罪因刑法規定有較重之判刑結果外，佔最大宗之傷害罪，判有期徒刑以上之刑者未及五分之一，而其中絕大多數為六個月以下之有期徒刑，而判拘役及罰金等較輕度之刑罰所佔比率最高。另妨害自由罪之被告，判有期徒刑者不及五分之二，而與傷害罪案件相同，其中絕大多數為六月以下之有期徒刑，判拘役及罰金者亦超越一半（詳如表 13-2）。

　　另在違反保護令罪案件方面，處被告拘役與罰金者超過一半；處有期徒刑者僅佔約四成，而在這些案件中，絕大多數係處以六月以下有期徒刑（詳如表 13-2）。依據家庭暴力防治法第五十條之規定，違反保護令罪「處三年以下有期徒刑、拘役或科或併科新台幣十萬元以下罰金」，顯然法官對於違反保護令罪案件及家庭暴力罪案件之量刑傾向低度刑。

表 13-2　　地方法院違反家庭暴力防治法案件裁判結果

中華民國 88 年 6 月至 92 年 12 月

罪名別	被告人數總計	科　　刑 死刑或無期徒刑	科　　刑 一年以下有期徒刑	科　　刑 逾一年以上有期徒刑	拘役	罰金	無罪	不受理	其他
家庭暴力罪	8359	23	1633	376	2691	362	298	2883	93
	100.0%	0.3%	19.5%	4.5%	32.2%	4.3%	3.6%	34.5%	1.1%
妨害性自主罪	155	0	12	111	0	0	18	10	4
	100.0%	0.0	7.7%	71.6%	0.0	0.0	11.6%	6.4%	2.6%
殺人罪	203	23	22	136	0	0	15	12	1
	100.0%	11.3%	10.8%	67.0%	0.0	0.0	7.4%	5.9%	0.5%
傷害罪	7100	0	1280	94	2323	320	200	2800	83
	100.0%	0.0	18.0%	1.3%	32.7%	4.5%	2.8%	39.4%	1.2%
妨害自由罪	665	0	248	5	327	26	49	5	5
	100.0%	0.0	37.3%	0.7%	49.2%	3.9%	7.4%	0.7%	0.7%
其他	236	0	71	30	41	16	16	56	0
	100.0%	0.0	30.1%	12.7%	17.4%	6.8%	6.8%	23.7%	0.0
違反保護令罪	2590	0	1061	9	1288	86	76	31	39
	100.0%	0.0	40.9%	0.3%	49.7%	3.3%	2.9%	1.2%	1.5%

資料來源：司法院。

說明：每一格上列數字代表人數，下列數字代表百分比。

（二）違反保護令罪案件之處罰越來越輕，且絕大多數得易科罰金。

　　另作者試圖再分析跨年度之判刑結果是否有所差異時發現，在過去三年（民國 90－92 年）間，地方法院對違反保護令罪案件之被告，處以有期徒刑者之比率逐年降低，而處以拘役之比率則逐漸升高，至民國 92 年，違反保護令罪判刑確定之被告計 733 人，其中 57.6% 判處拘役，不到五分之二者判處有期徒刑（詳如表 13-3）。

表 13-3　民國 90 年至 92 年違反保護令罪裁判確定有罪人數分析

年度	總計		科　刑						免刑	
			有期徒刑		拘役		罰金			
	人數	百分比	人數	百分比	人數	百分比	人數	百分比	人數	百分比
90 年	453	100.0%	224	49.4%	207	45.7%	22	4.9%	0	0.0%
91 年	558	100.0%	238	42.6%	295	52.8%	20	3.6%	5	0.9%
92 年	733	100.0%	292	39.8%	422	57.6%	19	2.6%	0	0.0%

資料來源：司法院（民國 93 年）。

表 13-4　地方法院違反家庭暴力防治法案件裁判結果
──保安處分、緩刑、得易科罰金及累犯部分

中華民國 88 年 6 月至 92 年 12 月

類別	被告人數總計	保護管束	緩刑	得易科罰金	累犯
人數	2552	480	544	2232	277
百分比＊	100.0%	18.8%	21.3%	87.5%	10.9%

資料來源：司法院（民國 93 年）。

＊說明：一件案件可能有超過一個的裁判刑，故各分項之百分比合計超過
　　　　100.0%。

　　另檢視民國 88 年 6 月至民國 92 年底地方法院裁判結果有關保
安處分、緩刑、得易科罰金及累犯部分，發現接近九成（87.5%）之
被告，其所判之刑得易科罰金，超過二成之被告得予以緩刑（詳如表
13-4），因此，我們可以推論，因為違反保護令罪案件入監服刑者，
所佔比率相當的低。

（三）緩刑所附遵守事項傾向宣示性之禁制令，缺乏積極性之隔離及
　　　防治效果。

　　　依家庭暴力防治法第三十條之規定，犯家庭暴力罪或違反保護令

罪而受緩刑之宣告者，法院得命被告於緩刑付保護管束期間內，遵守下列事項：（1）禁止實施家庭暴力行為；（2）命遷出被害人之住居所；（3）禁止對被害人為直接或間接之騷擾、接觸、通話或其他聯絡行為；（4）命接受加害人處遇計畫；（5）其他保護被害人或其特定家庭成員安全或更生保護之事項。受保護管束人如不遵守時，情節重大者得撤銷緩刑。

　　然實際執行之情形如何？依據司法院（2004）之統計，於民國88年6月至民國92年底，宣告緩刑者計有544人（詳如表13-4），而法官於被告付保護管束期間內命應遵守事項者有433項（並非每一位付保護管束者均有命其應遵守事項），而所付之遵守事項中，以禁止不法侵害佔最多（69.7%）、禁止聯絡者次之（20.3%），而具有較大安全保障之強制遷出令僅發出18件，具有積極防治作為之處遇令僅有15件（詳如表13-5）。

表 13-5　地方法院違反家庭暴力防治法案件裁判結果
　　　　　─被告於緩刑保護管束期間內應遵守事項

中華民國 88 年 6 月至 92 年 12 月

裁判結果 案件別	合計	禁止不法 侵害	強制遷出	禁止聯絡	接受 處遇計畫	其他必要 保護措施
總計	433 100.0%	302 69.7%	18 0.4%	88 20.3%	15 3.5%	10 2.3%
家庭暴力 罪	149 100.0%	110 73.8%	3 2.0%	22 14.8%	9 6.0%	5 3.4%
違反 保護令罪	284 100.0%	192 67.6%	15 5.2%	66 23.2%	6 2.1%	5 1.8%

　　另針對違反保護令罪之被告，其已經有違反保護令之行為在先，係屬於高危險犯，而法官於緩刑宣告時，有三分之二係命其禁止不法侵害，缺乏實質隔離效果，被害人之安全處境根本無法受到保障。

（四）對於法院刑事庭在家庭暴力案件之審判，應有更多的關心與研究。

　　作者在實務界工作多年，發現有關涉及法院系統之會議或討論，絕大多數都集中在民事保護令案件之聲請與核發，而對於家庭暴力刑事案件之探討相當的少見；而法院體系參與討論之代表，亦集中在家事庭與民事庭之法官，刑事庭之法官也是罕見，似乎，各界對法院刑事審理在家庭暴力防治工作上之角色給輕忽了。

　　但由前述之分析，我們發現刑事庭法官的角色也是非常重要的，而家庭暴力行為犯罪化與防治工作法治化之理論基礎，即在於借重刑罰威嚇對家庭暴力行為之功能（Fagan, 1996; Buzawa and Buzawa, 2003），而此部分即需借重刑事審理之程序與結果。所以關心家庭暴力防治工作者，對於家庭暴力案件進入到刑事審判這一部分，應該多與關心與研究；另刑事庭法官亦應加強有關家庭暴力議題之訓練。

第三節　影響法官回應之相關因素

　　有關影響法官回應家庭暴力之相關因素中，法律因素是最重要者[29]，另外最常被探討的就是法官之認知與態度因素。本節將集中探討法官之認知與態度議題，介紹司法權控輪與司法激力輪，最後將探討我國法官態度之相關研究結果。

---

[29] 有關法律因素之探討，請參閱本書第十二章第三節：影響檢察官系統回應之相關議題。

（一）法官態度的重要性──美國麻州法庭之觀察研究

美國學者 Ptacek（1999）自 1992 年 12 月至 1993 年 8 月共九個月中，在麻州 Dorchester 及 Quincy 地方法院二個法庭上觀察了 18 位法官在庭上審理保護令之情形，Ptacek 將法官在保護令審理法庭上與被害婦女互動之態度，區分為五種類型：

良好型 禮貌的、親切的、支持的。良好型的法官對被害人而言是得到最佳的回應者，這類型的法官會以悅人的聲調、保持與被害婦女眼睛接觸，在經常是吵雜混亂的法庭中建立起一種人性的接觸，試圖去減弱因權力所造成法官與被害人互動間的社會距離。

官僚型 例行性、事務性、非人性的。官僚型法官的態度是介於非人性的邊緣，法官個人的投入減至最低，在法官外顯的行為上，表現像處理例行公事及情感中立，在與聲請保護令婦女的互動中，這類型的法官會維持最低限度的禮貌，但是並無情感。某些時候他們似乎是沒有耐心、匆促的或無聊的，偶而他們也會露出微笑，但大部分的互動中他們表現出沒什麼同情心。

訓示型 表現出道德權威。訓示型法官也許會禮貌的與婦女打招呼或再見，但他們缺乏對被害婦女的支持，表現出有限的耐心、嚴厲、或是期待婦女表現順從。不像官僚型法官被動的態度，訓示型法官會有積極的立場並且會強調他的權威。

嚴厲型 難應付的、令人討厭的、傲慢的。這類態度比訓示型及貶抑型要好一點，這類型態度的法官比較少見。

貶抑型 法官的權力表現出施恩於人或貶抑人的態度，貶抑型態度包含權威的審判標準表達。

在另一個法官態度研究中指出，當例行公事辦理及官僚型的舉止是法官最普遍的態度，有 78% 是屬於這一類（Mileski, 1971, 引自

Ptacek, 1999），而在對 Quincy 及 Dorchester 法院 18 位法官的觀察中，Ptacek 發現有 10 位法官是屬於良好型之態度，有 6 位，也就是三分之一的法官在與被害婦女互動中是表現官僚型態度。

而法官與相對人的互動表現出三種態度類型，最常出現的是訓示型，然後是官僚型及良好型（Ptacek, 1999）：

對相對人訓示型法官 與相對人互動時顯的積極，強調法庭上的權力，及強調相對人應該了解保護令的嚴重性以及法庭的權威。對相對人表現出訓示型態度的法官，絕大部分對婦女表現出良好型的態度。

對相對人官僚型法官 官僚型的態度可描述為缺乏感情、被動、無聊以及缺乏動力處理相對人，

官僚型法官不會認為自己應與相對人互動，絕大部分也不會利用情境處置來處理相對人，當他們對相對人說任何話時，總是情感中立語調溫和。

對相對人良好型法官 此類型法官對被害婦女態度嚴厲，但對相對人卻是熱情的。再者，對婦女表現出貶抑態度的法官，同時會對相對人表現出良好的態度。

法官態度在表現法律正義上有何重要性？ Gofferman（1968）指出，社會互動包括「儀式」與「實質」二個層面。核發一份禁制令、逮捕令、或令支付小孩扶養費等都是實質的互動行為，具有正式的官方記錄；而當法官在核發上述命令文書時，所顯示出來的同情或冷漠，就是行為的儀式意義。另外亦有學者區分刑事案件在法庭上之「實質處罰」（如罰金、判服徒刑或保護管束）及「情境處罰」（如警告、口頭譴責、訓示）（Mileski, 1971，引自 Ptacek, 1999）。我們瞭解，在法庭上，法官總是使用權力者，在每一個互動過程中，法官與其他人所擁有的權力都是不平衡的，而法官的態度就是指法官在法庭

上使用權力的方式。法官的權力不只是處罰被告，法官的權力還應該應用在幫助及激力當事人，法官權力對原告的影響並不會小於對被告的影響。當法官對婦女的態度顯然不同於對相對人的態度時，我們可以清楚的了解到其中隱藏的意涵。當相對人出現在庭上時，法官對被害婦女的態度會傳達訊息給相對人；相同的，法官對相對人表現的態度，被害婦女也會觀察並牢記在心，這是情境處置對相對人所帶來的效果。因此，法官如果善用其角色職務所擁有的絕對權利，對被害人顯示出同理的儀式性互動意義，而對相對人造成「情境處罰」，那法官態度在表現法律正義上之重要性就不言可喻了。

（二）法官的情感動力、司法權控輪及司法激力輪

　　Hochschild（1979）在他的情感社會學中，指出屬於情感動力者的職業包含三個特徵（引自 Ptacek, 1999）：

　　1. 必須與大眾面對面或聲音對聲音的接觸。
　　2. 工作者對相對者產生情感上的影響，例如令人感到感謝或害怕。
　　3. 允許雇主對被僱用者行使某種程度的情感控制。

　　依據 Hochschild 對法官的分析，法官（及律師）是屬於這類情感動力的職業，因為法官的責任包括與大眾接觸；而法官在法庭上確實會對犯罪者產生一些情感上的影響。

　　本書第三章介紹由明尼蘇達州杜魯斯 DAIP 方案所設計之權利控制輪，依照杜魯斯模式的要點，Ptacek（1999）提出圖 13-1 惡化受虐婦女處境之「司法權控輪」，對照左邊小輪裡呈現的杜魯斯模式權利控制輪主要元素，說明法官如何運用其情感動力，負面助長被害人之受虐處境，包括譴責或嚴苛的態度、忽視婦女的恐懼、法庭的脅迫恐嚇、惡化婦女的孤立處境、淡化否認暴力行為及怪罪被害者等，在有意無意間強化家庭暴力施暴者的權力，助長被虐婦女掉入受暴陷阱。

圖 13-1 惡化受虐婦女處境之司法權控輪（Ptacek, 1999）

忽視婦女的恐懼
在法院裡缺乏安全的等待空間和警察缺乏連結，人員訓練不足。

法庭的脅迫恐嚇
忽視法庭對受虐婦女的影響，階層和官僚化態度對待受虐婦女，未提供婦女相關法律權益的訊息。

忽視暴力造成的經濟問題
忽視婦女對孩子生活費用的需求、歧視領社會救助的婦女。

譴責或嚴苛的態度
威權、嚴苛或敵意的言論、種族歧視、對未婚婦女有偏見。

司法之權控

和施虐男性共謀
無意願懲罰施虐者、對施虐者顯現比婦女尋求保護來得更關心、以開玩笑或其他方式顯現和施虐者的連結。

惡化婦女孤立的情況
未提供倡導服務、對新移民婦女未提供語言服務、對身心障礙婦女未提供所需資源、欠缺社區資源連結。

忽視兒童的需要
未敏感到施虐者如何利用兒童控制婦女、未關心到兒童的安全、在法院裡沒為兒童安排適當空間。

淡化/否認/怪罪
淡化施虐者的暴力嚴重程度、表示暴力不曾發生、認為被虐是她自找的、讓婦女覺得自責、表示只是夫妻間的鬥嘴。

使用強制威脅

使用恫嚇脅迫

使用經濟剝削

權力與控制

使用情緒虐待

使用男性特權

使用孤立

利用小孩

淡化/否認/怪罪

　　相對的，Ptacek（1999）亦從正面提升的角度，摘要了一些有正面效益的司法回應，提出受虐婦女的「司法激力（empower）輪」（如圖 13-2），法官的態度是圖中重要的一部分，其中亦包括一些象徵性的支持，如透過語言傳達法院不容許暴力，在法庭內創造一個安全的空間讓婦女和子女能安心等待出庭，法官會關心受虐造成的經濟問題以及子女問題，以及和社區方案連結，以協助受虐婦女獲得更好的服務與支持力量。

圖 13-2　**受虐婦女的司法激力輪**（Ptacek, 1999）

因此，根據司法激力輪，法官在法庭上與家庭暴力當事人互動時，即應思考：

1. 言語上：如何說話、問什麼問題。
2. 姿態上：臉上的表情。
3. 空間安排上：在什麼地方、情境設計。
4. 投入狀況：除了事件本身外，是否關照個人。
5. 溝通的內容：充分說明權益與過程。

（三）台灣法官的態度研究

在黃心怡（2004）對台北等六個北台灣地方法院民事、家事法庭之120位法官進行調查，探討法官對婚姻暴力的態度，有下列發現：

1. 從態度整體量表分析，法官整體態度大致良好。
2. 在認知態度面向，多數法官已經沒有婚姻暴力迷思。
3. 在情感態度面向，部分法官並不樂意審理婚姻暴力案件。
4. 在行為態度方面，多數法官樂意在審理婚姻暴力案件時，對被害人表現出友善的態度。

而什麼因素對法官態度有顯著之影響呢？黃心怡（2004）指出，「審理婚姻暴力經驗」對法官婚姻暴力態度影響最大，其中沒有承辦過婚姻暴力案件之法官比有承辦過此類案件的法官有較正向之態度。另法官如接受相關訓練越多，及法官越能認知社會大眾對婚姻暴力存有負面觀念時，法官對於婚姻暴力之態度就會更趨正向。

相較於家庭暴力防治法未實施前，法官傳統抱持之「清官難斷家務事」看法、不積極介入之態度（葉麗娟，1996），黃心怡的研究指出法官對家庭暴力案件之態度已逐漸改善。在台灣法庭之觀察中，實務工作者亦舉出一些法官正面的態度，諸如：法官主動告知婦女法院

家庭暴力服務處資源、提供服務處宣導單張；法官會主動和社工人員討論個案合作方式，仔細評估婦女與子女的經濟需求，要求相對人應給予聲請人或子女合理的生活費用；有些法官會考慮聲請人之安全、主動回應婦女需求進行隔離詢問（設備），結束時並暫時留置相對人於法庭；另外除了聲請人聲請的保護令項目外，有些法官也會進一步評估聲請人的需求，主動考慮增加核發的項目（張淑貞， 2003）。

　　另外，實務工作者也發現一些法官深刻瞭解性別不平等對家庭暴力的影響，因此有些法官會在庭上主動說明任何一方無權以暴力控制另一方，強調兩性平等的觀念，對於相對人不合理的暴力理由，法官會予以制止澄清，甚至視需要鼓勵、支持聲請人在生活中有表達意願或拒絕的權利。而在對被害人之同理方面，有一些法官瞭解受暴婦女陳述受暴史時可能有的創傷反應，對於受暴婦女表達的恐懼、害怕、無誤或憤怒能夠理解，有耐心的等待婦女哭泣、或者幫忙婦女整理陳述內容，有時更會在言語上表達法官對受暴婦女的理解，例如：我知道你很難過，你在婚姻中受了很多委屈。有時也會視需要，請社工員陪同在聲請人身邊，或請社工員先行提供情緒支持再進行審理過程（張淑貞， 2003）。

　　我們期待上述正面態度能持續擴大，讓司法體系內的每一位工作者皆能受到影響，包括法院之主管、法官、書記官及不同職務之行政人員、法警等，均安排相關訓練課程，利用法院在社會中之超然地位，發揮社會影響力，表達出堅決反對家庭暴力之訊息，引導社會重建對家庭暴力之認知。

第四節　法院系統之防治政策

　　本節將介紹法院系統在防治家庭暴力工作上一些可行的政策與方

案，受限於作者的能力，主要的參考來源仍是以美國為主 [30]。作者
瞭解我國與美國的法律系統有很大的差異，但我國之法制系統亦正多
方吸收不同體系之精神，逐漸打破僵硬之框架，有朝綜合、混合之發
展趨向，其中「家庭暴力防治法」即是一個代表性立法。因此，我們
抱著保留各種可能性的想法，就設立特別法庭及被害人服務方案二個
政策方向，提出探討。

一、設立家庭暴力特別法庭，整合有關家庭暴力刑事、民事、家事及
　　保護令案件之審理。

　　家庭暴力特別法庭最早是在美國賓州費城開始設立，爾後包括洛
杉磯市、芝加哥市等許多地區之法院亦仿效設立，至今，美國已有超
過 200 個地區法院已經設立家庭暴力特別法庭，而且特別法庭的數目
一直都還在增加中（Karan, Keilitz and Derand, 1999）。

　　家庭暴力特別法庭係一個整合的法庭，處理民事保護令的審理及
家庭暴力刑事案件之審理，有些係以家事法庭（family court）為名，
有些係以家庭暴力特別法庭為名。設立家庭暴力特別法庭最主要有下
列三個原因（Buzawa and Buzawa, 2003）：

　　第一，家庭暴力當事人可能必須同時面對包含民事保護令之審
理、離婚案件之審理、民事損害賠償之審理、子女監護權之審理及刑
事告訴之審理（有可能又分傷害案件之審理及違反保護令罪案件之審
理）等，均分屬不同的法庭或法官，有不同的庭期，各式之要求與準
備，對於被害人、被害人家庭、甚至包括加害人在內的心理創傷、精

---

[30] 內政部家庭暴力及性侵害防治委員會曾派員赴德國考察，蒐集歐陸系統家庭
暴力防治之相關法制與實務運作資料，並翻譯德國聯邦家庭、老人、婦女暨青
少年部 1999 年之「聯邦政府遏止暴力對待婦女行動方案」，及 2000 年之「暴力
防治法」，有興趣者可參考。

神負荷、生活與工作安排及經濟成本等之影響，相當巨大。並且各法庭審理之結果也可能不一致、矛盾或是重複，對當事人而言，是一個非常沉重的負擔。

第二，由於美國於九〇年代面臨藥物犯罪及街頭犯罪案件之增加，近年來則面對恐怖活動的威脅，法院負荷相當的重，再加上家庭暴力案件數量也在成長，因此家庭暴力案件之審理即面臨資源限縮及等待審理時間拖長等困境。而由於家庭暴力再發率最高的時間是上次案件發生後一個月內，因此拉長審判等待期間，對被害人的安全保障造成很大的威脅。

第三，由於家庭暴力與其他犯罪有其特殊性，處理之法官與法庭人員必須有相關的訓練與認知。成立特別法庭，則可以使該法庭之法官與相關人員接受專業訓練，累積經驗，增加效能。

家庭暴力特別法庭的運作在各州有不同之方式，所處理之案件內容也有差異。例如肯德基州之傑佛森郡家事法庭（Jefferson County Family Court），推動「一位法官、一位職員、一個家庭」（One Judge, One Staff, One Family）方案，只要是同屬一個家庭之民事保護令、離婚、兒童虐待、父母監護及收養等案件，均由同一位法官審理，而每位法官配屬一位受過社會工作訓練的行政職員，負責整合社區內相關單位之資源，協助被害人取得支持性服務（Littel et al., 1998）。

另如紐約州各郡之家庭暴力特別法庭及華盛頓州克拉克郡家事法庭（the Clark County Domestic Violence Court）之運作則更為廣泛，將有關同一家庭之家庭暴力刑事案件、民事保護令案件、離婚案件及家事案件均由該特別法庭同一個法官處理，同時並結合社區內有關被害人扶助組織、兒童保護組織及加害人治療團體之資源，以讓法官充分掌握該家庭暴力案件之全般狀況，提升審判效率，並獲得較一致之結

果（Buzawa and Buzawa, 2003; Kleinhesselink, 2003）。

　　在台灣，同樣的我們也看到家庭暴力當事人為著一個家庭暴力問題，因循求不同的法律救濟途徑，而面臨身心俱疲之困境。就以民事保護令及離婚案件均繫屬家事法庭管轄為例，目前法庭事務分配上並未整合由同一法官審理。

　　在沈慶鴻與彭昭芬（2001, pp.117）的研究建議中，也曾提出我國在法律面「應思考保護令制度、家庭內傷害案件及離婚案件等三項法律程序或相關權益上，合併和銜接之可能性」。也許法院系統可以先由小規模之家事法庭作起，整合民事保護令與離婚案件之審理，未來視實施後之評估結果，擴大思考設立特別法庭或整合程序之可行性與必要性。

二、修正相關法律，讓法院內設立家庭暴力服務方案法制化與普及化

　　美國於刑事司法系統（包含警察單位、檢察單位及法院）設立被害人服務方案是非常普遍的措施，而針對家庭暴力案件，亦有一些特別之服務小組或服務方案，包括協助聲請保護令、出庭陪同、諮商輔導、資源轉介、協助申請補償、安排出庭時之兒童托育服務等，服務內容相當廣泛 [31]。國外相關服務方案實施情形，在國內關心人士之倡導下（如柯麗評，2003；高鳳仙，2003），已漸為各界所瞭解，爰在此，我們將針對國內實施情形及可能之發展方向，作一探討。

　　我國在 91 年 1 月 21 日於台灣士林地方法院設立全國第一個「家庭暴力事件聯合服務處」，該服務處由台北市政府出資委託現代婦女基金會辦理，士林地方法院提供場地（江幸慧，2003）。此設立模式建立後，嗣後於民國 92 年間快速發展，台北地方法院相繼於民國

---

[31] 有關司法系統被害人服務之詳細介紹，請參考本書第十二章第四節檢察體系之防治政策：二、加強被害人服務。

92 年 3 月成立、苗栗地方法院於民國 92 年 4 月成立、屏東地方法院於民國 92 年 6 月成立,台東地方法院於民國 92 年 7 月成立(高鳳仙, 2003);至民國 93 年,新竹市與新竹縣政府,亦委託民間團體於新竹地方法院設立家庭暴力聯合服務處,而其他一些地方法院也陸續評估與地方政府合作設立服務處之可能性(高鳳仙, 2003)。

　　法院設立家庭暴力聯合服務處,提供之服務項目包括法律諮詢服務、個案服務(提供被害人心理支持,了解被害人問題並評估其需求,擬定及進行處遇計劃)、轉介服務、法庭陪同服務、行政聯繫、一般諮詢服務及社區宣導與倡導等,其服務特色是提供便利性與整合式之服務,目的則是希望創造一個友善的司法環境,建構司法系統與家庭暴力防治網絡整合的工作模式(張淑貞, 2003)。

　　然於實務上,我們發現法院系統對於是否在法院設立家庭暴力服務方案,有其矛盾搖擺之處。例如,法院長官與司法行政人員最關心的就是設立類似的服務處所,是否會違背其「審判中立」與「司法公平」之最高指導原則(張錦麗, 2003a)?但另一方面,我們在法官與書記官之訪談中卻發現,實務上法官與書記官對服務處的社工員進駐法院是相當正面肯定的,認為發揮了安撫被害人、做為法院和當事人溝通的橋樑、連結社會福利資源,而且也具體提升了被害人保護令聲請書狀的品質,所以也有法官期待能擴充服務範圍至其他案件(如性侵害)(姚淑文, 2003)。

　　面對擔心「司法不公」與審理實務上對相關資源協助的渴求,這樣的一個矛盾情形,如何解套?美國司法系統內之被害人服務方案為何如此普遍且具正當性?最重要的原因係美國聯邦政府於 1982 年通過「被害人與證人保護法案」(Victim and Witness Protection Act)後,引導各州制定「被害人人權法案」(Victim's Bill of Rights),目前每一州均已制定相關被害人保護法案,規定犯罪被害人在法律上之權

益保障事項及司法機關應對被害人提供之服務事項，而這當然也包括
法院對家庭暴力被害人提供之資源轉介、個案服務、訴訟服務、兒童
臨托及諮商等。

　　反觀我國，在設立法院家庭暴力聯合服務處之過程中，依賴的完
全是婦女權益倡導者與婦女團體之熱心推動，參與的法院係因理念契
合、或可能是迫於外界壓力，而對於講求法律規定的司法系統而言，
設立這樣無法律規定的服務處，或多或少均會產生矛盾的不確定感。

　　我們認為法院確實有提供家庭暴力被害人服務之必要，因此，基
本解決方案是即刻修正「犯罪被害人保護法」[32]，增列司法系統必須提
供被害人的保護扶助事項，而此事項之提供可不限由法院、檢察署辦
理，亦可由法院、檢察署委辦或地方政府委辦之方式行之；如此，對於
家庭暴力被害人之服務，甚或是一般犯罪被害人之服務，均可關照，對
於被害人權之保障才有落實之可能。另考量家庭暴力案件之特殊性，
亦可在家庭暴力防治法中增列相關規定，此或許為一較簡捷之途徑。

---

[32] 目前「犯罪被害人保護法」之內容著重在重大暴力犯罪被害人或其家屬之金
錢補償，對於一般犯罪被害人之協助事項與權益保障事項，均未觸及，僅在第
三十條規定犯罪被害人保護機構應視人力、物力及實際需要，辦理下列業務：
（1）緊急之生理、心理醫療及安置之協助。（2）偵查、審判中及審判後之協
助。（3）申請補償、社會救助及民事求償等之協助。（4）調查犯罪行為人或
依法應負賠償責任人財產之協助。（5）安全保護之協助。（6）生理、心理治
療及生活重建之協助。（7）被害人保護之宣導。（8）其他之協助。然檢視法
務部之「犯罪被害人保護方案」之實施內容，發現就被害人保護扶助部分，績
效絕大多數是來自內政部家庭暴力及性侵害防治委員會所推動之各項措施，其
餘部分均無具體實施內容，當然就無落實之可能。

第五節　結語

在本章結束前，作者將引用幾位美國法官的話（引自 Ptacek，
1999），啟發我們的反省：

> 「在純粹法學理論中，法官的基本功能是判決事實，並且應用法
> 律在所發現的事實……當事實與家庭暴力有關，這些程序雖是不
> 能更動的，但法官和律師必須瞭解法官的功能多過下判決……法
> 官被期待要瞭解和同理兩造，在許多例子中，法官必須重新調整
> 兩造間的權力均衡狀態」。

> 「你要讓她們覺得你將會傾聽她們，她們就不會覺得受到法院的
> 壓力，因為多數人們發生家暴或性侵害案件……當她們走入法
> 院，她們會覺得失去力量，她們會非常緊張，非常在乎在法庭上
> 討論很隱私的議題。所以你能做的就是幫助她們放鬆，那麼你就
> 能聽到她們想要表達的內容」。

> 「我想要讓她知道我們非常認真的看待她的指控，我們會執行法律
> ……現在有激力（empower）的概念，我們是可以做一些努力的」。

法官最常抱怨的就是案件量負荷過重，案件一直成長，法官似乎
是家庭暴力防治法下的一個「受害者」；但法院系統如果對自我角色
之認知，仍限於僅是「裁判者」而非「社區問題解決者」，那可預期
的，法官的案量只會再增加。這幾年，一方面我們很高興看到法院系
統在家庭暴力防治工作上的逐漸進步；但另一方面，我們也期待法院
系統可以再有所突破，思考現行法院系統的回應，對達成防治家庭暴
力之效果是否理想？如果未臻理想，法院系統可以如何改善？而在維
護程序正義之原則下，法院如何增進被害人之服務措施？以及法院如
何領導與擅用網絡相關體系之力量呢？

第十四章
民事保護令制度

　　我國家庭暴力防治法制定時，民事保護令制度即為其中最重要的內容之一，在該法共五十四條條文中，與民事保護令有關之條文即有二十條（§9—§21、§35—§40、§52），顯見民事保護令制度在家庭暴力防治政策之重要性。爰在該法開始施行之初，政府與民間相關團體對於該法之宣導均著重在民事保護令制度之介紹，而實施近五年以來，民事保護令確實也成為家庭暴力被害人最常被介紹與鼓勵使用之救濟方式。

　　民事保護令制度係家庭暴力防治政策非常重要之一環，然目前國內有關民事保護令相關研究可說是相當缺乏，再加上此一法制係移植美國之制度（高鳳仙，1998），在國內實施之情形與成效為何？亟需學術界與實務界加以重視。本章將先介紹民事保護令制度，分析現行法律之規定內容與實施情形，接下來將探討民事保護令之成效與相關影響因素，最後再以目前之修法方向作為結語。

第一節　家庭暴力防治法制化與民事保護令制度

　　自 1960 年代家庭暴力議題受到女性主義者與婦女保護團體之關注開始，在往後三十年中，回應家庭暴力防治工作最大之改革即為家

庭暴力行為之「犯罪化」（criminalization），其主要目的是要藉由法律規範之效果，來防治家庭暴力行為發生，就如同法律對於一般暴力行為之處罰規定。但家庭暴力行為與一般暴力行為是否相同?在行為效果上他們是相同的，都是侵害了另一個個體的法益；但在行為本質與刑罰運用方面是有差異的（Fagan, 1996）：

1. 關係不同：家庭暴力被害人與加害人有深刻的感情連結。
2. 具私密性：家庭暴力發生在日常家庭生活中，不像發生在公共場所的一般暴力行為，缺乏外來的監督者或警衛者。
3. 發生比率高：家庭暴力發生的比率遠高於一般的暴力案件，因此無法只藉由法律的制裁或威嚇來控制家庭暴力的發生。
4. 法律威嚇之邏輯無法適用：法律威嚇之理論基礎在於假設人是理性思考的動物，其行為是經過風險評估後的選擇，但家庭暴力行為是長時間累積之定型行為模式，發生家庭暴力行為當時是無法做理性評估的。

　　由於家庭暴力行為的特殊性，家庭暴力行為犯罪化，其採取之策略主要可分為三個部分：（1）以刑事制裁威嚇加害人；（2）命加害人接受處遇；（3）民事保護令制度。其中民事保護令制度，對家庭暴力案件提供有別於傳統法律救濟途徑之民事保護制度，且由於刑事訴訟過程之繁瑣，在許多地方，民事保護令制度已成為家庭暴力案件法律制裁與保護被害人最主要的方式。以美國為例，民事保護令制度最早之起源為賓州 1976 年制定之「虐待保護法案」（The Pennsylvania Protection from Abuse Act），至八〇年代，各州均已相繼制定類似之法案（Klein, 1996）。民事保護令法案之制訂，除提供被害人立即之保護功能外，事實上，最重要的是其法律象徵性之功能（Chaudhuri and Daly, 1992），此項制度意味國家一改傳統不介入「家務事」之立

場，而以法律明定被害人得以受到保護之內容，彰顯出國家社會正視家庭暴力問題，並且以公權力積極介入，對強化家庭暴力防治工作，有其特殊意義存在。

家庭暴力案件之處理過程中，相較於警察逮捕或刑事訴訟程序，保護令制度是趨向於由被害人發動，且其較具時效性。它主要之特色為：

1. 在刑事制裁之外，提供另一種法律的保障
2. 強調被害人保護，以避免被害人遭受更多的傷害為關切之焦點。
3. 具時效性，可提供被害人立即性的減輕傷害。
4. 提供特殊且範圍廣泛之救濟內容，包括安全之維護、親情之維繫與經濟上之保障等。
5. 所要求之證據不似刑事案件之嚴格，尤其當被害人無充足證據打刑事官司時，或被害人因為本身的年齡、疾病、酒精、藥物依賴的影響，致使被害人在刑事訴訟過程中被視為是舉證力薄弱時，提供另一種保護被害人的途徑（Finn and Colson, 1990）。

第二節　民事保護令之內容與執行

依家庭暴力防治法第十三條第二項之規定，保護令區分為通常保護令與暫時保護令二種，復依據司法院民國 88 年訂頒之「法院辦理家庭暴力案件應行注意事項」之規定，在實務操作上，暫時保護令又區分為「一般性暫時保護令」及「緊急性暫時保護令」二種。以下僅就該三類型之保護令之內容、聲請、審理、送達、及執行等分別說明。

一、內容與聲請

（一）通常保護令

1. 救濟內容：

  （1）禁制令：

  a.禁止實施家庭暴力。

  b.禁止為騷擾、通話、通信或其他非必要之聯絡行為。

  （2）遷出令：命遷出住居所之驅逐令，法院於認有必要時，並得禁止加害人就該不動產為處分行為或其他假處分。

  （3）遠離令：命加害人遠離下列場所特定距離——被害人之住居所、學校、工作場所或其他被害人或其特定家庭成員經常出入之特定場所。

  （4）決定令：

  a.定動產之暫時占有權——決定汽、機車及個人生活上、職業上或教育上必需品之使用權。

  b.定對未成年子女之暫時監護權。

  c.定對未成年子女會面交往方式，必要時並得禁止會面交往。

  （5）給付令：

  a.命給付住居所之租金、扶養費。

  b.命給付醫療、輔導、庇護所或財物損害之費用。

  c.命負擔律師費。

  （6）防治令：命完成加害人處遇計畫——戒癮治療、精神治療、心理輔導或其他治療、輔導。

  （7）其他保護令：由法院斟酌加害人性格、行為特質、家庭暴力情節輕重、被害人受侵害程度等情狀，核發其他保護被害人及其特定家庭成員必要事項之保護令。

2. 聲請權人：

（1）被害人、檢察官、警察機關或直轄市、縣（市）主管機關
均得向法院聲請。

（2）被害人為未成年人、身心障礙者或因故難以委任代理人者
（依被害人當時之處境、精神狀況或身心狀況等，客觀上
顯難以委任代理人者，例如被害人身染重病），其法定代
理人、三親等以內之血親或姻親，得為其聲請。

3. 聲請時間及方式：以書面在上班時間向被害人住居所地、相對
人住居所地或家庭暴力發生地之地方法院聲請。

4. 效力：自核發通常保護令時起生效，有效期間為一年以下（由
法院酌定），但得聲請延長（延長之期間為一年以下，並以一
次為限）。

（二）暫時保護令

包括緊急性暫時保護令（家庭暴力防治法第十一條第一項但書）
及一般性暫時保護令。

1. 救濟內容：

（1）禁制令。

（2）遷出令。

（3）遠離令。

（4）其他保護令。

（以上四項內容均同「通常保護令」）

（5）決定令：

a.定動產之暫時占有權：決定汽、機車及個人生活上、職業上
獲教育上必需品之使用權。

b.定對未成年子女之暫時監護權。

2. 聲請權人：

　　（1）緊急性暫時保護令：檢察官、警察機關或直轄市、縣（市）主管機關均得向法院聲請，但被害人不得聲請。

　　（2）一般暫時保護令：與通常保護令同。

3. 聲請時間及方式：

　　（1）緊急性暫時保護令：以被害人有受家庭暴力急迫危險[33]之情形，方得聲請。可以書面、言詞、電信傳真或其他科技設備傳送之方式聲請，並得於夜間或休息日為之。

　　（2）一般性暫時保護令：未達急迫危險之情況，但仍具有現時之危險考量時，得向法院聲請，聲請方式與通常保護令同。

4. 效力：聲請人如僅聲請暫時保護令，而尚未聲請通常保護令，

---

[33] 依據家庭暴力防治法施行細則第六條之規定，是否構成「急迫危險」，應考量被害人有無遭受相對人虐待、威嚇、傷害或其他身體上、精神上不法侵害之現時危險，或如不核發緊急性暫時保護令，將導致無法回復損害等情形。

　　另外，內政部警政署亦於「警察機關防治家庭暴力工作手冊」中明列出下列六項情形，提供警察同仁於處理家庭暴力案件時，參考審酌是否被害人有遭受家庭暴力之「急迫危險」：

（1）加害人之暴力行為已對被害人造成身體精神上之重大侵害。

（2）當事人衝突情形無緩和之跡象，如不立即隔離加害人，被害人或家庭成員有遭受生命、身體或自由之危險存在。

（3）加害人經常利用器械或其他物品侵害被害人，至被害人有再度遭受侵害之虞者。

（4）加害人有長期連續施暴被害人，並有酗酒、施用藥（毒）品之習慣者。

（5）加害人曾以言詞、文字或其他方法恐嚇被害人不得報警或尋求協助者。

（6）被害人為十二歲以下之兒童、六十五歲以上之老人或殘障人士者，無能力保護自身安全，亦再度成為被害之對象者。

於法院核發暫時保護令後，視為原暫時保護令聲請人已有通常保護令之聲請，法院即應通知當事人雙方進行審理程序。

最後，關於保護令之聲請，需特別注意舉證問題。雖然有學者指出民事保護令事件之證據要求，應不似刑事案件之嚴格，而採優勢證據（preponderance of the evidence）法則，只要聲請人提出之證據較相對人所提出之證據較具可信性，或依兩造所提出證據看來，所主張之事實可能性較大即可（高鳳仙，1998）。但於實務上發現，於聲請時如能檢附相關之資料或證明文件，法官審理之時效與核發之款項內容，將會更符合聲請者之需求（有關聲請各款保護令建議檢附之資料，請參考表 14-1）。

二、審理

保護令事件之審理是不公開的，法院於審理終結前，得聽取直轄市、縣（市）主管機關或社會福利機構之意見。另保護令事件一經提出，法院不得進行調解或和解；於法院審理過程中，如保護令之聲請人或被害人要求保密被害人之住居所，法院應以秘密之方式訊問，且應將該筆錄及相關資料密封，禁止閱覽。關於保護令之裁定，除有特別規定外，得為抗告。

三、送達

（一）緊急性暫時保護令

法院於四小時內核發之緊急暫時保護令，除當面交付聲請人外，得以電信傳真或其他科技設備傳送至家庭暴力發生地之警察機關。

（二）通常保護令及一般暫時保護令

法院應於核發後二十四小時，發送當事人、被害人、家庭暴力發生地警察機關及直轄市、縣（市）政府。

表 14-1　聲請民事保護令應注意事項

必備資料：

一、每一聲請案件均需提出戶籍資料（被害人與加害人具有家庭成員關係之證明）。

二、如係屬事實上之夫妻關係、家長家屬或家屬間關係者，儘可能提出可證明有上
　　開關係之資料。

保護令內容	建議應檢附之資料或證明文件	備註（說明）
一、禁止相對人對於被害人或其特定家庭成員實施家庭暴力。	1.其他特定家庭成員與加害人其有家庭成員關係之戶籍資料。 2.曾有家庭暴力之相關事證資料，如照片、傷單、錄音帶及譯文。	1.提供法官認定家庭成員關係。 2.提供法官認定家庭暴力行為事實。
二、禁止相對人直接或問接對於被害人為騷擾、通話、通信或其他非必要之聯絡行為。	被害人曾騷擾或不欲與加害人聯絡之事證資料。	提供法官認定有無禁止聯絡必要。
三、命相對人遷出被害人之住居所，必要時並得禁止相對人就該不動產為處分行為或為其他假處分。	希望加害人遷出之住居所相關資料，如戶口名簿、建築物所有權狀等。	提供法官認定有無命加害人遷出、應遷出之住所為何及有無禁止不動產處分或假處分之必要。
四、命相對人遠離下列場所特定距離：被害人之住居所、學校、工作場所或其他被害人或其他特定家庭成員經常出入之特定場所。	1.希望加害人遠離之場所地址、種類，請一一列出，並且說明是被害人或家庭成員必須經常出入的。 2.希望加害人遠離之距離（公尺或區域）及其相關事證資料。	1.里程數遠近或區域大小，法官會視個案決定，如能提供詳盡資料，將便利法官裁定。 2.如加害人不知被害人現住處所，似不宜聲請遠離令，否則易使保密中之住居所曝光。
五、定汽、機車及其他個人生活上、職業上或教育上必需品之使用權，必要時並得命交付之。	1.聲請狀內應載明應交付之特定物品名稱、數量等，愈具體愈好。 2.如汽、機車，需提出「使	1.提供法官核發保護令書寫資料之依據。 2.提供法官查明汽、機車之

	用執照影本（或車籍登記資料）及被害人之駕駛執照影本。	權利歸屬及被害人能否使用。
六、定暫時對未成年子女權利義務之行使或由當事人之一方或雙方共同任之、行使或負擔之內容及方法，必要時並得命交付子女。	協請社工調查或提出本社工員「訪視會談記錄表」或「個案資料表」。	提供法官判斷是否核發暫定親權令。
七、定相對人對未成年子女會面交往之方式，必要時並得禁止會面交往。	若子女年齡太小，可於書狀中提出希望會面之時間（如長短、次數等）；或相對人有慣性施暴情形，可於書狀中建議相對人宜先接受親職教育或相關處遇治療後始得會面。	提供法官裁定之參考。
八、命相對人給付被害人住居所之租金或被害人及其未成年子女之扶養費。	1.提供租賃契約、子女教育費、補習費、保母費等單據證明。 2.提供相對人財力證明或列出相對人以前支付家庭費用數額。	1.提供法官裁定相對人應給付租金等數額。 2.提供法官判斷相對人給付扶養費能力。
九、命相對人交付被害人或特定家庭成員之醫療、輔導、庇護所或財物損害等費用。	提出具體花費金額單據、財物損害金額及證明文件等。	俾便法官裁定加害人應付金額。
十、命相對人完成加害人處遇計畫。	提供相對人曾經就醫記錄或疾病史資料。	俾便提供法官裁定處遇計畫參考。
十一、命相對人負擔相當之律師費。	提出實際花費金額單據或證明。	俾使法官的酌定相對人給付金額。
十二、命其他保護被人及其特定家庭成員之必要命令。		

資料來源：內政部宣導資料。

四、執行

（一）保護令之執行

　　保護令之執行由警察機關為之，但關於金錢給付之保護令，得為執行名義，向法院聲請強制執行。有關警察機關之執行方式如下（內政部警政署，1999）：

1. 警察分局接獲法院核發之保護令，除有關金錢給付之保護令外，應由家庭暴力防治官通報分駐（派出）所指派轄區員警或適當人員執行。
2. 執行保護令，必要時得通知被害人協助或引導執行。
3. 執行保護令，對保護令所列禁止行為及遵守事項，應命相對人確實遵行。
4. 保護令命相對人遷出被害人之住居所時，應確認相對人遷出之行為，並已交付被害人全部之鑰匙，確保被害人安全占有住居所。
5. 依保護令執行命相對人交付汽、機車或其他個人生活上、職業上或教育上之必需品時，由被害人指明標的物所在地，命相對人交付之。相對人拒不交付者，得強制取交被害人，但不得逾必要之程度。
6. 保護令執行完畢，應製作「保護令執行記錄表」，並將第一聯交予被害人。
7. 警察機關發現或經舉報有違反保護令罪之嫌疑者，應即進行調查，並依調查結果檢具事證移送管轄之地方法院檢察署偵辦。

　　依上述之規定可知，警察機關在接獲法院核發之保護令後，即應依保護令之內容主動派員執行，無須由被害人向警察機關申請執行，以確保保護令確實被執行。另雖然法官已核發遷出令與遠離令，但有

時被害人受到加害人之脅迫或者是求情，會同意加害人暫不遷出或遠離，致使民事保護令之效果大打折扣。因此家庭暴力防治法第十六條特別明定，遷出令與遠離命不因被害人同意相對人不遷出或不遠離而施其效力。而如果有涉及違反保護令罪之情事發生，因已涉及刑事案件，無論是警察機關主動發現或經被害人或他人之舉報，警察機關均需立即進行調查、偵辦，如此保護令之威嚇效果方可發揮。

（二）聲明異議

當事人或利害關係人對於警察機關執行保護令之內容有異議時，得於保護令失效前，向原核發保護令之法院聲明異議。

五、違反保護令罪

違反保護令罪係指違反法院依家庭暴力防治法第十三條、第十五條所為之下列裁定者：

1. 禁止實施家庭暴力行為。
2. 禁止直接或間接騷擾、接觸、通話或其他聯絡行為。
3. 命遷出住居所。
4. 遠離住居所、工作場所、學校或其他特定場所。
5. 命完成加害人處遇計畫：戒癮治療、精神治療、心理輔導或其他治療、輔導。

所以，依據家庭暴力防治法第五十條之規定，違反禁制令、遷出令、遠離令及防治令者，方構成「違反保護令罪」，處三年以下有期徒刑、拘役或科或併科新台幣十萬元以下罰金；違反其餘各款保護令者，並未構成「違反保護令罪」，當然亦無處罰規定。實務上發現，如此規定對於保護令之落實執行，有相當不利之影響，因目前警察人員執行保護令遭遇最大之困難即在於執行法院核發交付物品之保護令

及交付未成年子女保護令兩部分，警察人員對於以各種理由或方式拒不交付之相對人，並無法律處罰之規定，造成執行上之困擾甚大。

第三節　民事保護令制度實施情形

一、聲請與核發

（一）聲請與核發案件逐年大幅成長

家庭暴力防治法在民國 88 年 6 月 24 日全面施行以來，至今已近五年，自該法實施後，政府各相關部門受理之家庭暴力案件數均呈現逐年成長，依內政部之統計，家庭暴力防治法實施以來，民國 89 年全國各縣市政府家庭暴力防治中心共接獲家庭暴力案件通報數為 28,22 件，民國 90 年為 34,348 件，民國 91 年為 36,120 件，民國 92 年則增加為 42,034 件，在四年中成長近 50%。而在此逐年增加之通報案件中，依法聲請保護令之案件亦呈現逐年成長，自民國 89 年之 10,399 件，至民國 92 年增加為 15,752 件，四年中成長比例為 51.6%，與家庭暴力案件通報件數有相當一致之成長比率。同時，各法院核發之保護令件數亦呈相當比例之成長，於民國 92 年並已突破一萬件。另每年之民事保護令核發率[34] 大約在八成五左右（詳如表 14-2）。

---

[34] 有關核發率計算之問題，請參閱本書第十三章第二節—民事保護令事件之審理。

表 14-2　民國 89 年至 92 年家庭暴力案件通報與保護令聲請與核發統計

年度	各法院新收保護令聲請件數		各法院保護令案件終結件數		各法院核發保護令件數		核發率*
	件數	百分比	件數	百分比	件數	百分比	百分比
89 年	10,399	100.0%	10,514	100.0%	7,038	100.0%	88.0%
90 年	13,197	126.9%	12,978	123.4%	8,403	119.4%	85.0%
91 年	14,694	141.3%	14,513	138.0%	9,311	132.3%	86.3%
92 年	15,752	151.5%	15,943	151.6%	10,157	144.3%	86.6%

資料來源：內政部（民國 93 年）與司法院（民國 93 年）。

＊核發率＝核發件數／（核發件數＋駁回件數）× 100%

(二)核發款項以禁制令及遠離令最多，經濟給付令與加害者處遇令偏低

依據司法院之統計顯示，民事保護令案件真正核發之保護令內容以禁制令、遠離令、未成年子女暫時監護令及遷出令最多，以家庭暴力防治法有關民事保護令章自民國 88 年 6 月 24 日正式施行起至民國 92 年底為例，各地方法院共核發 37,209 件、94,671 款項之保護令，其中核發之保護令款項中，「禁止不法侵害」之保護令內容佔最高之比率，在全般核發之保護令件數中，有 99.5% 之案件有核發此款保護令；其次為「禁止聯絡」（87.0%），再其次為「強制遠離」（36.5%）；另「強制遷出」及「強制遷出並禁止不動產處分」此兩款項合計佔 7.5%（詳如表 14-3）。而其他屬於經濟給付、未成年子女之會面交往、以及加害人之處遇令等之保護令，核發比率偏低，均不及 5%。

若以各類型之民事保護令分析，我們可以發現在緊急性暫時保護令中，「強制遠離」這一款保護令有特別高之核發比率（56.7%），若再加上同具有隔離作用之「強制遷出」及「強制遷出並禁止不動產處分」此兩款保護令內容，合計超過七成（72.7%），此顯示在緊急性案件中，法官會較傾向令加害人遷出或遠離被害人，以保護被害人的安

全（詳如表 14-3）。

表 14-3　地方法院民事保護令核發情形

（中華民國 88 年 6 月至 92 年 12 月）

保護令類別	核發件數	合計*	終結事件中准許核發保護令內容（項）												
			禁止不法侵害	禁止聯絡	強制遷出	強制遷出及禁止不動產處分	強制遠離	使用權歸屬	未成年子女權利義務行使與負擔	未成年子女會面交往	租金與扶養費給付	醫療及財物等費用給付	強制加害人治療與輔導	負擔律師費	其他必要之保護令
總計	37,624	94,671	37,471	32,755	1,178	1,689	13,764	945	3,078	742	1,018	111	1,250	104	566
	100.0%		99.5%	87.0%	3.1%	4.4%	36.5%	2.5%	8.1%	1.9%	2.7%	0.2%	3.3%	0.2%	1.5%
通常	25,379	65,842	25,267	21,843	940	1,232	10,095	691	2,374	737	1,013	111	1,249	104	186
	100.0%		99.5%	86.0%	3.7%	4.8%	39.7%	2.7%	9.3%	2.9%	3.9%	0.4%	4.9%	0.4%	0.7%
一般暫時	11,148	25,743	11,111	9,940	175	343	3,047	201	554	4	5	0	0	0	363
	100.0%		99.6%	89.1%	1.5%	3.0%	27.3%	1.8%	4.9%	0.1%	0.1%	0%	0%	0%	3.2%
緊急暫時	1,097	3,086	1,093	972	63	114	622	53	150	1	0	0	1	0	17
	100.0%		99.6%	88.6%	5.7%	10.3%	56.7%	4.8%	13.6%	0.1%	0%	0%	0.1%	0%	1.5%

資料來源：司法院（2004）。

＊每一件民事保護令可包含一款或一款以上之內容，故保護令內容款項合計數會大於件數。

（三）緊急保護令未能於四小時內核發，通常保護令核發等待時間亦長

另由於民事保護令有其時效之要求，尤其當被害人處於危急之狀態時，保護令應儘速核發，對被害人之安全才有所保障。故家庭暴力防治法中規定，緊急性暫時保護令提出聲請後，依警察人員到庭或電話陳述家庭暴力之事實，有正當理由足認被害人有受家庭暴力之急迫危險者，除有正當事由，法院應於四小時內以書面核發緊急性暫時保護令。雖然家庭暴力防治法中對於通常保護令及一般性暫時保護令之核發，並無時限之規定，但以被害人之立場，絕對是希望保護令能儘速核發。

我們檢視近四年來各地方法院核發保護令之平均結案日數，發現緊急性暫時保護令之結案日數由民國 89 年之 5.69 日，逐年縮短，至民國 92 年為需 2.46 日，但與法定之四小時仍有很大之距離。另通常保護令審理之日數仍需約一個半月，一般性暫時保護令則約為二至三星期（詳如表 14-4），此顯示被害人等待保護令核發時間頗長。

表 14-4　民國 89 年至 92 年地方法院民事保護令案件平均結案日數

單位：日

年度	通常保護令	一般性暫時保護令	緊急性暫時保護令
89 年	46.57	22.59	5.69
90 年	44.36	18.22	4.65
91 年	47.70	16.50	2.93
92 年	45.22	17.43	2.46

資料來源：司法院（民國 93 年）。

二、違反保護令罪情形

雖然保護令是許多家庭暴力被害人的希望，也是家庭暴力防治法中對被害人提供最具體、經濟及週全的保護制度，但保護令核發後，

是否相對人（亦即加害人）就會遵守保護令的內容呢？依據法務部（2004）及司法院（2004）之統計，自民國 90 年至民國 92 年，每年違反保護令罪案件被起訴者分別為 692 件、647 件及 596 件；而被判刑確定之案件數分別為 453 件、558 件及 733 件（詳如表 14-5）。若與當年核發之保護令案件數（如表 14-2）相較，顯示出違反的情形似乎尚不嚴重，但依據研究發現，家庭暴力有極高之犯罪黑數（Dobash and Dobash, 1979; Walker, 1979），而違反保護令之案件亦同樣有相當高之黑數（Buzawa and Buzawa, 2003），因此，表 14-5 之官方統計可能只反應出少部分之狀況，實際違反情形仍是未知。

表 14-5　民國 89 年至 92 年違反保護令罪案件起訴與裁判統計

年度	起訴件數	裁判確定件數
90 年	692	453
91 年	647	558
92 年	596	733

資料來源：法務部（民國 93 年）與司法院（民國 93 年）。

第四節　聲請與撤回民事保護令之相關因素

一、聲請民事保護令之相關因素

依法可以聲請民事保護令之機關或個人之來源頗多，在實務上保護令絕大多數是由被害人具名為聲請人[35]，其次為警察機關，直轄

---

[35] 在實務運作上，多數之保護令聲請案均係警察機關協助被害人聲請，但許多警察機關在聲請書上填具之聲請人係以被害人為聲請人，而非以警察機關名義聲請。究其原因，大多係因為警察為避免法官傳喚出庭，或者係方便被害人將來欲撤回時可自行至法院撤回，無須再透過警察機關撤回所致。

市、縣（市）主管機關及檢察官所佔比例均相當少（詳如圖 14-1）。

　　接下來我們要探討，在什麼情況下被害人會聲請保護令？美國學者 Keilitz et al.（1997）訪問 285 位到法院聲請民事保護令之家庭暴力被害婦女，結果發現絕大多數的聲請者均遭受身體上之傷害，其中超過一半（54.4%）是屬於嚴重的傷害。但只有少數的被害人於受到傷害後立即聲請保護令，超過四分之一的被害人忍受傷害的時間超過五年。國內學者沈慶鴻與彭昭芬（2001）深入訪談台北市 22 位聲請保護令之被害婦女，其指出被害婦女聲請保護令之心理機制包括：對暴力行為無法再忍受、已對孩子身體、心理上造成傷害、對施暴者改變的期待落空，以及遭遺棄有家歸不得等。由以上的分析可發現，保護令似乎是被害人在忍受暴力多時，最後為求生存或捍衛自身安全才採取的一項求援機制。

　　而有權聲請之機關、單位為被害人聲請保護令時考量的因素是什麼？依據作者對警察人員的調查研究結果，警察人員為被害人聲請民事保護令主要之考量因素依重要性排序分別是：加害人威脅程度、被害人之意願、證據、被害人受傷程度、加害人之態度、被害人家屬之意見、及加、被害人之婚姻狀態（王珮玲，2003a）。另依據王秋嵐（2000）訪問九位警察人員探討警察人員為被害人聲請緊急性暫時保護令之考量因素為何？研究發現警察人員聲請緊急性暫時保護令時，會考量家暴的歷史、受傷是否嚴重、是否使用武器、加害人之脅迫程度、加、被害人是否同居在一起以及當事人之心理狀態。

圖 14-1　民事保護令聲請人別分析

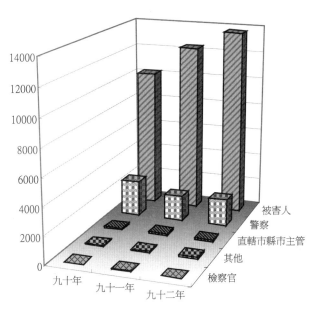

二、撤回民事保護令聲請之相關因素

　　然在另一方面，保護令經聲請後卻有頗高的撤回率。依據司法院
（2004）之統計，以民國 88 年 6 月至民國 92 年 12 月間為例，保護
令撤回案件佔全部終結案件之 23.1% ，亦即接近每四件保護令終結
案件中，即有一件撤回；而在三類型之保護令聲請案件中，以通常保
護令有最高之撤回比率（26.9%），其次為一般性暫時保護令
（14.3%），緊急性暫時保護令案件撤回之比率最低（1.9%）。

　　撤回保護令聲請之原因為何？依美國學者 Zoellner et al.（2000）
追蹤 65 位聲請暫時保護令之家庭暴力被害婦女後發現，不到一半的
婦女會完成永久保護令（final protection order）核發之法律程序。有兩
個主要原因影響被害婦女是否完成聲請：第一，如果被害婦女感受到

加害人愈多的威脅，那完成聲請的可能性就會愈高，但如果加害人威脅傷害小孩的話，那被害婦女就較有可能放棄聲請。另一個影響原因是被害婦女對加害人情感依附的程度，情感依附程度愈高，完成聲請的可能性就愈低，而被害人之教育程度或年齡並無顯著之相關。另學者 Fernandez et al.（1997）亦有同樣之發現，指出被害婦女愈依賴其施暴者，那麼被害婦女會愈早放棄保護令之聲請。但在他們的研究中卻有不同於 Zoellner et al.（2000）之發現，若被害婦女遭受的暴力經驗愈嚴重，那被害婦女反倒不會堅持完成保護令之聲請，依據 Fernandez et al.（1997）之看法，認為已經遭受嚴重暴力經驗的婦女，在長期暴力的循環中（cycle of violence），已經有所謂的「習得無助感」（learned helplessness），因此在保護令之聲請過程中產生退縮的現象。

　　而依據 Harrell and Smith（1996）的研究指出，約五分之三已獲得暫時保護令之婦女會回到法庭要求核發通常保護令。婦女不繼續要求核發通常保護令的理由包括：施暴者已停止施暴、施暴者施壓要被害人撤回聲請保護令、以及被害人害怕加害人之報復。其他影響被害人的因素還包括年紀（年紀大的被害人比較會堅持繼續聲請）與種族；但教育程度、就業狀況、是否擁有孩子、是否與加害人分居、兩人關係的長短，暴力的程度等因素都無明顯之關係。

　　國內尚無相關研究探討家庭暴力被害人撤回保護令聲請之原因，但依據沈慶鴻與彭昭芬（2001）抄錄台北地院與士林地院保護令聲請案卷宗，分析撤回狀所陳述之理由，發現多半的撤回狀中並未敘明理由，惟在有陳述理由之資料中，歸納出下列幾項撤回的原因：已協議離婚、已和解（願意給相對人改過的機會）、相對人已搬出、相對人未再動手、相對人服刑中，以及因為保護令審理將傳訊子女，怕父親報仇故撤回等。就前述撤回狀中所述之原因，我們看到被害人陳述之理由大都係因加害者施暴之危險已解除故撤回，不過值得關心的是，

在被害人撤回聲請保護令的過程中，加害人是否對被害人施以威脅？或被害人與加害人正處於家庭暴力循環中之「蜜月期」？待被害人撤回後，加害人是否故態復萌？被害人再遭施暴之情況如何呢？這些都是未來相關研究可以探討的。

第五節　民事保護令之成效評估

保護令核發後，其成效如何？雖然在家庭暴力案件中，聲請民事保護是被害者最經常使用的救濟方式之一，但令人驚訝的是，有關保護令成效之相關研究卻相當的少。美國學者 Carlson and Susan（1999）回顧相關文獻，發現至當時，只有累積五個相關研究是探討保護令成效者（作者目前已發現有七個相關研究，如表 14-6）；而作者檢視國內之相關研究，亦發現至今僅有三個相關之研究，以下僅就該些研究發現加以回顧分析。

依據 Harrell et al.（1993）之看法，評估保護令之成效應包含下列四個面向：（1）再發生暴力之情形；（2）保護令執行之情形；（3）被害人對保護令之評價及感受；（4）加害人對保護令約束效果之感受。而評估之方式包括警察報案記錄（Harrell and Smith, 1996; Klein, 1996; Keilitz et al., 1997; Carlson and Susan, 1999; Holt et al, 2002）、法院記錄（Harrell and Smith, 1996; Klein, 1996; Keilitz et al., 1997; Carlson and Susan, 1999）、被害人自陳再受害之經驗（Grau et al., 1985; Chaudhuri and Daly, 1992; Harrell and Smith, 1996; Keilitz et al., 1997）及加害人自陳施暴之情形（Harrell and Smith, 1996）。

在國外相關之研究當中，有關保護令之成效呈現不一致之結果，保護令核發後（二個月至二年間）被害人再度遭受暴力之比率從13.5% 至 56%（詳如表 14-6），其中之差異可能是來自於資料來源之

表 14-6　國外有關民事保護令成效研究之分析

研究者	資料來源	追蹤時間	結果發現
Grau et al., 1985	調查 270 位被害婦女，其中 89 位擁有保護令。	追蹤保護令核發後四個月內。	有保護令之被害人有 56% 再遭暴力之經驗；無保護令之被害人中有 59% 有再遭暴力之經驗。發現擁有保護令對是否再遭暴力並無顯著之影響。
Chaudhuri and Daly, 1992	深度訪談 30 位獲得暫時保護令之婦女。	追蹤保護令核發後二個月內。	20 位被害人（67%）表示加害人未再施暴。
Harrell and Smith, 1996	1.調查訪問 355 位擁有保護令之被害婦女。 2.調查訪問 142 位之加害人。 3.蒐集法院與警察機關之記錄。	保護令核發後，於三個月後實施第一次追蹤調查；一年後實施第二次追蹤調查。	1.有 29% 之被害婦女再遭到嚴重之暴力。 2.有 24% 之被害婦女再遭受輕微之暴力。 3.於禁止接觸之保護令中，有 75% 之加害人違反，包括有 52% 之婦女表示加害人曾打電話，21% 表示曾遭加害人跟蹤，也有 21% 之婦女表示加害人曾違反遷出令再回到家中來。 4.有 57% 之被害人表示曾遭加害人之心理虐待。
Klein, 1996	蒐集 663 位加害人（已遭核發保護令者）後續之警察記錄與法院記錄。	追蹤二年。	1.有 48.8% 之加害人在保護令核發後二年內有再施暴之情形。 2.有 34% 之加害人因違反保護令被逮捕。 3.有 14% 之加害人因施暴之新案件，再度被核發保護令。 4.加害人在保護令核發後之初期再施暴之比例比較高，時間愈久，再施暴之比例會降低。
Keilitz et al., 1997	調查訪問 285 位聲請保護令之被害婦女。	追蹤六個月。	1.有 65.3% 之婦女表示未再遭加害人任何肢體或精神上之暴力。 2.未遵守保護令之情形包括：8.4% 有肢體暴力，12.6% 有精神暴力，8.4% 回到家中，且有 7.2% 跟蹤被害人。
Carlson and Susan 1999	蒐集 210 件婦女遭家庭暴力聲請保護令案件之法院資料與警察記錄。	蒐集保護令核發前二年之記錄，並追蹤核發後二年之記錄資料。	保護令核發兩年後，再度施暴之比率為 23%，與核發前二年（68%）之狀況比較，施暴情形降低 66%。
Holt et al, 2002	蒐集 2,691 件婦女遭家庭暴力聲請保護令案件之警察記錄。	六個月後實施第一次追蹤，一年後實施第二次追蹤。	有 13.5% 之婦女因再遭肢體暴力、有 12.3% 之婦女因再遭精神暴力而向警察報案。

註：本表係作者自行整理。

不同。在以被害人之自陳被害經驗作為分析之基礎時，被害人有較高之再受害比率（例 Grau et al., 1985; Harrell and Smith, 1996）；但如以官方之資料（如警察或法院之記錄）作為分析基礎時，顯然有較低比率之再受害經驗（例 Holt et al, 2002），此一方面顯示出被害婦女因加害人違反保護令情形向警察報案者，可能有相當程度之黑數存在；另一方面也提醒我們必須注意資料來源之差異性。

　　而在國內之相關研究方面，目前作者僅發現三份相關之研究報告，但此三項研究僅以一至二個問項來探討被害人對保護令之感受，對於加害人再施暴之情形、頻率、嚴重性及相關影響因素等均未探討。沈慶鴻與彭昭芬（2001）深度訪談台北市 22 位聲請保護令之被害婦女，有 5 位（23%）表示加害人有違反保護令罪之行為出現；另王麗容（2002）與王珮玲（2003a）之研究中，僅問及被害人保護令核發後加害人再施暴之情形是否減少、相同或是更嚴重？而分別有 74.5% 及 64.5% 之被害人表示加害人暴力情形減少（詳如表 14-7），然「暴力情形或次數減少」並無法確實指出被害人有再度遭到暴力之比率。

　　另在進行保護令成效之研究上發現，國外之研究大部分均追蹤個案發展情形至一年或一年以上（如表 14-5），此乃為探索再被害比率及進行相關比較分析所必須設計之研究期間，然國內之相關研究並無如此之設計，且在分析資料之來源上亦無多方吸收官方記錄資料，故在探討保護令之成效上，國內相關研究所能提供之訊息顯得非常不足。

表 14-7　國內有關民事保護令成效研究之分析

研究者	資料來源	追蹤時間	結果發現
沈慶鴻、彭昭芬，2001	1.深度訪談台北市 22 位聲請保護令之被害婦女。2.與 11 位擁有保護令之被害婦女焦點座談。	無固定追蹤期間	在 22 位深度訪談之被害婦女中，有 5 位（23%）表示加害人有違反保護令罪之行為出現。
王麗容，2002	以問卷訪問十二個縣市共 94 位被害人（包括 4 位男性，86 位女性，4 位性別不詳）。	無固定追蹤期間	有 74.5% 之被害人表示「暴力次數變少了」，3.2% 表示「暴力次數更增加」，而 18.1% 表示「和以前差不多」。
王珮玲，2003a	以問卷訪問六個縣市 168 位被害婦女，其中 62 位擁有保護令。	無固定追蹤期間	擁有保護令之女性被害人中，64.5% 表示保護令核發後加害人施暴情形減少，29.0% 表示施暴情形不變，而有 6.5% 表示加害人有更嚴重之暴力行為。

註：本表係作者自行整理。

　　另外在被害人對保護令之感受方面，整體而言，保護令可激力（empower）被害婦女下定決心結束被虐關係，但影響之程度還必須視被害婦女在經濟上及情感上對加害人依賴之程度而定。另保護令核發後，被害婦女也表示警察對其報案之反應較之以前快很多（Chaudhuri and Daly, 1992）。另 Keilitz et al.（1997）的研究指出，對受具暴力犯罪前科加害人施暴的被害者而言，保護令可增加他們的自尊及安全感。而國內學者沈慶鴻與彭昭芬（2001）在訪談被害婦女中亦發現，一些家庭暴力被害婦女雖無法確定保護令有無功效，但卻認為「有比沒有好」，至少保護令提供一些「心安」的效果。

第六節　影響保護令成效之相關因素

至於那些因素與保護令成效有顯著之相關？那些因素可能會影響保護令發揮其效果？很遺憾地，國內至今尚無探討相關影響因素之研究報告，作者分析國外之相關研究，將影響保護令成效之相關因素歸納為加、被害人之個人特性因素、情境因素及執行干涉因素等三方面：

一、加、被害人之個人特性因素

有關加害人之因素方面，在 Klein（1996）的研究結果中發現，加害者之年齡、是否有犯罪前科及前科犯行之多寡會影響保護令對加害人之約束力。當加害人之年紀愈輕就較容易再施暴；而當加害人具有犯罪前科及前科犯行愈多時，加害人就如同活躍的犯罪分子，其不受保護令之約束而再度對被害人施暴之可能性就愈高。另在 Kleilitz et al.（1997）及 Chaudhuri and Daly（1992）之研究中亦支持此種相關性之存在，亦即受具暴力犯罪前科加害人施暴的被害者，相較於其他同樣具保護令之被害者，有較高之再度受害機率。因此，我們可以發現加害人之犯罪前科記錄是一個很重要之預測因子。

加害人之工作狀態也是一個重要的變項。當加害人失業或只擁有兼職（part-time）工作時，其再施暴被害人之可能性就愈高。這可能是因為當加害人擁有職業時，其有較高之「順從利害關係」（stake in conformity）考量，會害怕若因違反保護令遭逮捕，則會影響工作而產生較重大的損失；而相對地，失業者與未具有穩定工作者其「順從利害關係」就顯的不是那麼重要（Chaudhuri and Daly, 1992）。

加害人與被害人關係之長短亦為可能之因素。 Carlson et al.（1999）之研究中發現，當加害人與被害人有較長之關係存在時（長於五年及短於五年比較），加害人反倒有較低之再施暴比率。

另加害人在保護令審理過程中之態度，亦會影響加害人後續遵守

保護令之情形。 Harrell and Smith（1996）在其研究中發現，當法院審理保護令案件時，加害人若極度抵制者（包括否認犯行、試圖讓法官不核發保護令、試圖拿到小孩之監護權、反對法官探視小孩之安排以及希望法官讓他留在家裡），則當保護令核發後，加害者繼續施暴的可能性會顯著的增加至 3.57 倍。

另一方面，被害人之相關特質是否會影響保護令之成效呢？在文獻中我們發現有二個可能之相關因素。第一，被害人是否擁有與加害人共有的小孩，會影響被害婦女再度遭到加害人施暴之危險性（Harrell and Smith, 1996; Carlson and Susan, 1999）。在 Carlson and Susan（1999）之研究中發現，在此情況下，被害婦女再度遭到加害人施暴之比率會增加至四倍。第二，當被害婦女是屬於較低社經地位者，其反應再度遭到加害人施暴之比率較高社經地位之被害婦女高（Carlson and Susan, 1999）。此可能是因為此類型之被害婦女在經濟上對加害人有高度之依賴，因此，為了經濟上之需要，而於保護令核發後再度與加害人建立關係，因而促成加害人再施暴之機會。但在 Harrell and Smith（1996）之研究中卻有不同之發現，他們發現被害人之年齡、職業狀態以及加害人是否為被害人之經濟來源等因素，皆不會對被害人再度遭到暴力之危險性產生顯著之影響。

二、情境因素

家庭暴力之歷史、施暴之嚴重性與持續性，均顯著影響保護令核發後加害者再度施暴的嚴重性。上述這些情境因素，在保護令核發後一年內，加害者對被害者之暴力虐待、暴力威脅、財物破壞及精神虐待等方面均有顯著影響，會有較高之發生比率（Harrell and Smith, 1996）。 Grau et al.（1985）的研究亦發現，保護令對於遭嚴重傷害之被害人，並不能提供顯著之保障，亦即核發保護令，對於嚴重之家庭暴力事件並不會減少被害人再度遭受暴力之危險性。

三、執行干涉因素

有關保護令執行干涉因素可包含二個部分，第一部分為在該家暴事件中，相關單位——尤其是警察單位，在保護令未聲請前之介入情形。例如 Harrell and Smith（1996）就指出，當加害人是因警察的逮捕而被核發禁制令者，在往後的一年中，加害人嚴重的暴力行為會減少，但其他如輕微暴力、財物毀損或精神虐待等並無減少；另外，在 Carlson and Susan（1999）的研究中亦發現，警察在保護令聲請前對加害人採取逮捕行為時，顯著影響加害人在保護令核發後是否再對被害人施暴之比率。

第二，保護令核發後，警察單位執行保護令之情形亦會影響保護令之成效。一項加拿大之研究（Rigakos, 1995）就指出，由於警察文化中對家庭暴力事件之輕忽與錯誤態度，使警察對保護令之執行不重視，至保護令之成效大打折扣。另在國內亦有類似之發現，在作者對警察回應家庭暴力的研究中就發現，警察執行民事保護令之態度、熟悉度及落實情形，會顯著影響被害人對保護令成效之看法，亦即當警察執行保護令之態度愈好、對執行程序愈熟悉、愈落實時，被害人回答保護令可使暴力減少者顯著較多（王珮玲，2003a）。

第七節　結語

民事保護令在我國是相當新穎的法律制度，實施之初，各界均有所疑問，而社會各界看民事保護令也有不同的的看法及疑慮，例如有法官指出，「保護令淪為部分婦女離婚工具」（中國時報，2003），認為有一些婦女是企圖藉保護令逼丈夫離婚。作者以為這樣的看法基本上就已經混淆了民事保護令之本質與功能；而另一方面，如果聲請民事保護令與離婚果真有一些關聯性，這又代表什麼？難道婚姻中之

受暴者站起來為自己爭取權益，爭取自由的一片天空，有何可議之處？

　　目前民事保護令實施遭遇比較大的問題，包括保護令審理時間冗長、加害人處遇計畫的實施資源不足、交付物品與交付子女令執行困難，以及大部分違反保護令之情形並無處罰規定，而違反保護令罪案件判刑過輕等，目前內政部已針對其中部分之問題提出修法建議，諸如（1）明定民事保護令分為通常保護令、暫時保護令及緊急保護令三種，並增列通常保護令之種類及加害人處遇計畫裁定前之鑑定制度；（2）釐清事權，依司法院大法官第五五九號解釋意旨，明列各種保護令之執行機關；（3）參酌強制執行法規定，增訂警察機關得將保護令所定必需品之相關憑證取交被害人，及於取交無著之情形，被害人得為救濟之措施；（4）增列相對人不依保護令交付未成年子女或安全交還會面交往之未成年子女，警察機關得以直接強制方法，取交被害人。但在修法過程中，對於違反保護令情形之處罰規定，並未提出修正建議，此乃相當可惜之處。但在民間團體家庭暴力防治法修法聯盟所提出之家庭暴力防治法修正案中，即對違反各款保護令者均增列處罰規定，期待在立法院審議時對此部分能有所探討、修正。

　　民事保護令只是一張紙，但其代表著的期盼卻是如此的深。我們檢視民事保護令制度實施五年來，雖然政府與相關機構團體均已逐漸步上軌道，但民事保護令之實施成效是否就令人滿意呢？國內應對相關議題展開更多的研究與探討，更期待防治家庭暴力發生是可以實現的。

第五篇
網路建構與
成效評估

前言

　　台灣積極推動家庭暴力防治工作歷史並不長，然而只要投入此項工作的朋友，便瞭解防治工作無法單打獨鬥，因為家庭暴力所涉及的情感糾葛與權力關係，使身處家庭暴力情境的被害人常面臨許多複雜的議題，包括是否應離開施暴者、無論離開與否均可能危及個人生命安全的擔憂、經濟來源、就業考量、居所問題、法律問題、社會壓力、心理創傷以及子女就學、教養與安全等。而這些相關問題所衍生出來的多元性服務需求，包括警政救援、醫療檢傷、緊急庇護、社會福利服務、法律扶助、心理諮商或治療，以及子女就學輔導等，實難由單一機構所提供，而為求其服務的連續性與有效性，不論國內外，家庭暴力防治網絡的建構，就成為機構提供有效服務時不可迴避的議題，而網絡的建構並非可自然成型，而是必須透過理念的指引、計畫性的策略整合，與方法的運用，才能成為符合被害者需求的服務輸送網絡，而十五章網絡建構與運作即含括上述。

　　至於成效評估，在台灣仍屬方興未艾，工作者知其然卻未必知其所以然，因為防治服務並非提供就好，開始進展後，就需思考如何使服務更有效能，以及如何滿足弱勢被服務者的需求，甚至如何對整體社區與社會都能產生正面的影響，甚至說的更現實一些，評估也是在說服工作者，自己做的是有意義的工作，忙碌是有價值的，以減少工作的折損率，避免工作倦怠症。前述的要求，均強化評估的重要性，如何透過評估的理念、方法與技術，使得工作者能掌握防治成效，勾勒出未來努力的方向，以及接受服務者能更滿意所提供的服務，並進一步提升自主與自尊，亦成為第十六章的重要內涵。

　　此篇期盼透過網絡建構與成效評估的理論與技術，以及實務的反省與展望，敦促防治工作能百尺竿頭再進一步。

第十五章
家庭暴力防治網絡建構與運作

　　家庭暴力之防治本質上是一跨專業、跨部門與跨機構的工作，而在橫跨的同時，往往要透過網絡來完成，本章分為四節：第一節先從概念上分析網絡整合的缺失，並進一步指出網絡整合的必要性與目標，接下來再談及網絡整合的定義，其次論及整合的模式與方法，第二節則談及網絡建構或整合的相關實務，其中包含關鍵性的整合人物、網絡整合的注意事項、機制的建立與方法，以及不同階段的策略運用，第三節則論及台灣家庭暴力網絡建構或整合的現況、困境，以及未來的因應之道，最後一節則為結語。

第一節　網絡整合的概念

一、服務輸送系統的缺失與影響

　　施教裕（1998）曾論及目前服務輸送系統的缺失，筆者並進一步闡釋其對家庭暴力防治工作所產生的影響：

（一）零散片段（fragmentation）

　　由於不同機構各有其不同的服務區域或地點、不同的服務對象或服務專長，或由於機構間缺乏聯繫協調，導致各行其是或不相往來的局面，無法建立一個服務網絡。例如當一個長期遭受家庭暴力的被害

人至醫療機構尋求服務時，醫護人員只從醫病的角度提供治療，而忽略暴力對她（他）的威脅，或是福利資源對她（他）脫離暴力情境的迫切性，導致被害人可能需在醫療機構間不斷尋求服務，而無法處理根本的暴力問題。

（二）不連貫或中斷（discontinuity）

在不同服務的提供者或機構間，缺乏良好的諮詢轉介系統，或各機構所能提供的服務資源與案主之間的需求，仍有差距，故個別的機構總是無法滿足案主本身不同的需要，致使案主在不同的機構之間疲於奔命，仍舊無法圓滿解決案主各種同時存在的需要和問題。例如當警察處理嚴重的家庭暴力事件時，警察僅依照自己的職責，處理被害人申請緊急暫時保護令的相關事宜，而忽略被害人需要庇護的相關資源，使得被害人在等待保護令核發的空窗期時，因無安全的庇護場所而遭受加害人的報復攻擊，甚而危及生命，如此不連貫或中斷的服務，均影響被害人有效獲得服務。

（三）遺漏或疏忽（neglect or indifference）

由於機構經費及人力資源有限，故在服務輸送上導致各種死角，譬如對特定服務地區、特定服務對象或特定服務內涵及項目，有意無意的加以遺漏或疏忽，而無法提供特殊性或個別性的相關服務。例如針對新移民女性（外籍新娘）的家庭暴力事件，因語言的隔閡、文化的阻礙，使得服務的提供上，往往欠缺即時連接相關的翻譯資源，而無法確實掌握被害人的需求、又或是無法針對新移民女性的特殊需求，而給予特殊性的考量，例如外籍配偶以及大陸配偶在遭遇家庭暴力事件時，亟需緊急生活扶助津貼（每月約八千餘元，可連續申請三個月），以度過難關，但卻因尚未設籍，而不符申請資格，導致無法與其他婦女一般，享有政府的補助，這種疏忽或遺漏的情況，影響被害人權益至鉅。

（四）不一致（inconsistency）

　　由於各機構間的服務呈現零散片段，或各行其是，致使各機構之間無法形成服務目標的共識，故服務的品質或給付水準高低不一，甚或不同服務項目的用意和結果可能彼此衝突或矛盾，而使服務的成效大打折扣。例如縣市政府的社政部門可能將家庭暴力事件的處理委託好幾個不同的民間單位，而這些單位所提供的服務項目可能不同，服務品質也可能參差不齊，嚴重影響求助者權益。

（五）重複（duplication）浪費

　　由於零散片段的結果，使各機構一窩蜂推動某種時尚的服務，或盡量選擇容易執行的服務項目，不免在服務供給上有重複或過度供給之現象，又或是服務使用者也常遊走在各機構間，重複使用各機構的資源。例如有些家庭暴力的被害人常遊走在提供類似服務的機構間，且會在某一機構中抱怨另一機構，並以此為樂，若機構間欠缺相關的聯繫，不僅可能造成機構間的嫌隙，也可能浪費稀少的家庭暴力處理資源。

（六）管道阻塞（1inaccessibility）

　　由於服務對象的資格條件限制、服務地點交通困難、服務資訊的缺乏、案主的身心功能限制、服務人員的工作取向及態度等，均可能形成服務輸送管道上的障礙。例如處理原住民的家庭暴力事件，常因交通困難、服務人力有限、機構不善提供外展服務、工作人員語言上的障礙、文化上的差異等問題，而阻礙服務提供的管道。

（七）責信危機（inaccountability）

　　各機構所推動的服務項目，常因欠缺有效的監督與評估，而無法掌握是否能達到預期的服務目標，或反應案主最迫切的需要，甚至某些機構也未必讓案主參與服務計畫的擬定，而完全任憑社工員的決定，這些均會影響服務的效果，而產生責信的危機。目前各縣市基於人力不足的考量，往往委託民間團體辦理相關服務方案，然而可能因

為沒有評估或監督不足，而導致無法確切掌握服務成效，又或是機構
內欠缺有力的督導，而使得資淺的社工員，在服務案主時因無法堅守
社工倫理與服務理念，而產生服務效能大打折扣的情形。

　　Weidman（1986）也進一步指出家庭暴力相關服務輸送系統的分
裂，將會導致下列幾個問題：

1. 無法完整地蒐集到整個家庭的相關資訊，難以全面瞭解其狀
   況，大大地限縮了整個家庭的需求評估與服務提供。
2. 由於各個機構單位間缺乏協調聯繫，服務提供可能會有重疊，
   並導致資源浪費的現象。
3. 在資訊不完整之下，極可能服務的提供並非是以當事人的最佳
   利益為前提。
4. 婦女有可能得到相互矛盾甚至衝突的訊息。
5. 阻斷了婦女得到適當協助的機會。

二、網絡整合的功能與目標

　　因此，網絡整合的主要功能，消極面是期望透過服務網絡的密切
整合，以彌補上述的缺失。至於網絡整合的積極面，又可分機構服務
的角度與案主的角度，以下分別說明：

（一）機構的角度

　　Payne（2000）曾從機構的角度指出有下列優點：

　　統整不同的知識與技能　　當跨機構或跨專業的服務網絡開始緊密
連結時，也同時代表不同專業領域的價值、知識與方法有進一步擴展
與融合的機會。例如社會工作專業服務上講究對案主的同理與接納，
而警察工作則強調掌握事實真相的證據蒐集，當兩個單位與專業展開
密切的合作時，警察在偵訊被害人時，就有機會吸納社工的同理與接
納等技巧，而社工也可能在與案主晤談的過程中，強化案主掌握證據

蒐集的方法與祕訣。

共享資訊　在網絡整合的過程中，資訊也將有分享的機會，以協助各單位的服務者掌握更完整的訊息，並提供更完善的服務。例如目前建檔的家暴資料庫，當初規劃的目標，就在於蒐集家暴施暴者與受暴者相關的資訊，以利不同領域的工作者，在服務提供時，做出最佳判斷，並提供適切的服務。

完成照顧或保護責任與流程的一貫性　網絡的整合在於滿足案主多元且複雜的需求，因此綿密的服務網絡，將可以完成保護或服務案主的連續性與一貫性。

共同分擔責任　家庭暴力案主的多元化需求實難由同一機構獨立完成，因此，網絡的整合也在於共同分擔照顧與保護的責任。

共享資源　在服務網絡的整合下，各單位或專業也有機會共享資源以擴充本身的服務內涵，諸如目前在台北與士林地院都已開始設置「家庭暴力事件聯合服務處」而此服務處則是由北市社會局負擔人事與相關經費、由兩院提供場地，並委託民間團體承辦—現代婦女基金會提供服務，開創三方合作，共享資源的服務整合模式（現代婦女基金會，2003）。

有效使用資源　一旦服務網絡開始密切的整合，資源將有機會流動與連結，而進一步提升其被使用的效能。例如在實務運作上，某些縣市負責家庭暴力事件處理與預防的婦幼警察隊或少年隊，因警政經費預算偏低，籌措不易，而常有使用社政預算的情形，或是共同舉辦訓練，在社政出錢、警察出力的情況下，順利完成教育訓練或預防宣導的任務。

（二）案主的角度

而對案主而言，王麗容（1999）也從增加處理危機資源的角度，主張透過警政、教育、醫療、司法、社會服務、民間團體等資源網絡

的整合，不僅可增加被害者處理危機的資源，並可緩和被害者對危機發生的主觀感受，以降低暴力的威脅。由於家庭暴力涉及複雜的情感糾葛與權力關係（Goldner, 1999），親密關係中的一方以暴力對另一方造成身體與心理極度的傷害，身處家庭暴力情境的被害人面臨許多複雜糾葛的議題，包括是否離開施暴者的重大決定、無論離開與否均有危及個人生命安全的擔憂、經濟來源、就業考量、居所問題、法律問題、社會壓力、心理創傷以及子女就學、教養與安全等（祝健芳，2002）。由這些相關問題所衍生出來的多元性服務需求自然就接踵而至，而這些服務包括警政救援、醫療檢傷、緊急庇護、社會福利服務、法律扶助、心理諮商或治療，以及子女就學輔導等，由於此連續且多元的服務內涵很難由單一機構獨立提供，為求其服務的連續性與有效性，不論國內外，家庭暴力防治網絡的建構，就成為機構提供有效服務時不可迴避的議題（王麗容，1999；張錦麗；2000；劉淑瓊，2002），而網絡的建構並非可自然成型，而是必須透過有計畫的策略性整合，才能成為符合被害者需求的服務輸送網絡。

　　綜合上述，網絡整合的目標，在於藉由各單位的協調合作，以創造更緊密的相互支持與更大的服務效益（1+1 > 2），以進一步達到維護案主的權益。

三、網絡整合的定義

　　Hardcastle、Wenocur、Powers（1997）曾定義網絡為「由個人、團體或機構所連結而成的一個社會系統，系統內個別部分互動或進行交換行動，以達成各自的目標或完成一個共同的目的」（引自劉淑瓊，2002），Barley et al.（1992）及 Kogut et al.（1992）等人指出，網絡的形成及維繫主要是出於網絡中各個分子的策略，通常，決定要不要合作有一大部分取決於以往合作的經驗，或是當事人從其舊

有的網絡中所得到的訊息（引自施教裕， 1998）。網絡中的互動，可以是間接的或直接的，成員的關係也可以呈現出一種鬆散（loose coupling）或緊密的連結狀況。在此種網絡觀念之下， Brass and Burkhardt（1992）認為「網絡」的單位可以是個人、部門、機構、或機構與機構之聯盟（coalition）（引自鄭讚源， 1997）。

　　至於整合，則是強調一種行動上的連結， Hvinden（1994）認為，所謂「整合」應包括「合作」（cooperation）「協調」（coordination）與共事等三個重要的概念；而「合作」、「協調」與「共事」的機制，均是透過「網絡」（network）來進行。 Hvinden（1994）認為協調為一個整體內的各個分子，導入規則，尤其強調其間的公平性與相互之間的重要性。而合作則是強調兩個或兩個以上的行動者，為完成相同的目標而一起工作，該合作者通常為不同團體的成員。至於共事則更強調緊密連結的重要性。三種不同連結程度的概念，也呈現出網絡的密合度（引自施教裕， 1998）。

　　而網絡整合的概念運用在家庭暴力防治工作上，就垂直關關係而言，則是指依家庭暴力防治法所成立的中央級家庭暴力防治委員會，與地方級的各縣市家庭暴力防治中心，其發展的縱向督導關係，除此之外，也含括與家庭暴力防治相關的中央部會與地方相關局室的縱向從屬關係；至於水平關係則指在公部門平行間的跨機構互動，如中央的內政部、勞委會、教育部、法務部甚至是司法院等間的協調聯繫，又或是跨公、私部門的互動（吳素霞， 2001），例如縣市政府家暴防治中心委託民間團體辦理各項服務方案，最後則是民間團體相互間的合作，如由多個倡導團體所成立的「家庭暴力防治修法聯盟」[36]。如

---

[36] 為落實家提暴力防治法精神，確保被害人安全，現代婦女基金會、勵馨社會福利基金會、婦女救援基金會、台北律師公會、女法官協會、台北市晚情婦女協會以及民間司法改革基金會等七個團體，於民國 90 年 1 月 11 日正式組成「家庭

此，縱向與橫向間不斷交織，並在其策略性的引導下，將有機會成為一綿密的網絡。

四、網絡整合的模式與方法

由於家庭暴力防治本質上為一跨機構、跨部門、跨專業的工作，而在橫跨的同時，到底應採取何種模式，Lawson and Hooper-Briar（1994）曾從跨機構與跨專業的角度，提出五種整合模式：

1. 以案主為中心的整合：即以案主需求層面考量。例如以被害者需求所設計的跨機構被害人服務流程（請參考附錄二：十四），從流程圖上可瞭解被害者所需的服務，必須透過各個機構緊密的合作中獲得。

2. 以服務供給者為中心的整合：即由專業間的關係出發。例如網絡間所召開的聯繫會報，透過會報，將網絡間所面臨的相關問題，提出討論並共謀解決之道。

3. 以方案為中心的整合：從服務和產品的輸送系統考量，例如為強化家庭內遭受亂倫的被害兒童服務，委員會所推動的「性侵害被害人減少重複陳述方案」[37]，而高雄縣更從此方案中發展出細膩的合作模式，如在學校一開始通報之際，社工人員將與警察同時至學校或家裡訪視，如發現被害兒童在家庭內有再次遭受性侵害之虞，就可以藉由警察的公權力，即時對兒童進行強制性安置，並做好初訊筆錄。

暴力防治修法聯盟」，持續進行家庭暴力防治法修法工作，改進現行法制缺失。
[37] 「性侵害被害人減少重複陳述方案」為內政部家庭暴力及性侵害防治委員會，在民國 90 年於台北市、高雄縣、花蓮縣等三縣市，第一階段所推動的整合性方案，期望藉由檢察官、警察、社政與醫療人員的緊密合作，保障被害人權益。

4. 以組織為中心的整合：從組織結構與文化考量。例如依家庭暴力防治法所設置的各縣市「家庭暴力防治中心」，理想上，即是一整合性的組織，負責連結各個不同機構，提供案主所需的服務。

5. 以政策為中心的整合：從地方、區域和國家政策考量。例如家庭暴力防治法，即是以國家政策為考量的家庭暴力防治立法。

國內的陳昭榮（1986）與林碧惠（1992）也從更具體的內涵整合型態，將服務整合的策略模式區分為下列四種：

1. 資源整合：包括人力、財力及物力。例如聯合編列預算、聯合籌募基金、購買服務、經費轉移、合併人事行政、幕僚人員的流用、合併辦公、合辦人員訓練、活動場地及設備的互通。

2. 個案整合：例如個案會議、個案團隊、個案管理系統的建立。

3. 方案整合：例如聯合規劃活動或方案、共同發展策略、共同舉辦訓練、聯合評估等。

4. 資訊整合：指團體之間的資訊互通，例如聯誼座談會、工作心得分享、會訊及工作手冊的製作等。

此外，Agranoff（1983）也特別從整合上的方法與連結的程度，歸納美國過去實務發展經驗的五種服務整合策略或途徑（引自施教裕，1995）：

1. 非正式合作：指各機構間雖尚未建立制度性的服務網絡關係，但確有若干整合的連結和運作，其運作方式亦有不同類型。

2. 服務系統的協調：指識別社區中各種標的人口需求對象，由社區成員組成決策組織，發展評估個人需求的量化工具，啟用管理服務系統的經理，建立有組織的服務系統和稽查及檢查系

統，暢通經費資源流通管道等，以便在服務決策與執行之間順
利運作無礙。較為成熟的個案管理模式，即屬之。

3. 重組獨立自主的機構及方案：例如北縣的家庭暴力防治中心，
其本質為社政專職獨立機關，機關組織規程經由地方民意機關
三讀通過，並有正式員額，有配置會計、人事並可獨立對外行
文（祝健芳，　2002）。

4. 設置新的行政機構：以為承擔統籌規劃和政策管理的角色和功
能，新的行政機構較能呈現出資源整合的風貌，以及整體規劃
和管理的能力。如兒童局的設立即是如此。

5. 發展新的服務系統：立意雖良好，但執行上較有困難，由於政
治和組織運作的因素，在現行服務系統上另行發展新的系統，
將有許多阻礙和困難，由於新的系統勢必影響或干預，每一個
機構原來已有的操作方式和控制機能，而容易遭遇排斥和抵
制，不過若有法源依據，將可減少許多障礙。例如家庭暴力防
治中心其實就是按照家暴法所設立的新的服務系統。

國內學者劉淑瓊（2002）亦從組織間關係，來分析組織間可能互
動或整合的模式：

1. 特別關係：兩個或以上的組織過去並無定型化的互動，因特別
的需求、問題或議題而相互關連，有可能至是一次的轉介或合
作，但也有可能發展出長期的關係。

2. 交換關係：或稱之為「資源相互依存關係」，例如縣市的家庭
暴力防治中心有錢、有公權力，民間團體有人與專業，往往就
可藉由相互的依存，而發展出綿密的網絡關係。

3. 正式化協議：是指相互依賴的兩個或以上的組織，在頻繁與重
要的互動基礎上，彼此透過明文或契約形式相互認可對方，例

如縣市家庭暴力防治中心正式透過契約，委託民間團體辦理相關服務方案，而其本質亦屬前述的交換關係，只是合作上彼此更有保障。

4. 法定關係：縣市家暴中心與其他公部門防治網絡之間的關係，屬之。

五、網絡整合的成功要素

而不論方法為何，整合運作成功的關鍵常在於有決策能力者的參與、事前可就問題充分的討論、而網絡間的成員，不論其專業為何，均能以平等尊重之心相待，唯有如此，網絡整合才更易成功。

綜上所述，網絡間的整合可透過許多不同的媒介，例如可以是透過法律、組織或機構、方案、契約、資源、與個案等不同的元素，進行不同程度的連結，且發展出不同的整合模式，而倘若再能掌握相關成功的要素，整合將更順利。

第二節　網絡整合的實務運作

至於家庭暴力防治網絡的建構，在實務中究竟應如何運作，暫且撇開組織性與結構性的議題不談，以下將針對整合過程中所應注意的原則、流程與所需內涵，詳細說明：

一、網絡整合需有關鍵人物

緊密的網絡並非當然存在，而是需透過不斷的倡導與結合，因此網絡整合啟動單位的關鍵人物就更為重要，在家庭暴力防治推動的過程中，由於社政單位與民間團體在服務角色的扮演中，往往最瞭解受虐者的感受，再加上社會工作最高目標與價值，是使社會弱勢者均能得到基本的照顧，因此，民間團體或是公部門的社政人員就自然成為

網絡整合的推手，不過，這並非意味著網絡整合只是民間團體或社政人員的責任，任何一個公部門均有責任與義務推動網絡整合的工作，因為避免服務內容重複、片段、零散、欠缺責信等工作，是任何一個機關或機構提供有效服務的必備條件。

　　而網絡整合的關鍵人物往往堅信相互合作會比單打獨鬥更有效能，在此理念的指引下，網絡整合者亟需跳脫單位與個人立場，而以服務接受者或更廣大民眾利益的角度，倡導網絡連結的密和度與服務成效的關連性。在其扮演倡導角色的過程中，需承擔責任與凝聚共識時，屬「顯性」角色，而在分享榮譽與光環時，則不能凸顯個人，並應使所有參與者雨露均沾，故此時又屬「隱性」角色；推動網絡整合時，應和參與成員同甘共苦，是「局內者」的角色，告一階段時，網絡整合者又必須跳出網絡，成為一「局外者」，以檢視整合相關的困境，反省問題的癥結，思索解決之道。

　　此外，網絡整合者也必須具備下列一些最基本的態度與信念：

1. 平等與尊重：網絡間單位的成員不應因其專業不同、職級不同而有尊卑之分。
2. 客觀與超然：學習從不同的角度、立場與專業，重新審視事情的進展。客觀與超然並非要網絡的成員放棄原來的立場，而是站在擴大視野的角度，重新整合多元觀點，審度事理。
3. 確信差異是正向發展的基礎：差異常會引起不安與對立的情緒，然而若是將差異視為仍有進步的空間，差異將有機會互補彼此的不足，網絡的整合才有機會進展。
4. 確信合作會比單打獨鬥更有效能：合作剛開始進展時，勢必會面臨許多的衝突與溝通，然而磨合一段時間後，若能相互扶持，合作所產生的團隊力量就會發酵，形成更大的團體動能與

服務效果。

二、確認保護網絡含括的範圍與重要單位

為使家庭暴力暨性侵害防治工作,能更有效能,更符合案主的利益,其必須為一跨機構(司法、警政、社政、衛政、勞政……)、跨單位(機構內部的科室或組織)、跨部門(公、私部門;中央與地方部門等)、跨專業的工作(法律、警察、社會工作、醫療、社會福利、社會工作、經濟與就業……)與跨人際的工作內涵,在橫跨的同時,可能呈現出彼此互為需要的實質與善意,也可能因機構的理念、立場或利益不同,而產生更多的衝突與摩擦,為求網絡在開始建構時,能順利開展,整合者通常需注意單位或個人進入網絡的優先次序,與整合工作的階段性重點,例如社政與警政的連結優先,再逐步納入醫療體系、教育體系或司法體系等,以便鞏固階段性的整合工作後,再持續向下一階段邁進。

三、網絡整合的階段

網絡整合並非一蹴可及,其間可分為好幾個不同的階段,且不同的階段常隱含著需有不同的結網策略與方法,若網絡整合者能有效掌握,網絡的連結與發展就能趨於正面(張錦麗, 2003a)。

(一)抗拒期

不願投資時間與資源與網絡其他成員溝通、抗拒改變、容易有負面的情緒以及無法與他人理性對話、擔心別人檢驗與批判自己的工作成果。在整合初期,網絡間的成員難免有許多價值上的衝突、專業認知的差異以及抗拒改變的負面情緒,要進入理性的「就事論事」,實在極為困難,故此時採行的方法應特別著重防衛心態的理解,溝通時情緒的支持與同理,且努力進入對方的立場與脈絡,借用對方的語言與其對話,並不斷釋出善意與鼓勵,以減低彼此的防衛。例如在進行

警察與社工的整合性工作時，不要聚焦在彼此做了什麼不適當的工作或態度的表達，而要瞭解他們不做這些適當工作的困難與擔心，當不斷釋出這樣的善意時，防衛心牆就有機會化解，整合工作才能開展。

（二）磨合期

　　理念、立場、機構利益等的不同，一再面臨衝突與挑戰，然而此時也開始逐步了解，原來處理一項工作會有這麼多不同的觀點，以及也可以讓不同的觀點，來幫助自己所在的位置與所從事的工作。此期的重點策略首在建立協調的機制，學習衝突解決的策略與方法，以使磨合階段的問題能順利解決，衝突可以更具建設性的化解，並回歸理性的探討。例如現代婦女基金會在承接北市政府委託士林、台北、新竹法院設立家庭暴力事件聯合服務處的過程中，一開始就要求需設立聯繫會報的溝通機制，且三個月必須召開會議一次，以解決不同專業在整合過程中所面臨的衝突與問題，而在學習解決衝突的策略上，更是不斷強調進入對方的價值與立場中，學習先以對方的角度看待事情（現代婦女基金會，2004），例如法院的相關人員極其擔心法院有過度站在被害人一方的疑慮，因此任何作為均極謹慎，連求助者多影印一份保護令的備份，法院均不同意，而在溝通協調的過程中，社工員學習深刻瞭解法院的既定價值與立場，因此不會解讀此項作為是不友善之舉，導致產生不必要的負面情緒，並願意常思考法院的立場與價值，並以法院的立場與利益與其溝通，例如社工人員會告訴法院的承辦人員，協助求助者多印一份保護令備份，是要提醒求助者在開庭時，能更聚焦自己的聲請，以免在準備不足且充滿緊張等負面情緒的情況下，浪費法官寶貴的時間與司法資源，雖然這樣的溝通方式並未確保結果一定令人滿意，但是長期以這樣的方式與其對話，法院的人員起碼瞭解外來的社會工作者，並非只站在被害人的立場，其也會不斷考慮法院的立場、價值與疑慮，如此一來信任關係就容易建立，未

來就更能朝向積極有效的方式共謀民眾的福祉。

（三）支持期

　　經過前述階段的碰撞與磨合，參與者較能肯定對方的加入，並承認合作確實能為自己的工作帶來加分的效果。此期的重點策略在於製造對外的機會，共同分享資源與成果，建立生命共同體的經驗，以加速凝聚彼此的密合度。例如一起開記者招待會、觀摩會或研討會，其間不僅可共同發佈成果，也可進行網絡整合時的甘苦談，真誠的分享彼此的經驗、甚至也可一起吸收新知，分享資訊，更重要的是在對外的過程中強化榮譽與共識。

（四）解離期

　　理念、立場、價值、利益等的不同，一再面臨衝突與挑戰，且累積過多負面的情緒，已無法進行理性對話，終告結束。

四、網絡整合的機制

　　相關的整合機制可包含如下（張錦麗、王珮玲、柯麗評，2003； Shepard and Pence, 1999）：

（一）建立法制基礎

　　諸如建立相關的法律、規章以及行政命令規範。公務人員的工作信念是依法行政，因此有相關的法律或規章，往往是整合開始的最佳基礎。

（二）建立溝通平台

　　建立跨單位的委員會　諸如家庭暴力防治委員會、婦女權益促進委員會等。由於這些委員會往往加入公部門以外的專家學者與民間團體，在外來的刺激與挑戰中，都可能對政策的關切、議題的啟動、專業的建議、或工作的批判與監督等，有所助益。在實務的經驗中，若委員會得到長官的重視、幕僚作業能積極任事（包括事前釐清問題，

廣泛與網絡成員溝通意見，善用專家意見，有效思考問題解決的對策等）、委員熱心的參與等，將更能發揮委員會的功能（劉淑瓊，2002）。

召開網絡工作協調會議　諸如工作會報或聯繫會報，可能是固定與非固定的時間舉行，可針對較細部的問題，進行各單位意見的交換，與共謀解決之道，往往不會有其他非網絡間的專家學者參與，討論的層次以具體的問題為主，比較不涉及政策的討論層次。

召開個案工作會議　這往往指的是以個案的問題為中心，討論網絡間的成員如何積極協助案主，共思問題解決之道，並就衍生性的問題，討論各單位的專業建議或釐清網絡成員所扮演的角色與工作任務。

（三）建立問題解決管道

除了上述建立常態性的問題解決機制，有效解決一般較複雜的問題外，還需考慮較突發性的問題，在及時性問題處理部分，應可立即透過電話與其他科技設備進行溝通，以爭取時效，而不論在較複雜與臨時性突發問題的解決部分，均應建立有效的解決管道：

1. 設置單位間的聯絡人，且此聯絡人應含不同層級，以利單位間的對話。
2. 設置問題解決表單與程序。
3. 確認與保存問題解決後的書面意見，以利後續追蹤與查核。

（四）建立互信的基礎

進行私下的聯誼、對談與聚餐等　在美國杜魯斯模式的整合經驗中（Gamache and Asmus, 1999）發現私下的聚會較能發現系統中隱性的問題，且在不公開的情況下，容易降低各系統的防衛心態，在漫談中容易分享彼此的哲學、價值與個案的實務經驗，而這些瞭解均有助

於問題的解決，比以解決問題導向的正式會議，更容易產生共識與效能。因此在杜魯斯模式的整合經驗中，他們的中午簡餐約會（brown bag lunch）[38] 就運作的十分成功。

　　在正式會議中能有效解決問題　會議中不必然能有效解決問題，不過關鍵是，承辦人是否能私下掌握問題，並進行問題解決的分析研擬，再與相關的單位或個人積極溝通，爭取外援，並尋求最大共識，如此才能在正式會議桌上，有效解決問題。

（五）舉辦共同的訓練與研討

　　以協助網絡間的成員瞭解各單位所扮演的角色與執掌，以利後續的合作。課程的設計也可包含彼此了解的團體互動，或壓力紓解等相關課程。

（六）建立資訊分享的機制

　　可透過網路系統，建立便利的資料分享與查詢。例如網絡間的重要單位可共同使用加、被害人基本檔案資料；熟悉家暴或性侵害各防治單位的服務流程與作為，甚至共享新知等，均有助於增加彼此的瞭解與互動。

（七）共同規劃與執行某一方案

　　不僅一起開會研擬方案或活動內容，也含共同使用資源與金錢。

（八）將網絡整合列入績效評鑑考核項目，以將此視為例行工作。

---

[38] 中午簡餐約會是美國杜魯斯模式的一項非正式整合會議，來參加的成員包含假釋官、受虐婦女庇護所的倡導者、加害人教育團體的成員、追蹤司法系統對加、被害人影響的人員等，以中午非正式的聚會，分享彼此的理念與個案實務經驗，對增進彼此工作的瞭解與問題的解決，極有助益。

五、網絡整合的方法

1. 善用溝通：尤其在前述的抗拒與磨合階段，更需著重在情緒的接納、支持與同理。

2. 建立多元的溝通與協商管道（如前述）。

3. 善用科技的設備與工具：透過電腦網路、傳真、電話、視訊系統等均可有效的產生對話，建立共識。

4. 善用激勵的方法：適時誇讚別人的努力、用心與成果；瞭解對方的需要，並給予協助；提醒別人尚未思考到的層面（如結構面的限制、過去成功的經驗，或新的創意）等均是激勵對方的重要法門。

5. 運作透明化：此指各單位或單位間合作時，需有標準化的工作或服務流程，且能確實執行，並廣為讓網絡間的成員熟悉，此外，若經費共同使用時，也需儘可能使收支明確，如此將能避免猜疑，並向共同的目標邁進。

6. 建立開放的環境：特別強調可以接納別人的建議，與可以承認自己的不足。

7. 創造分享的夥伴關係：捨得讚美以及與別人分享成果。

第三節　台灣家庭暴力網絡整合的概況與展望

在討論完相關的概念並分享實務的整合經驗後後，此節將進行家庭暴力現況的說明。由於台灣家庭暴力防治工作，是依據家暴法才開始大力推展，因此網絡的建構與整合也與法的關係緊密連結，不過徒法不足以自行，法律雖是建構網絡最根本的基礎之一，不過網絡要連結緊密，則是需克服許多的困難，並透過結構面的組織與人力以及積極的策略與方法，才能順利誕生。以下從現況、困境與解決之道分別

說明。

一、家庭暴力防治網絡現況

依據家庭暴力防治法第五條與第八條的規定，內政部需設立家庭暴力防治委員會（以下簡稱委員會）以統籌相關防治政策的規劃、協調以及推動；而各縣市則需設立家庭暴力防治中心（以下簡稱中心），結合警政、教育、衛生、社政、戶政、司法等相關單位辦理被害人保護扶助、加害人治療與輔導以及教育宣導等三大層面的防治工作，由於從中央到地方，均由公部門社政領軍擔當協調聯繫的防治主軸，以進行縱向與橫向的聯繫，因此直至目前，家庭暴力防治網絡仍以社會福利體系為主（吳素霞， 2001 ；祝健芳， 2002 ；劉淑瓊， 2002），而中央與地方的垂直連結，或是中央與地方公部門各自之間的水平連結，以及與民間團體的網絡合作又是如何產生，以下分項說明：

（一）公部門中央與地方的垂直連結

家暴法開始全面實施後，內政部於民國 88 年下半年至民國 89 年度，補助辦理家庭暴力一名專職防治人力，開始各縣市家庭暴力防治中心的具體運作，實施五年來，內政部的家庭暴力防治委員會一直扮演積極推動的角色，並以具體的資源與制訂各種規定的主導方式，引導地方政府依法設置中心與相關組織規程，建立檔案管理、充實配備與方案、以及強化人力與相關制度，以建構家庭暴力防治防治專業，雖然在統籌分配款設算制度開始實施，內政部不再專案補助地方後，有些縣市原本的專職人力也陸續改為兼任，甚至資源抽離後也嚴重威脅對地方的影響力（劉淑瓊， 2002），不過近年來，委員會透過評鑑（內政部、財政部、行政院主計處， 2004）與專業督導的方式（內政部家庭暴力及性侵害防治委員會， 2004b），仍有效協助地方的中心

發揮應有的防治功能，以彌補實質資源連結的空缺，並進一步強化中央與地方的專業連結關係。

（二）公部門中央與地方各自的水平連結

　　由於不論中央或是地方，家庭暴力防治工作大多均由社政負責網絡間的協調聯繫（潘淑滿，2003）。

　　在中央部分　是在內政部下設立家庭暴力防治委員會，統整各部會與司法院的協調整合工作，而根據家暴法與現行的運作概況，委員會的組成是由內政部長擔任主任委員，其他重要部會與司法院的首長擔任副主任委員，而民間團體代表、學者專家的比例不得少於委員會總數的二分之一，委員會並配置專人進行家庭暴力防治業務的處理，目前的專人大都由內政部社會司調派來的社政人員擔任，另外則由警政署刑事警察局預防科調派兩名警察人員支援委員會的業務，其中一名擔任暴力防治組組長，但還需兼任預防科婦幼組的業務，另一名才在委員會專責處理防治業務，至於其他網絡成員（如衛生署、教育部、法務部、勞委會等）均未在委員會合署辦公，只有在私下的聯絡或是三個月開一次的委員會會議上，報告業務運作的情形，其均屬網絡派兼的性質，談不上專責處理防治業務，而司法院因位階較高，且其不斷強調審判中立，在行政業務上也是採取高姿態，不僅要求其相關業務不得列入追蹤列管，依筆者多年於委員會的觀察，發現其對於委員會要求協助的事項，也並不願意積極配合，至於其他部會，因屬同等位階，在配合程度上較司法院佳，但在組織設計上既未合署辦公，又無專人專責處理防治業務，再加上理念不清、首長並未重視等因素，多半採取配合委員會的消極態度，使得委員會在整合協調的運作上力有未逮，且成效不彰，並連帶影響地方的整合運作（張錦麗，2000；劉淑瓊，2002）。

　　在地方部分　祝健芳（2002）曾從地方組織的角度分析目前中心

運作的型態,主要分為四種樣態,一為社政專職且網絡派兼的獨立機
關型(只有台北縣);二為社政專職網絡專責且合署辦公的獨立機關
型(只有高雄市,而專責合署則指警察與衛生醫療人員);三為社政
專責其他網絡派兼的任務編組型(含台北市、新竹市、苗栗縣、彰化
縣與高雄縣)、最後則為網絡均為派兼的任務編組型,有高達七成以
上的縣市屬之,從組織的角度來看整合業務的推展,劉淑瓊(2002)
進一步分析,姑不論是否為獨立機關,只要社政專職(責),社政的
專業性就較能發揮,網絡的協調也可能因為人力的專精而獲得提升,
不過這也未必必然如此,不過,就實際推展的現況來看,網絡專責且
合署辦公的模式,確實展現較佳的整合現況,由此可知,組織對整合
性工作有關鍵性的影響。而在相關機制部分,目前聯繫的方式往往依
靠正式的家庭暴力防治委員會議[39](並非所有的縣市均成立委員
會)、聯繫會報、工作會報等進行,少數縣市會採取個案研討或是共
同使用財源與資源的方式進行,而這些正式的機制要發揮功能,往往
還要其他的輔助因素,諸如首長是否重視、網絡間是否隱含有主導人
物,且此人物是否曾運用有效的策略、網絡的承辦人員是否有使命
感、過去的網絡經驗是否正面等,不過,網絡整合的關鍵並非只靠正
式的機制,過去的實務驗證,藉由非正式的連結,如私下的聯誼,才
能塑造更緊密的合作(劉淑瓊, 2002 ;張錦麗、王珮玲、柯麗評,
2003b ; Shepard and Pence, 1999)。

(三)公部門與民間團體的連結

　　由於公部門受限於人員編制無法擴大,不論是中央與地方均策略

---

[39] 依據內政部家庭暴力及性侵害防治委員會所做的民國 92 年業務統計資料顯
示,目前尚有台南縣、台中縣、澎湖縣、金門縣與連江縣尚未設置家庭暴力防
治委員會。

性的積極開發民間資源，並進行業務的委託，彼此間形成協力的伙伴關係，目前大多數縣市的防治中心委外的大宗項目，多屬保護性業務，包括 113 全國婦幼保護專線、緊急庇護服務、家庭暴力後續追蹤輔導、家暴加害人處遇、家暴未成年子女會面交往與交付處所服務、法律諮詢與扶助等（劉淑瓊，2002），依據內政部家庭暴力及性侵害防治委員會所做的民國 92 年防治業務統計（內政部家庭暴力及性侵害防治委員會，2004a），發現已有三縣市（宜蘭縣、屏東縣、新竹市）所運用的民間家庭暴力防治人力，已超過公部門，而這樣的發展，已成為趨勢，換句話說，民間團體未來所扮演的家暴服務角色，將日益吃重。

　　不過，隨著服務從公部門移至民間團體，對公部門而言，其是否發揮監督與扶助的角色，依據筆者走訪縣市的觀察，目前努力的空間仍大，多數的縣市在委託方案時，尚未落實評估的概念與作為，依據縣市的說法，「服務都來不及，哪裡會有空進行評估」，此外許多縣市民間團體稀少，在資源有限的情況下，「拜託民間團體承接都來不及，又怎敢進行評估」，不過這些似是而非的理由，實難為專家所接受，因為沒有空是因為分不清防治工作的輕重緩急；而怕民間團體不高興，則是欠缺評估專業的引領，無法帶動民間體一起成長，因此未來公部門與民間團體的合作，將可從資源引入、專業扶持上共同努力。

　　至於從民間的角度而言，從家暴法的催生（高鳳仙，2000）至現階段對政府的監督、扮演服務性角色，甚至也積極參與修法的工作，民間團體一直均有重要的功能，不過隨著政府防治業務的積極釋出與委託，民間團體要如何持續扮演倡導性的功能，深受各界質疑，所謂「拿人手短、吃人嘴軟」，未來如何一邊靠政府的財務補助、又一邊進行倡導與監督，將同時考驗民間與政府的智慧。

二、家庭暴力防治網絡整合的困境

目前台灣家庭暴力防治網絡的困境可分別從組織、人力、本位主義、倡導性以及績效五個角度分別闡明：

（一）組織設計不良

由上述說明可知防治組織會連帶影響整合的效果，目前的組織設計所呈現的問題包括（王如玄，2000；張錦麗，2000）：

1. 家庭暴力與性侵害防治業務錯誤合併。
2. 不論是中央的家庭暴力防治委員會或是地方的防治中心，其位階都過低，無法有效整合外界資源，推展防治業務。
3. 目前組織中的借調、兼職、任務編組方式弱化防治功能。

（二）人力、預算與設施等結構面的不足

整合不免包含更多的溝通協調與化解衝突，而在目前保護性業務人力吃緊、預算拮据以及設施不足的情況下，現階段服務都有問題，又如何願意投資精力、時間與資源在長期的整合性工作上，這些結構性的因素，均將影響網絡參與的意願與承諾。

（三）本位主義

又可分下列說明：

機關（構）不同　獎懲制度不同、升遷不同、福利制度不同等。例如目前內政部的委員會或地方的中心（例高雄市）都有網絡合署辦公的例子，也就是網絡間的成員共同到委員會或中心上班，不過由於這些進駐委員會或中心的網絡成員編制，仍留在原單位，而原單位打考績的長官，未必看到網絡成員在委員會或中心的努力，因此有可能影響他們的福利與考績，而影響網絡參與者的意願與士氣，甚至造成流動頻繁，專業難以累積以及網絡整合難以進展的困境（劉淑瓊，2002）。

專業不同　理念不同、價值不同、知識背景不同、思考與解決問題模式不同、次文化不同。例如對社會工作者而言，理解弱勢被害者的處境、同理被害人的情緒，尊重被害者的需求，不僅是無可動搖的價值，也是社工服務的理念與工作方法，然而從警察的角度來看，卻可能喪失公平處理的客觀性，甚至有偏袒被害人的嫌疑；而警察重視績效與強調看得見的證據（如身體的傷痕，而非心理的創傷），卻不重視人的感受的辦案導向，也往往使社工認為警察不願意積極保護被害人，而使得專業在合作時，造成一些不必要的摩擦與衝突。

立場不同　如法官在審判家庭暴力案件時，需考量雙方兩造的人權，法官強調的是審判的獨立與中立性；而社福團體，則因長期服務被害人，而深刻理解被害人在社會結構不公下所產生的弱勢與困境，而強調應給予更多的協助，這些立場上的差異，自然也引發許多溝通上的困難與對立。

服務對象不同　例如兒童保護工作者與婦女保護工作者，常因為服務對象不同，而產生立場上不同所引發的爭執與對立，最常見的爭執是資源分配不均的問題，由於兒童保護常涉及強制安置性的問題，亟需公權力的介入，因此不免配置較多的人力，而在保護性業務人力吃緊的狀態下，自然就排擠婦女保護的人力，而對婦保工作者而言，婦女保護未能落實，孩童權益也可能連帶受到影響，因此，若只著重將資源與人力配置在兒保工作上，將造成保護性業務的缺漏，並形成問題的循環，無法解決根本的保護性議題。此外，對立也常表現在兒童與婦女利益的衝突上，若無法兼顧時，應以何者為重，這些議題在彼此合作時，若無法充分的溝通與建立共識，將形成整合時的障礙。

（四）倡導性不足

　　家庭暴力防治工作本是由民間團體積極倡導出來的產物（潘維剛，2003），在家暴法實施後，政府才在人力與財源的挹注下展開積

極的主導性角色，最近更努力將許多業務委託民間團體辦理，導致民間的服務性角色不斷凸顯，甚至弱化原本的倡導性功能，而任何一個政府若欠缺有效的監督，均將影響其功能的發揮，整合性工作更是如此，因為它並非原本科層體制下專業分工的產物，亟需民間的積極倡導與有效監督，才能促使政府以弱勢者權益為重，進行各部門與層級間的整合性防治工作。

（五）首長不重視，工作難見績效與榮譽

　　由於科層官僚體系中，整合本非業務內工作，因此連帶長官也欠缺整合的理念與認同，往往網絡整合成功，則榮譽與大家分享，個別在網絡整合與付出的單位與個人，難見績效與榮譽；若網絡整合失敗時，亦易遭致奚落與嘲諷。

三、家庭暴力防治網絡整合的展望

　　事實上，要談網絡整合必須各部門均積極擔任各自應有的職責下，整合才有可能更具成效，如今有些部門尚未負起相關防治之責時，便積極期望其進入網落整合或建構的層次，難度可想而知，因此未來整合工作展望上，如何要求公部門各自善盡網絡防治之責，且進入積極性的網絡連結，舉舉大者為四（劉淑瓊， 2002）：

1. 要求政府高層宣示防治決心，擬定政策綱領，訂定各部門應盡的防治之責與整合性防治計畫或方案，分階段編列預算與充實人力，並列入績效考核機制，定期追蹤考核，確保執行成效。

2. 修訂家庭暴力防治法，明訂各個防治網絡部門的角色與任務，且需建立網絡連結的機制，並有專人專款擔當網絡連結的重責大任。

3. 全面檢討中央與地方的防治網絡組織，其目前的整合困境，藉由專家診斷，團隊討論的方式，釐清修正的優先次序，進行階

段性的改革措施。

4.發展多元的網絡整合模式，並融入相關的網絡整合教育訓練。

此外，民間的倡導能功能一定要積極發揮，而財源是民間團體的致命傷，由於父權社會中婦女保護性業務募款不易，亟需仰賴政府經費的挹注，為了團體的生存，常必須承接政府的委託性業務，而政府不僅在補助或是委託業務上，預算並不寬裕，目前也並未進展至實質鼓勵民間進行倡導性工作，因此未來民間更需與企業或社區緊密結合，只有透過更多民眾的參與以及更廣闊的財源支持，民間團體才能掙脫政府的枷鎖，展開更大推動網絡整合的能量。

第四節　結語

網絡建構或是整合的理想，是來自提供案主最佳利益的指導原則下，克服高度專業分工與官僚體系的重要方法與策略，因此網絡整合並非是最重要的目標，它是保障弱勢人權的過程與策略。以維護弱勢者權益為職志的人必然認為網絡整合也是其努力的目標與過程，網絡整合者堅信「相互合作勝過單打獨鬥」，然而在合作的過程，不僅要先起頭付出，付出自己的時間或資源，也要努力建立共識以及發展相關的機制、策略與方法，而這種付出與堅持，是建立在「以人為本」與「人性本善」的價值信念上，只有認同這樣的價值，倡導網絡的啟動與維持，才有可能，才有未來。

第十六章
家庭暴力防治成效評估

　　家庭暴力防治法於民國 87 年通過後，家庭暴力防治工作便邁向一嶄新的紀元，而法中所建構的預防、保護、治療與輔導，也就成為防治工作的三大基石。在預防部分，不僅包含一般大眾的教育宣導，也包括專業人員的在職訓練；而在保護方面則強調落實保護被害人的理念，舉凡從被害人的危機處理至日後的生活重建，均應包括在內；而加害人的治療與輔導亦為防治工作非常重要的內涵，不過，為落實上述的防治服務，防治人員尚需發展網絡整合、服務專業建構、資訊建檔與管理以及強化督導的機制（張錦麗、顏玉如，2003）等工作內涵，換句話說，防治服務的落實與工作內涵是否完善，實為一體兩面，兩者密切相關，因此，兩者也均是家庭暴力防治成效評估的重點。

　　本章共分為五節，先從評估的概念發展，談至家庭暴力防治領域的運用，第二節則詳細說明方案評估的概念與運用，也包含實務進展的情形，第三節則為個案管理評估，從四種不同的途徑說明個案管理的運作，第四節為現階段台灣家庭暴力防治工作評鑑的概況、困境與未來展望，第五節為結語。

第一節　評估概念發展與家庭暴力防治領域的運用

一、評估的概念發展

一般而言，評估的基本目的在於運用科學的思考、方法、測量和分析，以提升社會服務的效益、效率與品質（黃源協， 1999）。所謂效益指的是提高成果與輸出的比例，而效率則指提高輸出（output）與輸入（input）比例的最大值。

Rossi and Freeman（1993）則將評估研究定義為：有系統的運用社會研究程序，評估處遇方案的理念、設計、執行及效果。

Everitt and Hardiker（1996）認為評估的過程是由三個要素所組成，第一為建立準則：以做為日後評估的依據；第二為確認達成的程度：透過系統和嚴謹的調查，以掌握達成準則的程度；第三善用效果：充分利用評估過程上及評估後所得到的資料，改善服務的設計與發展，以達成評估後改善的目的（引自黃源協， 1999）。

評估和其他的研究方法相較，「評估」在社會服務方面的應用是較為晚近才興起的方法，同時尚處於發展與更新的階段。探討評估研究的起源，可追溯至美國 1930 年代的一些社會學、心理學和管理學研究；其中最著名的，為 1927－1932 年間的霍桑實驗（Hawthorne Studies）。然而一般認為評估研究的正式開始，則要到 1935 年社會學者 A. S. Stephen 用實驗設計方法評估羅斯福總統的「新政」（New Deal social programs）（柯三吉， 1998）。

美國學者 Guba 及 Lincoln 依據時間的演進，將評估理論分為四大階段（引自翁興利等， 1998 ；賴金蓮， 1999）：

（一）第一代的評估（1910－第二次大戰）

「測量」（measurement）為主：此期間的評估幾乎都以科學實驗的方式進行，測量人類行為、個性、智商、學習及生產績效，再針對

所測量出的數據進行「客觀」的分析。

（二）第二代的評估（第二次大戰－1963）

「描述」（description）為主：相較於第一代的評估，此時期的評估者雖然仍維持客觀與價值中立的立場，但他們已不再認為測量是唯一的評估工具，而更強調對政策、計畫或方案結果的描述，並將實驗的場所由實驗室搬到了現實生活的實地。

（三）第三代的評估（1963－1975）

「判斷」（judgment）為主： 1957 年因為蘇聯早先一步發射第一顆人造衛星，使得美國學界開始反思、檢討過去客觀的評估方式，他們瞭解到測量與敘述方法之不足，因此開始主張評估者加入對政策或方案的價值判斷。

（四）第四代的評估（1975 迄今）

「回應的─建構性評估」（the responsive-constructive evaluation）： Guba 及 Lincoln（1989）批評過去的理論過於偏重管理主義及科學研究典範，而忽略了社會多元而複雜的價值。因此，他們主張第四代的評估研究應特別注重政策利害關係人的內心感受及其回應性的觀點，而評估者應扮演問題建構的角色，對於利害關係人（stakeholders）的各種聲明（claim）、關切（concern）與議題（issue），予以瞭解、考量甚或批判，並催化出下一步的行動。

上述的理論發展也影響研究方法的變革，六〇年代以前，評估研究以量化（quantitative）的方法，尤其是實驗（experimental）和準實驗（quasi-experimental）設計為主流；經過 1960－1970 年間一連串的反思和批判，研究者發現量化研究設計無法確切地回應各個方案的獨特性，因此開始將評估的焦點，轉向對方案發展地區及背景的瞭解，質化（qualitative）的方法，包括：訪談（interview）、觀察（observation）和文件分析（documentary analysis）等方法也因而加入

（Chambers, Rodwell and Wedel,1992; Martella, Nelson and Marchand-Martella, 1999）。

二、評估在家庭暴力防治領域的運用

（一）評估的困難

　　Shepard（1999）曾道出家庭暴力議題評估的困難性，由於家庭暴力防治工作本質是一件多面向的工作，其中不僅涉及多個不同的單位（如警政、社政、司法、醫療衛生、教育等），也包含不同的處遇方式，並且還可能受到複雜的政治與社會環境影響，因此，對這種方案執行過程及成果的評估，可預期的會是多麼困難。再加上，方案工作者每日為案件處理已忙碌不堪，而過去三十年來，美國許多方案的評估結果，由於諸多因素的影響（如信度與效度的限制，或是方案根本沒有按照預計的規劃實施）也都無法清楚提供方案實施是否成功的確定答案，如此一來，為什麼要費錢、費時、費力做方案評估呢？是不是只有學者（研究者）或是出錢補助的單位，才會關心評估是否應該進行？

（二）評估的功能

　　相信這些疑惑也存在於我國防治人員的心中，Shepard（1999）進一步指出評估在家庭暴力運用的重要性與功能，對執行服務者、行政人員以及政策制訂者而言，藉著評估的進行，將可蒐集許多有用的資訊，而這些資訊運用上可包括修正方案的內容、決定協助的優先順序、正確引導人力與資源的分配等，此外，也可判定方案政策目標是否達成，以及評估者也可協助方案執行者釐清方案目標與意義，擴大工作者的視野與工作價值。

　　不過家庭暴力防治方案評估還不僅於此，它也同時需評估對社區或是受害人的影響，Shepard（1999）指出美國家暴議題倡導者認

為，過去一些不適當的處遇方案，是可能對社區的受暴婦女造成更多的傷害，雖然一些處預策略被假設是有效的，但必須持續對其評估，以對其效果提供肯定的答案。例如，許多研究者及實務工作者就曾懷疑，花很多心力研究加害者危險因素及發展危險度評估工具，是否適當？杜魯斯家庭暴力社區介入方案[40]（Domestic Abuse Intervention Project，英文簡稱 DAIP）也曾要求工作者做加害者危險評估，以作為決定處遇方式的參考，但 DAIP 認為危險評估資訊只在初期有效，不贊同工作者太依賴這種排除被害人本身認知，以及工作者自我判斷的加害者危險評估資訊，以免對被害人造成更大的傷害。為此美國疾病控制及預防中心（the Centers for Disease Control and Prevention）曾經贊助此項評估方案，來探討這種危險評估策略所產生的正負面影響，而這些評估結果，對防治相關單位而言，則是相當重要的參考。

　　以下將針對一般運用評估理念與方法最常見的方案評估、個案管理評估與評鑑分別說明。

第二節　方案評估

一、方案評估的類型

　　雖然國內外學者對於評估有不同的分類方式，一般而言，評估至少可分為需求評估（needs assessment）、過程評估（process evaluation）和結果評估（outcome evaluation）三大類（柯三吉，1998；

---

[40] 杜魯斯家庭暴力社區介入模式，係美國最早的家庭暴力防治跨單位整合方案，倍受北美及歐洲地區的推崇，目前在世界各地，超過五百個家庭暴力防治方案，是依循其模式的發展。其最重要的理念與目標有三：一 為保護受害者安全；二為要加害者為其行為負責；三為要改善對家庭暴力的社區縱容文化與情境。

Chambers et al., 1992; Martella et al., 1999）。茲分述如下：

（一）需求評估

　　此種評估的目標在於指認某一人口群對於服務方案的需求程度，換言之，也就是藉此尋找潛在但尚未提供的服務（Martella et al., 1999）。需求評估也包括了可評估性評估（evaluability assessment），即在現有政策或方案實施一段期間後進行評估，以決定未來執行後是否實施全面性評估的基礎（柯三吉， 1998）。

（二）過程評估

　　即評估某一社會服務方案實施之後，其實際執行的情況，以及達成服務案主群的程度。過程評估的重點在於：（1）方案設計是否滿足方案參與者（participants）的需求？（2）方案本身是否依照著原先預期的目標而實施？收集上述兩種資訊，可經由追蹤（tracking）在方案實施過程中的所有記錄、文件及個案檔案等獲得（Martella et al., 1999）。

（三）結果評估

　　為最常見的一種評估類型，主要在於對方案做總結性的評估和價值判斷。 Martella et al.（1999）認為結果評估至少包括四個層次的問題：（1）方案參與者的情況是否因此而改善？（2）相對於未參加方案者而言，方案參與者是否獲得較大的改善？（3）服務方案的提供和結果間是否產生因果關係（cause-and-effect relationship）？（4）方案的結果是否可普及化（generalization）？

　　而 Kettner, Moroney and Martin（1990）等三位學者則將評估分為形成性評估（formative evaluation）和總結性評估（summative evaluation）兩大類型。前者通常是方案仍在執行時所進行的評估，它試圖提供有關過程中的各種資訊，讓方案管理者能夠藉此修正方案的運作；後者則是在方案週期或構成要素的最後階段中進行，或甚至

是整個方案結束之後才進行的評估，其目的是為了要檢視方案的成果
或成效，亦即方案的相對成功與失敗率。

　　Kettner（1990）等學者進一步分析，由於形成性評估主要在於監
督方案的執行，因此重點在方案實施的忠誠度，藉由蒐集方案的過程
資料，協助建構與修正方案實施的內涵，通常可檢視方案當中所發生
的服務活動數量的記載，或是檢視是否有依循方案的理念、原則、流
程與方法實施（「過程評估」，process evaluation），其次為檢視服務
的成本為主（「成本—效率評估」，cost-efficiency evaluation），也就是
每一個單位的服務成本。而總結性評估則包括確認方案成果目標達成
之程度（「成果評估」，outcome evaluation）、檢視方案服務是否滿足
計畫過程所認定之社區需求的程度（「整體適切性之評估」，adequacy
of performance evaluation），或是方案對於社區或組織產生的影響，又
稱為影響評估（impact evaluation）以及達成成果之支出成本（「成本
—效能評估」，cost-effectiveness evaluation）。

表 16-1　形成性評估與總結性評估

評估類型		定義
形成性評估	過程評估	方案的忠實度
	成本—效率評估	每一個服務單位的成本
總結性評估	成果評估	檢驗改變案主之服務結果
	整體表現之適切性或影響評估	檢驗方案服務滿足社區需求的程度或是對於社區或組織產生的影響
	成本—效能評估	檢驗成功個案與使用資源之間的比率

資料來源：整理自 Kettner, Moroney and Martin（1990）等著 *Designing and managing programs-An effectiveness-based approach.*

　　雖然評估可分成上述兩大或三大類型，但在家庭暴力防治實務的操作上，其關係是密不可分，甚至會互為影響，因為家庭暴力議題的評估往往是一個動態的歷程，隨著不同的進展，評估也會進入不同的階段，而資料蒐集的重點也會不同，Shepard（1999）曾以 DAIP 舉例說明，當方案在草創期，所需要的是確認問題所在，以及社區遭遇的特殊議題，這可能包括必須蒐集一些描述性的資訊，例如警方受理家暴案件統計、成功起訴的比例、以及判刑的狀況。其他可行的方式還包括調查被害婦女她們的需求及她們在社區中尋求服務的經驗等，易言之，此階段屬前述評估類型的需求評估。

　　而方案在規劃階段，社區處遇方案可以嘗試不同的策略，以便評估各自的效果。例如在 DAIP 發展早期，警察機關就曾是被研究的對象，該研究是在比較強制逮捕政策與警察擁有裁量的逮捕政策間的差異，雖然該評估結果顯示兩組間並無顯著差異存在，但警察局對強制逮捕政策的正面經驗，促使了警察局最終採用了強制逮捕政策。這是一個說明評估作為改變政策的推手，並挑戰認為改變會有反效果的最佳範例。

　　至於在方案實施階段，所需蒐集的資訊是政策與程序是否被確實執行，也就是過程評估。這些包括蒐集方案的活動及處理過程資訊。Rossi and Freeman（1993）曾指出三種導致方案實施失敗的主要來源：不完全的處遇、錯誤的處遇及非標準化的處遇。在實施家庭暴力加害人處遇時，不完全的處遇是最大的問題，絕大部分的加害者處遇方案中輟率是 40%－60%（Gondolf, 1997）。在 DAIP 的方案中，雖然一些施暴者會再回來參與處遇方案，但已導致評估時間的拖延；而另一方面，在處理中輟率的問題時，分析中輟者之個人變項因素，是可以在檢視方案執行及成果中加以說明的。此外，由於整合性的家庭暴力防治方案包含許多單位及人員，因此這可能導致某些個案的處遇是

被錯誤執行的,而且也因參與的人如此多元,也不能確保可以完全依
照標準的處遇方式來實施,例如有些婦女接受太少的服務,而有些婦
女卻接受了過多的服務。方案實施缺乏一致性,導致評估工作的困
難,因此方案實施如無法達到預期目標,通常是實施過程的問題,大
於處遇方式是否適當的問題。由此可知,過程中的資訊蒐集對後續方
案成效評估與原因分析上的重大影響。

　　最後在方案成效檢視的階段,所蒐集的資訊可從目標達成的各式
量化資料中呈現,或是從各種利害關係人(含方案執行者、決策者、
方案可能的運用者、評估者、方案贊助人、以及接受方案服務者等)
的角度,蒐集一些質化的資料,來看方案是否達到原先設定的目標,
又或是對組織與社區造成什麼樣正負面的影響,換言之 ,也就是結
果評估與影響評估。

二、方案評估進行的步驟與原則

　　Mcinnis-Dittrich(1994)針對方案評估進行的步驟,主張可分為
六項步驟(引自胡慧嫈等譯, 1997),此外 Shepard(1999)也曾指
出家庭暴力防治評估的實務運用,融合兩者做以下的說明:

(一)確認評估運用的目標

　　也就是確認為何要評估,諸如是要修正方案以利後續的維持與擴
大,又或是瞭解方案的成效以對提供資源的人維持責信,了解方案所
實施的策略是否正確、以及是否出現未在預期中的結果等,均可能成
為評估運用的目標。

(二)定義方案的成功與否

　　如何定義方案成功,必須考慮其是否具體反映方案的總體目標與
哲學。對 DAIP 而言,增進被害者的安全與強化加害者負責是其最重
要的哲學理念(Pence and Shepard, 1999),在此理念的引導下如何增

進被害者的安全？強化加害者的可責性，便成為方案一致的目標，而
這些目標要如何測量，在過去一段時間未發生肢體暴力，是否足夠說
明被害者的安全已增進？如果以婦女本身對自身安全的感覺來定義所
謂安全，是否妥適？而這些又如何測量？假如警察系統針對施暴者的
行為持續執法，或者警察系統明確告知加害者不可再對被害人施暴，
此舉是否增進其可責性？這些都是評估者及實務工作者在評估成效
時，必須審慎思考的。

（三）完成評估前的準備工作

　　這又包括：

　　誰來評估方案　是組織內部的人，還是外部的專家學者，還是由
彼此協力完成。在家庭暴力防治領域，方案工作者必須仔細挑選一位
適當的評估者，但這不是意謂著評估工作應該都由外部的評估者來
做，方案工作者可承擔能做的範圍。事實上，雇用一個專職的評估者
並不容易，當一個外部的評估者被挑選時，該評估者必須很清楚的了
解該方案的哲學，而且必須能適應合作的工作方式。評估者必須瞭解
被害者的安全是任何家庭暴力防治評估工作最重要的前提，而且在設
計評估方案時，就必須放入此項關切。

　　家庭暴力防治領域的人員是有理由提防評估者的。依據筆者實務
的經驗，確實曾經看到評估者利用研究資料來非難被害者，也曾經遇
過評估者不尊重實務者的經驗，利用研究的專業來貶抑實務工作者。
當然實務工作者也曾毫不留情面的挑戰研究者評估的結果，這些都是
未經協力過程的考驗所引發出的結果。因此評估研究者和工作者如何
打開心胸接受對方的領域，檢視研究議題上雙方存在的差異，包括對
家庭暴力原因、專業者的角色及研究方法等範圍，均至為重要。

　　Stecher and Davis（1987）特別強調評估過程中的協商
（negociation）過程，一群沒有共同信念、態度及專業基礎的人必須

協商。這個協商過程非常重要,因為評估者與實務工作者必須共同討論,制定評估計畫。家庭暴力防治領域的工作者,經常會質疑研究者如何發展評估的目標、採用何種評估方法與工具,以及如何解釋評估結果,評估者與實務工作者必須建立雙方互信關係,彼此了解各自的立場,並將彼此的需求融入評估計畫中(引自 Shepard , 1999)。

　　評估所檢驗的是過程評估、結果評估又或是影響評估,可三者兼具,也可擇某一項或兩項為其重點。所謂過程評估通常包括輸出(output),所謂輸出指的是服務案主的數量、服務時數、服務人次、經費花費以及其他量化的資料;而結果與影響評估則是除了上述的量化資料外,還需包括非量化的描述性與解析,例如整體方案的成效,以及對社區、組織或個人(含案主或執行者)的正負面衝擊或影響。

　　資料蒐集的方法與來源　質化與量化的方法,均可同時採用,不過值得注意的是,每一種資料蒐集方法均有其限制,這也是為何評估常兼採兩種方法的原因, Shepard(1999)曾舉例說明利用美國司法統計資料來檢視再犯率,雖有其便利性,但它的限制是當施暴者搬離至其他轄區時,再犯率即無法顯示出真實的狀況,而利用問卷或訪談的方式,持續接觸被害者及加害者也有其限制,例如被害婦女常會搬離社區,而找到他們的新址又極為困難,因此 DAIP 的工作者會要求被害婦女留下一個中間聯絡人的聯絡資訊,以利透過中間聯絡人進行後續的接觸。

　　Rossi and Freeman(1993)指出在評估過程中,下列四種資料的來源是可以考慮的:評估者的直接觀察、服務的記錄、實務工作者提供的資訊,以及接受方案服務者提供的資訊。利用多元的資料來源可以幫助評估者更深入的了解方案實施過程。當評估者在選擇何種資料時,必須注意蒐集資料方法盡量不要太費力,以使對工作者的負荷減至最輕。

Shepard（1999）曾舉例說明評估者可以在許多場合實施參與直接觀察，例如一起坐上警方巡邏車、坐在加害者治療團體中、觀察911勤務中心派遣警力的反應、以及觀察法庭的審理過程，這些方式都曾經在DAIP實施過，但基於評估目的，必須發展出一個系統化的表格，以便結構性的記載觀察所得。而DAIP也經常使用服務記錄資料來檢視方案執行過程，例如DAIP曾經與公共衛生護士及其僱用的協助諮商者共事，強化醫療機構對被害婦女的危險評估與處遇，評估者每季都會檢視服務記錄資料，以便決定該強化方案被執行的比率為何。警察機關及觀護人登載在資訊系統的資料，亦定期的被檢視，以便了解方案執行的情形。

服務提供者也會被要求提供除了書面記錄以外的資訊，評估者可與實務者會談，或者請實務者填答問卷；方案評估者也會蒐集接受方案服務者的資料，了解其被服務過程的經驗及滿意度如何。

如何使用評估資料　評估所蒐集的資料通常可提供決策者多元性的訊息，諸如作為後續服務修正改善的依據、對相關利害人展現責信，又或是確認服務過程是否符合當初的服務目標與規劃，以及策略是否可行等，不過，如何使用這些訊息常取決於決策者的政治判斷。

確認方案可被完整的評估　這又包括：

（1）方案需有明確的範圍，諸如方案服務的內涵、期限與程度等。由於家庭暴力防治方案常涉及許多不同的單位，因此為蒐集正確的資料，必須先確定評估的範圍、從何時始與何時止，以及目標要達到何種程度，否則將沒完沒了，永無盡期。

（2）方案需有明確的目標或期待的成果：將評估著重在方案目標是否達成是較為實際的方式，方案長期產生的結果常是較困難去測量與評估，但目標導向的方式則著重在確認及測量方案發展的特殊目標，而這些目標也都是為了達到方案長期的結果（例如預防暴力的產

生或使受暴者脫離受暴的情境）。評估者必須很密切的與方案工作人
員溝通，以便確認方案目標與推展工作間的關係。Shepard（1999）
指出對實務者及評估者而言，他們常常陷在找出什麼樣的工作，可充
分顯示出方案目標的泥沼中，DAIP 曾花費許多時間在確認方案目
標。往往方案目標顯得龐大且重複，但最終都必須找出一個較小且較
容易測量的目標，也就是所謂的指標。Pattern（1986）曾描述類似的
奮戰過程，他指出在確認方案目標的過程中，會引起矛盾或「目標大
戰」，當目標導向的評估方式，開始在目標確認過程發生阻礙時，
Pattern 建議此時可將評估重點放在哪一些資訊是決策者最需要的（引
自 Shepard, 1999）。

　　Stecher and Davis（1987）指出目標導向的評估方式雖然明確，
但也有其太狹隘的缺憾，例如可能會忽略掉其他重要的議題。彌補的
方式之一，是採用一些質化的方法與資料蒐集的方式，進行一些深入
的描述。

　　（3）方案干預的方式與預期成果間需有合理的連結：沒有這項新
方案的介入，會不會有同樣的結果，或是有沒有可能是因為其它的原
因造成方案的結果等，都是評估中應說明的重點。

（四）確認評估的變項

　　這又包括：

1. 分析的對象：例如在方案中，哪些人是方案成效的分析對象。

2. 選擇分析的變項：指的是找出影響方案成效的重要因素。

3. 指認資料的來源：資料可從方案推動的過程中取得，諸如服務
   記錄、個案報告、會議資料等，也可透過特別設計的工具終獲
   取，諸如透過問卷調查、深度訪談或座談會中蒐集。

（五）蒐集與評估資料

如何建立評估的整體架構，與透過不同的方法與工具，整合多元管道蒐集的資料，常是評估過程中最大的挑戰。

（六）研究倫理的考慮

作評估研究時，評估者必須確保參與研究者的隱私及保密。當為了研究目的必須與被害婦女接觸時，必須特別注意被害婦女的安全。被害婦女的伴侶也許會反對其參加研究案，接觸婦女的過程必須很謹慎小心，評估者必須告知婦女，讓其清楚了解研究目的及參與研究可能的風險與益處。

Shepard（1999）曾舉例說明 DAIP 曾追蹤評估一群在一年半前，曾被逮捕的施暴者的婦女配偶，由於追蹤接觸婦女，可能會使她們陷於危險，因為施暴者可能會偷窺其信件及偷聽電話，因此實施的過程必須融入安全的考慮，步驟是給被害婦女一封信，告知他們研究的資訊，如果他們願意參加，就請其在同意書上簽名寄回；假如他們不願意參加，也請他們在同意書上寫上不同意後，寄回。接受訓練的志工，會打電話給那些沒有寄回同意書的婦女，詢問他們的意願。在電話溝通時，婦女首先會被問到此時是否適合談話，他們是否安全？如果婦女表示有意願參加，就請他們填同意書後寄回，評估者在未收到婦女的同意書前，不會再接觸婦女。依這些步驟下來，雖然婦女參與的比率降低許多，但家暴防治評估研究必須確保受害人安全地參與，不會有任何意外的威脅與傷害。

有時為了評估的目的，而改變方案的執行時，也必須仔細考慮對被害婦女可能帶來的傷害。例如，實施加害人危險評估程序時，忽略了被害者的感受，將可能會導致實務者或被害婦女在某些情況下低估危險性，而這可能導致傷害的後果，不得不慎。

（七）撰寫評估的結果

通常要看此項評估的類型，如果是含過程與結果評估，最基本的評估撰寫內容可能要包括：（1）方案實施的忠實度；（2）指認方案的優缺點；（3）描述方案的效果；（4）指認方案修正或擴大的建議，如果還涉及影響評估，當然還包括對組織、或社區的正負面影響等。

三、台灣家庭暴力防治方案評估的實務運作

家庭暴力防治工作的大力推動，在台灣不過是五年多的時間（自家暴法實施以來，政府才投入較多的人力與預算，進行系統性的推動），成效評估尚未蔚為風潮，不過，零星的方案評估卻是方興未艾。接下來將以現代婦女基金會所承接北市社會局委託的「家庭暴力聯合服務處方案」（內政部家庭暴力及性侵害防治委員會，2003a）具體說明，此方案是由現代婦女基金會內部所發起，依照前述的方案評估步驟，其具體的實施過程為：

（一）確認評估的目標

就此方案而言，評估最重要的目標是要了解方案的成效，其次為向提供資源的台北市府展現責信，最後也期望透過評估過程的資料蒐集與分析，了解此實驗方案的運作模式與未來可改進之處，以利後續的推廣。

（二）完成評估前的準備工作

這又包括：

誰來評估方案　如果只是由現代婦女基金會的人員來做評估，難免有不夠公正客觀之嫌，因此委託外在的專家與學者來帶領方案承辦人員共同釐清方案的目標、建立評估的指標，以及找出測量的方法與工具，將不僅能建立內部對方案的共識，更可結合大家的力量一同邁向目標。

　　評估所檢驗的是輸出（output）還是影響（impact）　輸出固然重要，然而完整的評估通常還需檢驗相關的影響，因此方案評估的內涵將包含上述兩者，而為了蒐集詳細的輸出與影響資料，方案推出之際，就應設計相關的表格，以利資料的蒐集與後續的分析。

　　確認方案可被完整的評估　這包含界定方案評估的服務範圍，諸如本方案是以受暴婦女的評估為主，而不包含其他的案主；而方案欲達成的具體目標不僅是提高對受暴婦女的法律扶助、心理支持與福利服務外，也包含法官在審理家暴案件的態度改變，而兩者的評估均再將訂出具體操作化的指標，以利後續的評估；最後則需確認透過這些相關的服務與倡導，確實能完成方案規劃之初所期望達成的目標。

（三）確認評估的變項

　　這又包括：

　　分析的對象　例如在法院設立的「家庭暴力聯合服務處方案」中，接受服務的案主，或是法院內的法官、書記官、法警、或服務的社工人員，都可能是方案評估的分析對象。

　　選擇分析的變項　承上所言，案主聲請保護令時，是否能獲得更充分的資訊與協助、法官在審理與核發保護令案件時，是否注意弱勢求助者的經濟與安全狀況，是否能利用社會福利資源，以及法官對案主的態度是否友善等，均可能是「家庭暴力聯合服務處方案」評估的重要變項。

　　指認資料的來源　資料可從方案推動的過程中取得，諸如倡導的記錄、聯繫會報與個案記錄，以及相關的網絡座談記錄等，此外，為掌握方案目標的達成程度，現代婦女基金會也設計被害人滿意度的調查表與法庭觀察的記錄表，以利蒐集相關的資料。

（四）蒐集與評估資料

　　蒐集資料需在嚴格監控的情形下進行，並定時檢討，否則資料常

有闕漏與忘記蒐集的情況發生，此外，在整合資料的過程中，也要注意資料蒐集是否有相互矛盾的情況發生，以及是否兼顧不同角度的評估，例如此方案是一整合型的服務方案，因此評估的角度不僅包含服務接受者─案主，也包含法院的法官、書記官、法警以及提供服務的社工員。最後則要建立整體的評估架構，以有系統的含括不同角度與不同方法所蒐集的資料。

（五）撰寫評估的結果

這又包括：

1. 描述方案的成效，諸如對被害人的具體協助、法官態度的轉變，以及相關司法程序上的改革等。

2. 指認方案的優缺點：不僅指出上述的優點，也能坦白指出方案的困難與缺憾，以供後續推動上改進的參考。

3. 指認方案修正或擴大的建議：此建議可分為制度面與執行面上，或是短中長期的的具體建議。

（六）評估的所涉及的安全性議題

　　為彰顯法院服務處的成效，被害人滿意度調查是評估重要的資料來源，由於被害人至法院通常來去匆匆，不見得一定有機會可以填寫，不過若打電話到家裡，社工員也擔心增添被害人安全上的顧慮，故很少使用。因此目前滿意度調查表的填寫，多是拜託後續的個案管理單位協助處理，若是在法院直接填寫者，也一定為他們詳細解釋滿意度調查表的用途與如何填寫，他們可以按照自己的意願決定是否填寫，且不需要留下姓名。

第三節　個案管理評估

　　個案管理評估與上述的方案評估，其本質與原則並無差異，只是個案管理更聚焦於個案的感受與需求；而方案評估則除了重視個案外，也強化方案對利害關係人、社區或組織整體的影響。此外，本章所論述的是案主接受服務的過程與服務後，個案管理員對服務是否適切所做的評估，而非對案主所做的資源、優勢或是問題評估[41]，以下將針對個案管理評估的四種途徑分別說明（Moxley,1989）：

一、服務與支持計畫的相關性

　　評估的方法可透過團隊合作的模式，觀察與蒐集服務與支持計畫的相關資料，並進行分析比對，而在蒐集的過程中，可運用結構性問卷與非結構性問話：

（一）結構性問卷

　　內容設計上可考慮目標、計畫、服務是否符合案主的需求，而服務的提供是否即時與正確；活動內容是否符合規劃與在一定的時間內進行等。

（二）結構性會議

　　可採名義團體（nominal group process）的結構式溝通過程，以匿名的方式蒐集服務團體成員的意見，再有系統的回饋給每一個成員，歷經多次的蒐集與回饋，最後形成共識，並達成決策。

（三）非結構性技巧可採用的方式為

　　開放式的討論、腦力激盪與即興的回應等。

二、目標的達成與影響（impact）

　　需考慮的內涵包括：

---

[41] 請參閱本書第八章。

（一）敘述目標

從願景到較具體的目標，例如針對家庭暴力的受害人，服務的目標為提升案主的人身安全、協助案主脫離受虐的情境、提高案主的自尊與自信，或是滿足案主某些特殊需求。

（二）指出關鍵性概念

針對案主的安全部分，關鍵性的概念可能是，不再遭致加害人的毆打，或是減少毆打的次數等。

（三）列出指標

連續三個月不被毆打、或遭遇暴力時可以馬上和那個單位聯絡等。

（四）具體化資料蒐集的方法或工具

問卷、訪談、個案記錄、行為觀察等。

（五）具體化資料來源或對象

指的是向誰獲取資訊，例如可能是案主、個案服務團隊成員，或是單位服務的人員等。

（六）資料蒐集的頻率

三個月、半年或是一年等。

三、一般效益（general effectiveness）

指的是維持或增加案主的自我功能，一般又可分為社會性功能與任務導向功能，分述如下：

（一）社會性功能

包含工作與職業、休閒、婚姻關係、家庭關係以及社會責任等，通常這些角色著重在常態性功能標準（standards of normal function）的比較，不過這些標準未必一定適合案主，甚至某些常態化的規範定義也可能有問題，這都將影響社會性角色功能評估的適切性。此種評

估通常運用在老化、復健、障礙等方面，也將受失能化程度、健康狀態、社會因素、教育、文化以及年齡等因素的影響。

（二）任務導向的功能

其廣泛的運用在發展與老化方面的領域，強調的是一個人自我照顧的能力，以及工具性的生活技能，而這些又受到認知、行為、生理、情緒以及人際能力的影響，而此任務導向的功能評估，就無需受前述常態性功能標準的限制，不過卻傾向適合案主的目標導向（criterion-oriented），也就是協助個案管理者思考案主生活脈絡與支持系統下的技巧與能力，如此一來，也同時意味著要發展工具性測量案主生活能力與技巧的工具。

四、案主的滿意度

其架構包括：

1. 相關性（relevance）：指的是服務內容與過程，符合案主需求的緊密性。
2. 影響（impact）：對案主認知、情感、行為面影響的程度，又或是完成案主需求的程度。
3. 成長的喜悅（gratifcation）：是否提升了案主的自尊、自我概念、與自我管理的效能。
4. 個案管理者的特質：是否盡力投入對案主的協助等。

而在測量對案主的滿意度時，需注意測量方法與過程上的相關問題，諸如是否允許案主自由與安全的表達意見，一般而言，若是服務者要接受服務者在其面前填答相關問卷，基於權力關係的不對等，受服務者有可能擔心服務者會不高興而有勉強填答，甚至作答不實的情況，這均是在實際操作問卷滿意度時，應注意的情況。

目前各縣市家庭暴力防治中心所提供的服務，尚未達到理想的個案管理層次，主要原因是在人力不足、網絡尚未健全、以及個管專業知能不足的情況下，而並未著重在資源的連結、個案或組織倡導，以及服務成效評估等的重要服務策略與過程（張錦麗、顏玉如，2003），而在服務成效評估部分更是尚未開發。對某些縣市而言，服務都來不及，又何能奢談服務成效評估，不過諷刺的是，即使做再多的服務，若欠缺評估將無法彰顯服務的意義與專業的價值。

內政部家庭暴力防治委員會目前所採取的對策是在少數防治基礎較佳的縣市，大力推動優點個案管理方案（內政部家庭暴力及性侵害防治委員會，2003b），期望藉由此方案的運作，從基本面建立個案管理的基本技能與方法，以建立標竿式的服務模式，並供其他縣市選擇與遵循。而優點個管不僅重視服務過程中，個案的優勢評估與目標行動計畫的擬定，也著重在服務成效的評估，其所運用的是前述的案主滿意度取向，且著重在「成長喜悅」部分，分別從憂鬱、壓力、生活抉擇以及生活滿意等不同的角度，檢視案主復元的程度，測量通常在服務之初、中與末期，各測量一次（內政部家庭暴力及性侵害防治委員會，2004a）。

第四節　家庭暴力防治業務績效評鑑（performance evaluation）

業務績效評鑑其實也是評估中的一環，只是目前在台灣實施的情況仍較偏向過程（process）與產出（outputs），類似監督（monitoring）的概念，而評估（evaluation）與監督（monitoring）到底有何不同？評估強調有效且有益的過程與結果；而監督則只強調執行的過程中是否符合當初的計畫（Moxley,1989），換句話說，前者著重在過程與結

果全面性的評估；而後者則只強調過程的重要性。目前委員會對各縣市所進行的業務績效評鑑，強調執行過程是否符合當初家庭暴力的防治規劃，包含組織、資源、機制、工作內涵等，以確實掌握各縣市家庭暴力預防、保護、治療與輔導的防治情況，並檢視是否完成法定的目標，以作為後續獎勵與加強督導的依據。

家庭暴力防治業務績效評鑑基本上有兩方面：一是對防治中心運作的評鑑；二是對委外業務的評鑑（劉淑瓊，2002），而內政部「家庭暴力及性侵害防治委員會」（以下簡稱委員會）從民國 91 年開始陸續展開各縣市「家庭暴力及性侵害防治中心」（以下簡稱中心），的業務評鑑，由於筆者連續三年參與委員會對縣市的評鑑工作，以下將針對其績效評鑑進行的過程與內涵，以及困境與展望進行分析探討。

一、評鑑程序與內涵

（一）評鑑程序

在程序上分為五個階段：

規劃與設計　先由委員會依中心組織執掌，設計執行成果評估項目表，邀請學者專家提供意見，並邀集地方政府交換意見。

中心填報資料　委員會以公文函送各地方政府執行成果評估項目表，由中心負責填寫實際推動情況，並準備具體書面成果資料，供評鑑輔導成員實地訪查時檢閱。

實地訪查　委員會安排相關專家學者與業務負責者，組成評鑑輔導小組，赴縣市中心實地考察瞭解防治現況，一方面查核書面資料，一方面詢問防治品質面的相關議題，並提供優缺點說明與具體建議。

完成訪查報告　邀集評鑑輔導成員召開座談會，討論各縣市優缺點與改進建議，充分交換意見後，撰寫訪查報告。

獎勵與督導　評鑑輔導小組評定成績優劣後，委員會針對績優的

縣市提出獎勵金或獎品，而針對較弱的縣市，委員會也提供外聘督導
予以協助，只是實施至今，某些較弱的縣市擔心標籤效應而心有顧
忌，影響參與意願，不過整體而言，督導仍對實施的縣市產生防治品
質提升的效果（內政部家庭暴力及性侵害防治委員會， 2004b）。

　　由評鑑的程序來看，評鑑項目的制訂與實施的過程，均有外部的
專家與實際執行者的參與，並非由委員會獨攬，且評鑑的過程與結果
均有引領地方防治方向與品質提升的效果，而非只是為評鑑而評鑑，
這樣運作的方式，同樣也可適用於防治中心對委外業務的評鑑操作。

（二）評鑑內涵與結果

　　根據「九十二年度中央對直轄市、縣市政府家庭暴力及性侵害防
治績效考核評鑑報告」（內政部家庭暴力及性侵害防治委員會，
2003c）顯示，評鑑的指標含括預防、保護、治療與輔導三大層面，
以社政為評鑑主軸，兼及警政、醫療衛生與教育部門，且包含縣、市
政府防治「中心」的結構與執行層面，共可分為下列六大項，每一項
均有不同比重的配分，而每一大項也可再分為若干小項，基本上均是
要求縣市提供量化的數字，少部分質化的描述：

　　1. 組織管理與運作（15%）
　　　（1）設立家庭暴力暨性侵害防治中心
　　　（2）法規訂定
　　　（3）網絡協調聯繫機制
　　　（4）統籌家庭暴力資料
　　　（5）結合民間團體資源
　　2. 被害人保護服務（30%）
　　　（1）113 婦幼專線服務
　　　（2）性侵害被害人保護措施

（3）家庭暴力被害人保護措施

（4）建立被害人專業服務

（5）未成年子女會面交往交付

3. 加害人輔導處遇（15%）

（1）性侵害加害人身心治療及輔導教育

（2）家庭暴力加害人處遇計劃

4. 專業訓練及防治宣導（15%）

（1）專業訓練

（2）宣導

5. 上次評鑑建議事項改進情形（15%）

6. 上年度預算執行及本年度預算編列情形（10%）

　　而在九十三年度推動家庭暴力及性侵害防治業務評鑑表部分的設計上，更改善以往以社政為主要評鑑內容的方式，細分為社政、警政、衛生醫療與教育等四大類，換句話說，已從社政為主的個別評鑑進展至整合型的評鑑，雖然四大部門的配分比重並不相同，社政依然最重，佔 38%、次為警政佔 27%、衛生醫療 23%、教育 12%（內政部、財政部、行政院主計處，2004），但是整合性評鑑的建構，將使得防治中心未來更以網絡整合為工作導向。

　　依據評鑑結果顯示，目前在被害人保護服務內涵部分，許多縣市的防治中心仍多停留在危機處理，諸如法律扶助、經濟救助、心理支持等，在後續的被害人生活重建服務方面，如輔導就業，生活獨立自主、以及徹底脫離受虐情境等面向，仍是力有未逮，不過某些縣市已展開婦女福利中心或資源中心的連結，期望藉由社區化的服務中心落實生活重建的理念。而在加害人治療與處遇方面，因「中心」欠缺與法院以及醫療與心理輔導單位的緊密連結，成效並不顯著，而教育宣

導部分尚未發展至有系統且目標導向的小團體規劃，因此雖有密集的宣導次數，然而目標對象的掌握與成效，仍有改善的空間，綜而言之，透過評鑑的進行，「委員會」更易掌握「中心」的工作成效，而「中心」也更能掌握未來努力的目標。

二、評鑑困境與展望

　　目前委員會對各縣市進行的家庭暴力防治評鑑指標項目，定義尚嫌含糊，且並未在縣市間獲得普遍共識，使得縣市在填答的過程中，也容易有不夠精確之嫌，例如「開案服務人數」這一項，要能詳實填寫必須精確定義何謂開案，提供諮詢是否為開案？還是必須提供兩種以上的服務才叫開案等，而在「專兼人力」部分，同樣也面臨一樣的問題，專任是指專做家庭暴力防治業務，不做其他業務？還是所有的家庭暴力防治業務都歸此人，但此人還是要兼辦其他項業務，只有定義上獲得普遍共識，量化的統計才有意義，評鑑也才能使人信服。

　　此外，細覽上述的評鑑指標項目後，可知評鑑的目的在於建立機構重點工作內容，強調組織機制與資源是否建立，以及相關服務是否提供，著重的是組織與工作者的角度，投入（inputs）、活動（activities）與產出（outputs）仍是評鑑的重點，與方案評估也強調接受服務者與整體社區或組織影響的角度，或是近些年來國外評鑑所反思強調的產品與成果（products and outcomes），仍有差異（Peat and Costley, 2000）。換句話說，服務的量已不再是評鑑的唯一重點，服務的品質與成效更是關切的核心。雖然專家與業務承辦人在實地訪查進行評鑑時，也會著重在服務品質與效果的瞭解，然而如果縣市政府毫不在意，委員會也莫可奈何，學者劉淑瓊（2002）參酌加拿大聯邦政府在家庭暴力防治上的經驗，提出未來評鑑的內容上可考慮放入縣市政府所做的產出與成果承諾（output and outcome commitments），也就

是評估縣市不同的人文、地理與資源情況，究竟一年可完成多少基本的服務量（例如人數），且此量中應如何確保基本的服務項目（如心理支持、經濟協助、法律扶助、兒童就養與就學等）、品質與成效。因為納稅義務人最關心的是資源投入後，到底產生了什麼不一樣的效果，例如被害人在接受中心所提供的具體服務後，是否真能脫離受暴的處境或是降低暴力對其所造成的傷害，而加害人在治療輔導後，是否可降低使用暴力的機率等這些成效上的說明。

綜而言之，除量化的指標項目需定義精確外，若能在量化的統計之餘，也能提出具體的證據與保證，說明服務的成效與承諾，將是下一階段評鑑努力的目標。

第五節　結語

不論是在個案管理評估、方案評估或是機構評鑑方面，目標均不外是向相關利害人展現責信，確認是否達成目標，以及作為未來改進修正的參考依據，策略與方法上均可透過多元的質、量化途徑，蒐集確實可用的資料。目前台灣家庭暴力防治服務已邁向第六年，如何在積極開拓服務的同時，也同時展開評估，將考驗未來防治工作，是否更能掌握成效的重要關鍵。

參考文獻

一、中文部分

中國時報

    2003　〈保護令氾濫、家務事難斷〉，中國時報，92 年 6 月 23 日，A10 版。

內政部

    1998a〈台灣地區婦女生活狀況調查報告〉。

        http://www.moi.gov.tw/W3/stat/Survey/survey13.html.

    1998b〈87 年台閩地區人口婚姻狀況分析〉。

        http://www.moi.gov.tw/W3/stat/topic/topic318.html.

    2000　「保護令制度檢討會」會議資料，未出版。

    2004　九十二年家庭暴力案件統計，台北：內政部家庭暴力及性侵害防治委員會。

內政部、財政部、行政院主計處

    2004　《中華民國九十三年度中因對地方政府執行社會福利績效考核手冊》，台北：內政部、財政部、行政院主計處。

內政部家庭暴力及性侵害防治委員會

    2003a《法院設置家庭暴力事件聯合服務處觀摩暨研討會資料》，台北：內政部。

    2003b《推動優點個案管理模式訓練工作坊手冊》，台北：內政部家庭暴力及性侵害防治委員會。

    2003c《九十二年度家庭暴力及性侵害防治績效考核評鑑報告》，台北：內政部。

    2004a《九十三年度推動家庭暴力及性侵害防治業務量化指標——社政、衛生醫療、教育單位》，台北：內政部。

    2004b《九十三年度推動地方政府落實家庭暴力及性侵害防治工作督導計畫》，台北：內政部。

內政部警政署

    1999 《警察機關防治家庭暴力工作手冊》，台北：內政部警政署。

    2003 《警察機關執行家庭暴力防治工作——家庭暴力被害人訪視問卷分析》，未出版。

    2004 《警察機關處理家庭暴力案件統計》，未出版。

台北市社會局

    2002 〈台北市「家庭暴力相對人審前鑑定及加害人處遇計畫」推動發展專案會議會議議程〉，台北：台北市政府社會局。

台灣省社會處

    2004 台灣省婦女生活調查報告。

司法院

    2004 《地方法院民事保護令核發情形統計》，台北：司法院。http://www.judicial.gov.tw

法務部

    2000 〈家庭暴力案件概況〉，http://www.moi.gov.tw/f7.frame.html.

    2004 〈九十二年違反保護令罪統計〉，台北：法務部。http://www.moj.gov.tw/tpms/home.aspx

現代婦女基金會

    2003 如何建立「友善的司法環境」研討會，台北：現代婦女基金會。

    2004 〈台灣台北地方法院暨台北市政府家庭暴力事件聯合服務處第四次聯繫會議記錄〉，台北：現代婦女基金會。

福爾摩沙基金會

    1995 《一九九五台灣婦女動向調查》，台北：福爾摩沙基金會。

丁雁琪

    1997 〈醫院在受虐婦女保護網絡中的角色〉，《社會福利》，頁 130,21-32。

    2004 〈婚姻暴力實務篇〉，《家庭暴力防治工作人員服務手冊》，台北：內政部。

王如玄

　2000　檢視及研修婦女人身相關安全法令，《全國婦女人身安全會議特刊》，
　　　　頁 89-98，台北：行政院婦女權益促進會。

王玠、李開敏、陳雪真

　1998　《社會工作個管者》（J. R. Ballew and G. Mink,翻譯），台北：心理。

王秋嵐

　2000　〈警察與社工員對緊急性暫時保護令聲請作業實況之初探──以台北
　　　　市為例〉，東吳大學社會工作學系碩士論文。

王麗容

　1999　《婦女保護網絡建構之研究》，內政部社會司委託研究。

　2002　《民事保護令成效之研究》，台北：內政部委託研究報告。

江幸慧

　2003　台北市籌設法院設置家庭暴力聯合服務處之起源與過程。發表於內政
　　　　部主辦之「法院設置家庭暴力事件聯合服務處方案觀摩暨研討會」。

吳素霞

　2001　〈家庭暴力防治網絡個別體系功能整合之探討〉，《社區發展季刊》，
　　　　第九十四期，頁 32-41，台北：內政部。

吳國宏、錢文

　2002　《跨越兩性世界的橋樑》（Philpot, C. L. and Brooks, G. R. and
　　　　Lusterman, D. and Nutt, R. L.，翻譯），台北：突破。

吳慈恩

　1999　《邁向希望的春天──婚姻暴力受虐婦女經驗婦女之分析與防治實
　　　　踐》，高雄：高雄家協中心。

宋賢儀

　1998　《受虐婦女與其非正式社會支持系統互動經驗之探討》，台北：台灣大
　　　　學社會學研究所碩士論文。

李詩詠、黃源協

　2001　〈婚姻暴力受虐婦女醫療處遇的社會工作才能之初探─以高雄市婦女
　　　　保護工作為例〉，《社區發展季刊》，第九十四期，頁 286-301，台

北：內政部。

沈慶鴻、彭昭芬

　2001　《保護令制度之實施對台北市受虐婦女處境影響之探討》，台北市政府
　　　　社會局委託研究案。

周月清

　1996　《婚姻暴力—理論分析與社會工作處置》，台北：巨流。

　2000　〈家庭暴力防治「法」與執行落差之探討—各縣市家暴中心防制工作
　　　　問題與改善〉，《社區發展季刊》，第九十一期，頁 286-301，台北：
　　　　內政部。

周月清、高鳳仙

　1997　《台北市政府婚姻暴力防治體系之研究—現況與需求之評估》，台北市
　　　　政府社會局委託研究。

林佩僅

　1997　〈台灣的反婚姻暴力行動之研究〉。

　　　　http://taiwan.yam.org.tw/women web/hvdraaft/hvact.htm.

林明傑

　2000　〈美加婚姻暴力犯之治療方案與技術暨其危險評估之探討〉，《社區發
　　　　展季刊》，第九十期，頁 197-215，台北：內政部。

林美薰、蘇峻瑩

　2001　《警膽妙令——有愛無暴力，員警齊努力》，台北：內政部警政署。

林碧惠

　1992　〈台北都會區老人福利組織整合之研究〉，私立東吳大學社會學研究所
　　　　社會工作組碩士論文。

林慧芬

　2002　〈婚姻暴力施暴者處遇理論及模式探討〉，收錄於《國政研究報告》，
　　　　於 http://www.npf.org.tw/PUBLICATION/SS/091/SS-R-091-002.htm。

姚淑文

　2003　〈士林地方法院法官、書記官訪談整理〉，發表於民國 92 年 8 月內政
　　　　部主辦之「法院設置家庭暴力事件聯合服務處方案觀摩暨研討會」。

施教裕

1995 〈兒童福利機構的行政重組和服務整合〉，《二十一世紀兒童福利政策論文集》，頁 313-356，台北：台北二十一世紀基金會與中華民國兒童福利基金會。

1996 〈社會變遷與社會福利走向—從公共政策到公共管理〉，《研考雙月刊》，第二十捲第一期，頁 32-47。

1998 〈老人居家服務現況及整合探討〉，《社區發展季刊》，第八十三期，頁 74-91，台北：內政部。

柯三吉

1998 《公共政策：理論、方法與台灣經驗》，台北：時英。

柯麗評

2003 〈美國犯罪司法系統家暴被害人服務方案介紹——以聖查爾縣（St.Charles County）和紐約為例〉。發表於民國 92 年 8 月內政部主辦之「法院設置家庭暴力事件聯合服務處方案觀摩暨研討會」。

2004 〈「看見你我了嗎？」探討婚姻暴力議題急診室處遇現象〉，未出版。

胡慧嫈

1997 《整合社會福利政策與社會工作實務》 （McInnis-Dittrich, K.翻譯），台北：揚智。

韋愛梅

1998 〈警察系統回應婚姻暴力之模式——以台北市政府警察局為例〉，中央警察大學碩士論文。

夏曉鵑

2002 〈流離尋岸：資本國際化下的「外籍新娘」現象〉，《台灣社會研究叢刊》，第九期，台北：台灣社會研究雜誌社。

祝健芳

2002 〈婚姻暴力防治網絡中地方政府社工人員角色之研究〉，國立暨南國際大學社會政策與社會工作學系碩士論文。

翁興利等

1998 《公共政策》，台北：國立空中大學。

高鳳仙

　1998　《家庭暴力防治法規專論》，台北：五南。

　2000　《家庭暴力防治法規專論》，台北：五南。

　2001　〈我國民事保護令制度之分析研究〉，《台灣高等法院 90 年研究發展項目研究報告》，台灣高等法院。

　2003　〈論美國法院之家庭暴力被害人服務處〉。發表於民國 92 年 8 月內政部主辦之「法院設置家庭暴力事件聯合服務處方案觀摩暨研討會」。

張淑貞

　2003　〈臺北、士林地院暨臺北市政府家庭暴力事件聯合服務處服務模式介紹與工作分享〉，未出版。

張錦麗

　2000　〈婦女人身安全資源體系之整合與檢討〉，《全國婦女人身安全會議特刊》，頁 99-106，台北：行政院婦女權益促進會。

　2003a〈倡導實踐的個案研究——以「性侵害被害人減少重複陳述」方案為例〉，《警專學報》，第三卷第四期，頁 183-218，台北：警察專科學校。

　2003b〈「家庭暴力事件聯合服務處」方案運作初探〉，發表於民國 92 年 8 月內政部主辦之「法院設置家庭暴力事件聯合服務處方案觀摩暨研討會」。

張錦麗、顏玉如

　2003　〈台灣地區家庭暴力與性侵害基礎型防治模式——個案管理的工作策略〉，《社區發展季刊》，第一〇二期，頁 242-260，台北，內政部。

張錦麗、王珮玲、柯麗評

　2003　〈美國杜魯斯家庭暴力社區介入模式的介紹〉，《社區發展季刊》，第一〇二期，頁 320-330，台北：內政部。

陳昭榮

　1986　〈社會服務輸送體系之研究——以台北市為例〉，東吳大學社會學研究所社會工作組碩士論文。

彭淑華、張英陣、韋淑娟、游美貴、蘇慧雯

　　1999 《家庭暴力》（Kemp, A.，翻譯），台北：洪葉。

馮　燕

　　1992 《我國目前婚姻暴力狀況》，台北：台北市政府。

黃一秀

　　1999 〈婚姻暴力之受虐婦女求助歷程之探討〉，東海大學社會工作系碩士論
　　　　文。

黃心怡

　　2004 〈法官對婚姻暴力態度之研究—以北台灣法官為例〉，國立台北大學社
　　　　會工作學系碩士論文。

黃志中

　　2001 〈婚姻婚姻暴力的暴力被忽略的一角〉，《第六屆全國婦女國事會議論
　　　　文集》，於 http://tai wan.yam.org.tw/nwc/nwc6/safe/0.1.htm 。

黃志中、黃寶萱

　　2001 〈醫療化情況——以二十位住院婚姻暴力受虐者之病歷為例〉，家庭暴
　　　　力與性侵害學術論文研討會，頁 157-177 ，彰化：國立彰化師範大學
　　　　輔導與諮商學系。

黃志中、吳慈恩、張育華、黃寶萱、李詩詠

　　1999 〈婚姻暴力受虐婦女的醫療驗傷經驗〉，《第五屆社會工作實務研討會
　　　　論文集》，頁 1-14 ，台北：中華心理衛生協會。

黃志中、謝臥龍、吳慈恩

　　2003 〈家庭暴力相對人裁定前鑑定未執行困境之探討〉，社區發展季刊，第
　　　　一○一期，頁 293-309 ，台北：內政部。

黃富源

　　1995 〈警察系統回應婚姻暴力的理論與實務〉，《警政學報》，第二十六
　　　　期，頁 4-39 ，桃園：中央警察大學。

　　2000 〈警察與女性被害人—警察系統回應的被害者學觀察〉，台北：新迪。

黃富源、陳明志

　　2001 〈探討家庭暴力受虐者對員警處理模式之感受〉，《社區發展季刊》第

九十四期，頁 76-95 ，台北：內政部。

黃源協

 1999 《社會工作管理》，台北：揚智。

葉麗娟

 1996 〈警察、司法系統回應婚姻暴力的現況與檢討〉，中央警察大學碩士論文。

葉毓蘭

 2001 家庭暴力防治網絡之建構—警察系統之回應與成效評估。台北市：內政部委託研究。

劉淑瓊

 2002 《台灣地區家庭暴力防治業務取向研究》，內政部社會司委託研究報告。

劉慧玉

 1999 《親密風暴中的船錨》（原作者 Brewster, S. C. ，翻譯），台北：遠流。

潘淑滿

 2003 〈婚姻暴力的發展的路徑與模式：台灣與美國的比較〉，《社會發展季刊》第一○一期，頁 276-292 ，台北：內政部。

潘維剛

 2003 〈以政策途徑分析我國家庭暴力防治法立法作為〉，師範大學三民主義研究所博士論文。

鄭讚源

 1997 〈如何整合民間資源建立志願服務網絡〉，《社會福利》，第一二八期，頁 8-12 。

賴金蓮

 1999 〈臺北市老人保護服務之執行評估研究〉，國立中興大學公共政策研究所碩士論文。

簡春安

 2002 《家庭暴力被害人保護方案之初探研究》，台北：內政部委託研究報告。

二、外文部分

Bureau of Justice Statistics of U. S. Department of Justice

　1998　Violence by intimates: analysis of data on crimes by current or former spouse, boyfriends and girlfriends. *Bureau of Justice Statistics Factbook.*

CIS Statistical Universe

　1998　*Violence by intimates: analysis of data on crime by current or former spouse, boyfriends, girlfriends.* http://www.unm.edu/~govref/compass/statuni.html

Domestic Abuse Intervention Project

　2000　*Coordinated community response to domestic assault cases: A guide for policy development.*

Greek Mythology.

　1997　A definition of myth.

　　　　http://www.entrenet.com/~groedmed/greekm/mythdefi.html

National Coalition Against Domestic Violence.

　2001　*Comparison of VAWA 1994 and VAWA 2000 Reauthorization Bill.*

National Sheriffs' Association

　2001　*First response to victims of crime 2001.* Washington D.C.: U.S. Department of Justice.

New York City Police Department.

　1994　*Police strategy No 4: breaking the Cycle of Domestic Violence.* New York: NYPD.

Tbihome. Subtle brain injury.

　　　　http://www.tbiaw.com/AboutMildBrainMovie.htm

The National Victim Center.

　1997　Domestic violence and the law. http://www.nvc.org/infolink/info61.htm

U. S. Department of Justice.

　1998　Intimate partner violence. http://www.ojp.usdoj.gov/bjs/pub/ascii/ipv.txt

U.S. Commission on Civil Rights.

　1982　*Under the rule of thumb: battered women and the administration of justice.*
　　　　Washington D.C.: U.S. Commission on Civil Rights.

U.S. Department of Justice.

　1984　*Attorney general's task force on family violence final report.* Washington
　　　　D.C.: U.S. Department of Justice.

Women's Rural Advocacy Program.

　　　　Statistics about domestic abuse: did you know that.

　　　　http://www.letwrap.com/dvinfo/stats.htm

Aderson, K. L.

　1997,　August Gender, Status and Domestic Violence: An Integration of Feminist
　　　　and Family Violence Approaches. *Journal of Marriage and the Family* 59:
　　　　655-669.

Alpert, G.P. and Moore, M.H.

　1997　Measuring police performance in the new paradigm of policing." in R.G.
　　　　Dunham and G.P. Alpert (eds.) *Critical issues in policing.* 3rd ed. Prospect
　　　　Heights, IL: Waveland Press.

Ballew, J. R. and Mink, G.

　1986　*Case management in the human service.* Illinois: Charles C. Thomas.

Belknap, J., Fleury, R.E., Melton, H.C., Sullivan, C. and Leisenring, A.

　2001　To go or not to go? Preliminary findings on battered women's decisions
　　　　regarding court cases. In H. Eigenberg (ed.) *Woman battering in the United
　　　　States: till death do us part.* Prospect Heights, IL: Waveland.

Black, D.

　1980　*The manners and customs of the police.* New York: Academic Press.

Bograc, M.

　1984, October　Family Systems approaches to Wife Battering: A Feminist Critique.
　　　　American Journal Orthopsychiat 54(4) : 558-568.

Breci, M.G. and Simons, R.

1987　An examination of organizational and individual factors that influence police response to domestic disturbance. *Journal of Police Science and Administration* 15 (2) :93-104.

Buzawa, E.S. and Austin, T.L.

1993　Determining police response to domestic violence victims: the role of victim preference. *American Behavioral Scientist* 36(5) : 610-623.

Buzawa, E.S. and Buzawa, C.G.

1997　Traditional and innovative police response to domestic violence." in R.G. Dunham and G. P. Alpert (eds.) *Critical issues in policing* 3rd ed. Prospect Heights, IL: Waveland Press.

2003　*Domestic violence: the criminal justice response* (3rd ed.). Thousand Oaks, CA: Sage.

Buzawa, E. S., Austin, T.L. and Buzawa, C.G.

1996　"The Role of Arrest in Domestic Violence versus Stranger Assault: Is There a Difference?" in Eve S. Buzawa and Carl G. Buzawa (eds.) Do Arrests and Restraining Orders Work? Thousand Oaks, CA: Sage Publications.

Buzawa, E. S., Hotaling, G., Klein, A. and Byrne, J.T.

1999　Response to domestic violence in a pro-active court setting: final report. Washington, DC.: National Institute of Justice.

Cahn, N.

1992　Innovative approaches to the prosecution of domestic violence crimes: an overview. in E.S. Buzawa and C.G. Buzawa (eds.) *Domestic violence: the changing criminal justice response.* Westport, CT: Auburn House.

Cahn, N. and Lerman, L.

1991　Prosecuting woman abuse. In M. Steinman (ed.) *Woman battering: policy responses.* Cincinnati, OH: Anderson Publishing and Academy of Criminal Justice Sciences.

Campbell, J. C.

1991 A review of nursing research on battering ". In Sampselle, C. M. (Ed.). *Violence Against Women Nursing Research Education and Practice Issues,* pp 69-81. New York: Hemisphere.

Carlson, M.J. and Susan, H.D.

1999 Protective orders and domestic violence: risk factors for re-abuse. *Journal of family Violence* 14(2) : 205-226.

Chambers, D. E., Rodwell, M. K. and Wedel, K. R.

1992 *Evaluating social programs.* Needham Heights, MA: Allyn and Bacon.

Chambliss, L. R.

1997 "Domestic violence: a public health crisis". *Clinical Obstetrics and Gynecology* 40(3) :630-638.

Chaudhair, M. and Daly, K.

1992 Do restraining orders help? battered women's experience with male violence and legal process." in E.S. Buzawa and C.G. Buzawa (eds.) *Domestic violence: the changing criminal justice response.* Westport, CT: Auburn House.

Corcoran, J., Margaret, S., Perryman, D. and Allen, S.

2001 Perceptions and utilization of a police-social work crisis intervention approach to domestic violence. *Families in Society* 82(4) : 393-398.

Costello, C. and Krimgold, B. K.

1996 *The American woman: 1996-97, women and work.* New York: Norton.

Covey, S. R.

1989 *The seven habits of highly effective people: powerful lessons in personal change.* New York: a Fireside Book.

Dane, B.

2000 Child welfare workers: an innovative approach for interacting with secondary trauma. *Journal of Social Work Education* 35(1) : 27-37.

Davies, J. and Lyon, E.

1998   *Safety planning with battered women: complex lives/difficult choices.* London: Sage.

Dobash, R. E. and Dobash , R. P.

1979   *Violence against wives.* New York: Free Press.

1992   *Women, violence and social change.* New York: Rutledge Press.

2000   Evaluating criminal justice interventions for domestic violence. *Crime and Delinquency* 40: 252-270.

Dowson, M. and Dinovitzer, R.

2001   Victim cooperation and the prosecution of domestic violence in a specialized court. *Justice Quarterly* 18:595-622.

Dyche, L. and Zayas, L. H.

2001   Cross-cultural empathy and training the contemporary psychotherapist. *Clinical Social Work Journal* 29(3) : 245-258.

Edleson, J. L.

1984   May-June Working with men who batter. *Social Work,* pp 237-242.

Edwards, S. M.

1989   *Policing "domestic" violence: women, the law and the state.* London: Sage Publications.

Eliasson, P. E. and Bokforlag, C.

2001   *Men, women and violence.* Translation by Jon Kimber. Swedish: Bjarnum Tryckeri, Bjarnum.

Elliott, D. S.

1989   Criminal procedure in family violence crimes. In L. Ohlin and M. Tonry (eds.) *Family violence.* Chicago: University of Chicago Press.

Epstein, D.

1999   Effective intervention in domestic violence cases: rethinking the roles of prosecutors, judges and the court system. *Yale Journal of Law and Feminism* 11:3-50.

Erez, E. and Belknap, J.

1998 In their own words: battered women's assessment of the criminal processing system's response. *Violence and Victims* 13 (3) : 251-268.

Eyelyn, C. W.

1994 *Chain chain change: for black women in abuse relationship.* Seattle: Seal.

Fagan, J.

1996 *The criminalization of domestic violence: promises and limits.* Washington D.C., National Institute of Justice, U.S. Department of Justice.

Feder, L.

1997 "Domestic Violence and Police Response in a Pro-Arrest Jurisdiction." Women and Criminal Justice 8(4): 79-98.

Fernandez, M., Iwamoto, K. and Muscat, B.

1997 Dependency and severity of abuse: impact on women's persistence in utilizing the court system as protection against domestic violence. *Women and Criminal Justice* 9 (1) : 39-63.

Ferraro, K.J. and Pope, L.

1993 Irreconcilable differences: battered women, police and the law." in N. Z. Hilton (ed.) *Legal responses to wife assault.* Newbury Park, CA: Sage Publications.

Ferraro,K.

1989 The legal response to woman battering in the United States", in J. Hanmer, J.Radford and E.Stanko (eds), *Woman, policing and male violence.* London: Routledge and Kegan Paul.

Finn, P. and Colson, S.

1990 *Civil protection orders: legislation, current practice and enforcement.* Washington D.C.: U.S. Department of Justice, National Institute of Justice.

Ford, D.A.

1991 Prosecution as a victim power resource: a note on empowering women in violent conjugal relationships. *Law and Society Review* 1 : 313-334.

2003　Coercing victim participation in domestic violence prosecutions. *Journal of International Violence* 18(6) : 669-684.

Ford, D.A. and Regoli, M.J.

　1993　The criminal prosecution of wife assaulters: process, problems and effects. in N.Z. Hilton (ed.) *Legal responses to wife assault.* Newbury Park, CA: Sage Publications.

Frederick, L. M.

　2000　The Evolution of Domestic Violence Theory and Law Reform Efforts in the United States. *Battered Women's Justice Project.*

Gamache D. and Asmus M.

　1999　Enhancing networking among service providers.In Shepard M.F. and Pence E.L（Eds.）, *Coordinating community responses to domestic violence,* pp.65-113. Thousand Oaks, CA: Sage.

Gelles, R. J. and Loseke, D. R.

　1993　*Current controversies on family violence.* California: Sage.

Gelles, R.J. and Straus, M. A.

　1988　*Intimate violence: the causes and consequences of abuse in the American family.* New York: Simon and Schuster.

Giblin, M. J.

　1999　Winter Catholic church teaching and domestic violence. *Listening Journal of Religion and Culture* 34(1) : 10-21.

　　　　http://www. .op.org/DomCentral/library/listening/giblin.htm

Goffman, E.

　1968　*Stigma: notes on the management of spoiled identity.* New York: Touchstone/Simon and Schuster.

Goldner, V.

　1999　Morality and multiplicity: Perspectives on the treatment of violence intimate life. *Journal of Marital and Family Therapy* 25(3):325-336.

Gondolf, E. W. and Fisher, R.

1988 *Battered women as survivors: an alternative to treating learned helplessness.* New York: Lexington.

Gondolf,E.W.

1997 Batterer programs: What we know and need to know. *Journal of Interpersonal Violence* 12(3) :83-98.

Grau, J., Fagan, J. and Wexler, S.

1985 Restraining orders for battered women: issues of access and efficiency." in C. Schweber and C. Feinman (eds.) *Criminal justice politics and women: the aftermath of legally mandated change.* New York: The Haworth Press.

Guba, E.G. and Lincoln, Y. S.

1989 Fourth generation evaluation. Newbury Park, CA: Sage.

Hagen, J. L. and Davis, L. V. (1988, December). Services for Battered Women: The Public Policy Response. *Social Service Review,* pp. 649-667.

Hamby, S. L.

1998 "Partner Violence: Prevention and Intervention". In Jasinski, J. L. and Williams, L. M. (Eds). *Partner violence: A comprehensive review of 20 years of research,* pp. 210-258. California: Sage.

Hanna, C.

1996 No right to choose: mandated victim participation in domestic violence prosecutions. *Harvard Law Review* 109: 1849-1910.

Hardesty, J. L.

2002 Separation assault in the contest of postdivorce parenting. *Violence Against Women* 8(5) : 597-625.

Harrell, A. and Smith, B.

1996 Effects of restraining orders on domestic violence victims, In E.S. Buzawa and C.G. Buzawa (eds.) *Do arrests and restraining orders work?* Thousand Oaks, CA: Sage.

Harrell, A., Smith, B. and Newmark, L.

1993 *Court processing and the effects for restraining orders for domestic violence victims.* Washington D. C.: The Urban Institute.

Hart, B.J.

1998 Safety and accountability: the underpinning of a just justice system. Violence Against Women Online Resources. http://www.vaw.umn.edu

Hatty, S.E.

1989 Policing and male violence in Australia. in J. Hanmer, J. Radford and E.A. Stanko (eds.) *Women, policing and male violence: international perspectives.* London: Routledge.

Healey, K., Smith, C. and O' Sullivan, C.

1998 *Batter intervention: Program approaches and criminal justice strategies.* Washington D. C.: National Institute of Justice.

Hemmons, W. N.

1981 Spring The need for domestic violence laws with adequate legal and social support services. *Journal of Divorce* 4(3) : 49-61.

Hirschel, J. D., Hutchison, I.W., Dean, C.W. and Mills. A.

1992 Review essay on the law enforcement response to spouse abuse: past, present and future. *Justice Quarterly* 9(2) : 247-283.

Holt, V.L., Kernic, M.A., Lumley, T., Wolf , M.E. and Rivara, F.P.

2002 Civil protection order and risk of subsequent police-reported violence. *JAMA* 288(5) : 589-594.

Holtzworth-Munroe, A., Meehan, J. C., Herron, K. and Stuart, G.. L.

1999 A typology of male batterers: an initial examination. In Arriaga, X. B. and Oskamp, S. (eds.). *Violence in intimate relationships.* Chap.3, pp. 45-72.

Homant, R.J. and Kennedy, D.B.

1985 Police perceptions of spouse abuse: a comparison of male and female officers. *Journal of Criminal Justice* 13(1) : 29-47.

Hoyle, C.

1998   *Negotiating domestic violence: police, criminal justice and victims.* Oxford:
Oxford University Press.

Ivey, A. E., Ivey, M. B. and Simek-Morgan, L.

1980   *Counseling and psychotherapy: a multicultural perspective.* Boston: Allyn
And Bacon.

Jolin, A. and Moore, C.A.

1997   Evaluating a domestic violence program in a community policing
environment: research implementation issues. *Crime and Delinquency* 43 :
279-297.

Jones, A.

1994, June 7 Why doesn't she leave him? It's time to put that question to rest.
Woman's Day.

Kantor, G.K. and Jasinski, J.L.

1998   Dynamics and risk factors in partner violence. in J.L. Jasinski and L.M.
Williams (eds.) *Partner violence: a comprehensive review of 20 years of
research.* Thousand Oaks, CA: Sage.

Kanuha, V.

1996   Domestic violence, racism and the battered women's movement in the
United States." In Edleson , J L. and Eisikovits, Z. (Eds.). *Future
interventions with battered women and their children,* pp.34-52. California:
Sage.

Karan, A., Keilitz, S. and Denard, S.

1999   Domestic violence courts: What are they and how are they should we
manage them? *Juvenile and Family Court Journal* 71:75-86.

Keilitz, S.L., Hannaford, P.L. and Efkeman, H.S.

1997   *Civil protection orders: the benefits and limitations for victims of domestic
violence.* Williamsburg, VA: National Center for State Courts.

Kettner,P.M.,Moroney,R.M. and Martin, L.L.

1990　*Designing and managing programs-An effectiveness-based approach.* Newbury Park, CA: Sage Publications,Inc.

Klein, A.R.

1996　Re-abuse in a population of court-restrained male batterers: why restraining orders don't work." in E.S. Buzawa and C. Buzawa (eds.) *Do arrests and restraining orders work?* Thousand Oaks, California: Sage.

Kleinhesselink, R.

2003　A process evaluation of the Clark County domestic violence court. *Violence Against Women Online Resources.* http://www.vaw.umn.edu

Lerman, L.G.

1986　Prosecution of wife beater: institutional obstacles and innovations. in M. Lystad (ed.) Violence in the home: interdisciplinary perspectives. New York: Brunner/Mazel.

Littel, K., Malefyt, M.B., Walker, A. and Tucker, D.D.

1998　Assessing justice system response to violence against women: a tool for law enforcement, prosecution and the courts to use in developing effective responses. Violence Against Women Online Resources, http://www.vaw.umn.edu/

Loring, M. T. and Smith, R. W.

1994　Health care barriers and interventions for battered women. *In Public Health Reports*109(3).

Mahoney, P. and Williams, L. M.

1998　Sexual assault in marriage: prevalence, consequences and treatment of wife rape. In Jasinski, J. L. and Williams, L. M. (Eds.). *Partner violence: a comprehensive review of 20 years of research,* pp.113-162. California: Sage.

Mann, R. M.

2000　*Who owns domestic abuse? The local politics of a social problem.* Toronto: University of Toronto.

Margolin, C. and Burman, B.

1993 Wife Abuse Versus Marital Violence: Different Terminologies, Explanations and Solutions. *Clinical Psychology Review* 13 :59-73.

Martella, R. C., Nelson, R. and Marchand- Martella, N. E.

1999 *Research methods: Learning to become a critical research consumer.* Needham Heights, MA: Allyn and Bacon.

Martin, M.E.

1997 Double your trouble: dual arrest in family violence. *Journal of Family Violence* 12(2) : 139-157.

Mederos, F.

1999 Batterer intervention programs: the past and future prospects". In Melanie F. S. and Ellen L. P.,(Eds.). *Coordinating community responses to domestic violence: lessons from Duluth and beyond,* pp. 127-150. California: Sage.

Mignon, S.I. and Holemes, W.M.

1995 Police response to mandatory arrest laws. *Crime and Delinquency* 41(4) :, 430-442.

Mills, L.G.

1998 Mandatory arrest and prosecution policies for domestic violence. *Criminal Justice and Behavior* 25(3) :306-318.

Ming-Chang, L. (駱明正)

2002 Between ethnicity and modernity: Taiwanese medical students and doctors under Japan's kominka campaign, 1937-1945. *Position* 10(2) : 285-232.

Monahan, K. and O'Leavy, K. D.

1999 November Head injury and battered women: an initial inquiry. *Health and Social Work* 24(4) :269-278.

Moxley, D. P.

1989 *The practice of case management.* Newbury Park, CA: Sage.

Murphy, P.A.

1990 Explaining the state-to-state variation in wife abuse legislation. Ph.D.

Dissertation. University of New Hampshire, Department of Sociology.

Nazroo, J.

1999   Uncovering gender difference in the use of marital violence: the effect of methodology. In Allan, G. (Ed.) *The sociology of the family,* pp. 149-167, Oxford: Blackwell.

Nelson-Gardell, D. and Harris, D.

2003   Childhood abuse history, secondary traumatic stress and child welfare workers. *In Child Welfare* 32(1) :5-26.

O'Leary, K. D.

1993   Through a psychological lens: personality traits, personality disorders and levels of violence. In Gelles, R. J. and Loseke, D. R. (eds.). *Current controversies on family violence,* pp. 7-30. California, Sage.

Parnas, R.I.

1971   The police response to the domestic disturbance. in L. Radzinowicz and M.E. Wolfgang (eds.) *The criminal in the arms of the Law.* New York: Basic Books.

Payne, M.

2000   *Teamwork in multiprofessional care.* Hampshire:Palgave.

Peat B. and Costley, D. L.

2000   Privatization of Social Services: Correlates of Contract Performance, *Administration in Social Work* 24(1) :,21-38.

Pence, E. L.

1999   Some thoughts on Philosophy. In Melanie F. S. and Ellen L. P.(Eds.). *Coordinating community responses to domestic violence: lessons from Duluth and beyond,* pp.25-40. California: Sage.

Pence E.L. and Shepard M.F.

1999   An introduction-developing a coordinated community response.In Shepard M.F. and Pence E.L. (Eds.), *Coordinating community responses to domestic violence,* pp.3-23. Thousand Oaks, CA: Sage.

Pence E.L. and Paymar, M.

　1993　*Education groups for man who batter-The Duluth model,* New York: Springer Publishing Company, Inc.

Pence, E. L. and McDonnell, C.

　1999　Developing policies and protocols." In Melanie F. S. and Ellen L. P.,(Eds.). *Coordinating community responses to domestic violence: lessons from Duluth and beyond,* Chap. 3,pp.41-64. California: Sage.

Pence, E. L. and Shepard, M. F.

　1999　An introduction: developing a coordinating community responses. In Melanie F. S. and Ellen L. P.,(Eds.). *Coordinating community responses to domestic violence: lessons from Duluth and beyond,* pp. 3-23. California: Sage.

Perry, M.

　2001　*Western civilization: a brief history.* New York: Houghton Mifflin Company.

Ptacek, J.

　1999　*Battered women in the courtroom: the power of judicial responses.* Boston, MA: Northeastern University Press.

Ptacek, J.

　1999　*Battered women in the courtroom: the power of judicial response.* Boston: Northeastern University.

Quarm, D. and M. D. Schwartz

　1985　"Domestic Violence in Criminal Court: An Examination of New Legislation in Ohio." in Claudine Schweber and Clarice Feinman (eds.) Criminal Justice Politics and Women: The Aftermath of Legally Mandated Change. New York: The Haworth Press.

Rebovish, D.

　1996　Prosecuyion response to domestic violence. Results of a survey of large jurisdictions. In E.S. Buzawa and C. Buzawa (eds.) *Do arrests and restraining orders work?* Thousand Oaks, California: Sage.

Rigakos, G.S.

1995　Constructing the symbolic complainant: police subculture and the nonenforcement of protection orders for battered women. *Violence and Victims* 10(3) :227-247.

Robinson, A.L. and Chandek, M.S.

2000　The domestic violence arrest decision: examining demographic, attitudinal and situational variables. *Crime and Delinquency* 46(1) : 18-37.

Rossi, P.H. and Freeman,H.E.

1993　*Evaluation: A systematic approach.* Newbury Park, CA: Sage.

Schmidt, J. and Steury, E.H.

1989　Prosecutorial discretion in filing charge in domestic violence cases. *Criminology* 27: 487-510.

Schornstein, S. L.

1997　*Domestic violence and health care: what every professional needs to know.* California: Thousand Oaks.

Sexton, L.

1999　Vicarious traumatisation of counselors and effects on their workplaces. *British Journal of Guidance and Counseling* 27(3) :393-402.

Shepard M.F.

1999　Evaluating a coordinated community response. In Shepard M.F. and Pence E.L. (Eds.), *Coordinating community responses to domestic violence,* pp.169-191. Thousand Oaks, CA: Sage.

Shepard Melanie F. and Pence Ellen L.

1999　*Coordinating community response to domestic violence,* California: Sage publications.

Shepard, M.

1999　Advocacy for battered women: implications for a coordinated community response." In Melanie F. S. and Ellen L. P.,(Eds.). *Coordinating community responses to domestic violence: lessons from Duluth and beyond,* pp.115-125. California: Sage.

Sherman, L.W. and Berk, R.A.

1984　The specific deterrent effects of arrest for domestic violence. *American Sociological Review* 49(2) : 261-72.

Sherman, L.W.

1992　*Policing domestic violence: experiments and dilemmas.* New York: Macmillan Inc.

Siefker, J. M., Garrett, M. B., Genderen, A. V. and Weis, M. J.

1998　*Fundamentals of case management: guidelines for practicing case managers.* St. Louis: Mosby-Year Book.

Smith, A.

2000　It's my decision, isn't it? *Violence Against Women* 6(12) : 1384-1402.

Stalans, L.J. and Finn. M.A.

1995　How novice and experienced officers interpret wife assaults: normative and efficiency frames. *Law and Society Review* 29(2) : 287-321.

Stanko, E. A.

1989　Missing the mark-policing battering. in J. Hanmer, J. Radford and E.A. Stanko (eds.) *Women, policing and male violence: interpersonal perspectives.* London: Routledge.

Stecher, B.M. and Davis,W.A.

1987　*How to focus an evaluation.* Newbury Park, CA: Sage.

Steinman, M.

1990　Lowering recidivism among men who batter women. *Journal of Police Science and Administration* 7:124-132.

Straus, M.A. and Gelles, R.J.

1986　Societal change and change in family violence from 1975 to 1985 as viewed by to national surveys. *Journal of Marriage and the Family* 48: 465-479.

Syers, M. and Edelson, A.

    1992   The combined effects of coordinated criminal justice intervention in woman abuse. *Journal of Interpersonal Violence* 7: 490-502.

Taylor, J. W.

    1984   January Structured conjoint therapy for spouse abuse case. *Social Casework: The Journal of Contemporary Social Work,* pp.11-18.

Tolman, R. M. and Weiz, A.

    1995   Coordinated community intervention for domestic violence: the effects of arrest and prosecution on recidivism of woman abuse perpetrators. *Crime and Delinquency* 41:481-495.

Turner, S. F. and Shapiro, C. H.

    1986   Battered women: mourning the death of a relationship. *Social Work* 30: 372-376.

Walker, L. E.

    1979   *The battered women.* New York: Harper and Row.

    1987   *Terrifying love.* New York: Harper and Row.

Wang, P. （王珮玲）

    2003a   Police response to domestic violence in Taiwan , Ph.D. dissertation. School of Criminal Justice, Rutgers University. NJ: Newark.

    2003b   Police adopting a pro-arrest policy in response to domestic violence , *Crime and Criminal Justice International* 1: 148-204.

    2003c   Nov. How far of the gap is between policy and practice-police response to domestic violence, paper presented in the American Society of Criminology Annual Meeting 2003, Denver, Colorado,

Weidman, A.

    1986   Family therapy with violent couples. *Social Casework* 67(4) : 211-218.

West, C. M.

    1998   Leaving a second closet: outing partner violence in same-sex couples. In Jasinski, J. L. and Willi ams, L. M. (Eds). *Partner violence: a comprehensive review of 20 years of research,* Chap.5, pp.163-183. California: Sage.

Wilson, J.Q.

1968 *Varieties of police behavior.* Cambridge, Mass: Harvard University Press.

Wilson, M. and Daly, M.

1993 Spousal homicide risk and estrangement. *Violence and Victims* 8(1) :3-16.

Wuest, J. and Merritt-Gray, M.

1999 Not going back: sustaining the separation in the process of leaving abusive relationships. *Violence Against Women* 5 :110-133.

Wysong, P.

1997 "New guidelines for MDs on spousal abuse: what to do when both partners are patients." *Medical Post.* Toronto: Sep.23, 1997. Vol.33, Iss 32. P.80

Young, M. A.

1993 *Victim assistance: frontiers and fundamentals.* New York: Kandall Hunt Pub Co.

Zoellner, L. A., Feeny, N.C., Alvarez, J. and Watlington, C.

2000 Factors associated with completion of the restraining order process in female victims of partner violence. *Journal of Interpersonal Violence* 15(10) : 1081-1099.

附錄一：法規

一、家庭暴力防治法

中華民國八十七年六月二十日
總統華總燁義字第八六○○○七七三七○號令公布

第一章　通則

第一條　為促進家庭和諧，防治家庭暴力行為及保護被害人權益，特制定本法。

第二條　本法所稱家庭暴力者，謂家庭成員間實施身體或精神上不法侵害之行為。

本法所稱家庭暴力罪者，謂成家成員間故意實施家庭暴力行為而成立其他法律所規定之犯罪。

本法所稱騷擾者，謂任何打擾、警告、嘲弄或辱罵他人之言語、動作或製造使人心生畏怖情境之行為。

第三條　本法所稱家庭成員，包括下列各員及未成年子女：

一、配偶或前配偶。

二、現有或曾有事實上之夫妻關係、家長家屬或家屬間關係者。

三、現為或曾為直系血親或直系姻親。

四、現為或曾為四親等以內之旁系血親或旁系姻親。

第四條　本法所稱主管機關：在中央為內政部家庭暴力防治委員會；在省（市）為省（市）政府；在縣（市）為縣（市）政府。

第五條　內政部應設立家庭暴力防治委員會，其職掌如下：

一、研擬家庭暴力防治法規及政策。

二、協調、督導及考核有關機關家庭暴力防治事項之執行。

三、提高家庭暴力防治有關機構之服務效能。

四、提供大眾家庭暴力防治教育。

五、協調被害人保護計畫與加害人處遇計畫。

六、協助公、私立機構建立家庭暴力處理程序及推展家庭暴力防治教育。

七、統籌家庭暴力之整體資料，供法官、檢察官、警察人員、醫護人員及其他政府機關相互參酌並對被害人之身分予以保密。

八、協助地方政府推動家庭暴力防治業務並提供輔導及補助。

前項第七款資料之建立、管理及使用辦法，由中央主管機關另定之。

第六條　家庭暴力防治委員會，以內政部長為主任委員，民間團體代表、學者及專家之比例不得少於委員總數二分之一。

家庭暴力防治委員會應配置專人分組處理有關業務；其組織規程由中央主管機關定之。

第七條　各級地方政府得設立家庭暴力防治委員會，其職掌如下：

一、研擬家庭暴力防治法規及政策。

二、協調、督導及考核有關機關家庭暴力防治事項之執行。

三、提高家庭暴力防治有關機構之服務效能。

四、提供大眾家庭暴力防治教育。

五、協調被害人保護計畫與加害人處遇計畫。

六、協助公、私立機構建立家庭暴力處理程序及推展家庭暴力防治教育。

七、統籌家庭暴力之整體資料，供法官、檢察官、警察人員、醫護人員及其他政府機關相互參酌並對被害人之身分予以保密。

前項家庭暴力防治委員會之組織規程由地方政府定之。

第八條　各級地方政府應各設立家庭暴力防治中心，並結合警政、教育、衛生、社政、戶政、司法等相關單位，辦理下列措施，以保護被害人之權益並防止家庭暴力事件之發生：

一、二十四小時電話專線。

二、被害人之心理輔導、職業輔導、住宅輔導、緊急安置與法律扶助。

三、給予被害人二十四小時緊急救援、協助診療、驗傷及取得證據。

四、加害人之追蹤輔導之轉介。

五、被害人與加害人身心治療之轉介。

六、推廣各種教育、訓練與宣傳。

七、其他與家庭暴力有關之措施。

前項中心得單獨設立或與性侵害防治中心合併設立，並應配置社工、警察、醫療及其他相關專業人員；其組織規程由地方主管機關定之。

第二章　民事保護令

第九條　保護令分為通常及暫時保護令。

被害人、檢察官、警察機關或直轄市、縣（市）主管機關得向法院聲請保護令。

被害人為未成年人、身心障礙者或因故難以委任代理人者，其法定代理人、三等親以內之血親或姻親，得為其向法院聲請保護令。

第十條　保護令之聲請，由被害人之住居所地、相對人之住居所地或家庭暴力發生地之法院管轄。

第十一條　保護令之聲請，應以書面為之。但被害人有受家庭暴力之急迫危險者，檢察官、警察機關、或直轄市、縣（市）主管機關，得以言詞、電信傳真或其他科技設備傳送之方法聲請，並得於夜間或休息日為之。

法院為定管轄權，得調查被害人之住居所。如聲請人或被害人要求保密被害人之住居所，法院應以秘密方式訊問，將該筆錄及相關資料密封，並禁止閱覽。

第十二條　保護令事件之審理不公開。

法院得依職權調查證據，必要時得隔別訊問。

法院於審理終結前，得聽取直轄市、縣（市）主管機關或社會福利機構之意見。

保護令事件不得進行調解或和解。

法院不得以當事人間有其他件偵查或訴訟繫屬為由，延緩核發保護

令。

第十三條　法院受理通常保護令之聲請後，除有不合法之情形逕以裁定駁回者外；應即行審理程序。

法院於審核終結後，認有家庭暴力之事實且有必要者，應依聲請或依職權核發包括下列一款或數款之通常保護令：

一、禁止相對人對於被害人或其特定家庭成員實施家庭暴力。

二、禁止相對人直接或間接對於被害人為騷擾、通話、通信或其他非必要之聯絡行為。

三、命相對人遷出被害人之住居所，必要時並得禁止相對人就該不動產為處分行為或為其他假處分。

四、命相對人遠離下列場所特定距離：被害人之住居所、學校、工作場所或其他被害人或其他特定家庭成員經常出入之特定場所。

五、定汽、機車及其他個人生活中上、職業上或教育上必需品之使用權，必要時並得命之交付之。

六、定暫時對未成年子女權利義務之行使或負責由當事人之一方或雙方共同任之、行使或負擔之內容及方法，必要時並得命交付子女。

七、定相對人對未成年子女會面交往之方式，必要時並得禁止會面交往。

八、命相對人給付被害人住居所之租金或被害人及其未成年子女之扶養費。

九、命相對人交付被害人或特定庭成員之醫療、輔導、庇護所或財物損害等費用。

十、命相對人完成加害人處遇計畫：戒癮治療、精神治療、心理輔導或其他治療、輔導。

十一、命相對人負擔相當之律師費。

十二、命其他保護被害人及其特定家庭成員之必要命令。

第十四條　通常保護令之有效期間為一年以下，自核發時起生效。

通常保護令失效前，當事人及被害人得聲請法院撤銷、變更或延長之。延長之期間為一年以下，並以一次為限。

通常保護令所定之命令，於期間屆滿前經法院另為裁判確定者，該命令失其效力。

第十五條　法院為保護被害人，得不經審理程序或於審理終結前，依聲請核發暫時保護令。

法院核發暫時保護令時，得依聲請或依職權核發第十三條第二項第一款至第六款及第十二款之命令。

法院於理第十一條第一項但書之暫時保護令聲請後，依警察人員到庭或電話陳述家庭暴力之事實，有正當理由足認被害人有受家庭暴力之急迫危險者，除有正當事由外，應於四小時內以書面核發暫時保護令，並得以電信傳真或其他科技設備傳送暫時保護令予警察機關。

聲請人於聲請通常保護令前聲請暫時保護令，其經法院准許核發者，視為已有通常保護令之聲請。

暫時保護令自核發時起生效，於法院審理終結核發通常保護令或駁回聲請時失其效力。

暫時保護令失效前，法院得依當事人及被害人之聲請或依職權撤銷或變更之。

第十六條　命相對人遷出被害人住居所或遠離被害人之保護令，不因被害人同意相對人不遷出或不遠離而失其效力。

第十七條　保護令除第十五條第三項情形外，應於核發後二十四小時內發送當事人、被害人、警察機關及直轄市、縣（市）主管機關。

直轄市、縣（市）主管機關關應登錄各法院所核發之保護令，並隨時供法院、警察機關及其他政府機關查詢。

第十八條　法院應提供被害人或證人安全出庭之環境與措施。

第十九條　關於保護令之裁定，除有特別規定者外，得為抗告。

保護令之程序，除本章別有規定外，準用非訟事件法有關規定。非

　　　　　　　訟事件未規定者，準用民事訴訟有關規定。

第二十條　保護令之執行，由警察機關為之。但關於金錢給付之保護令，得為
　　　　　執行名義，向法院聲請強制執行。

　　　　　警察機關應依保護令，保護被害人至被害人或相對人之住居所，確
　　　　　保其安全占有住居所、汽、機車或其他個人生活上、職業上或教育
　　　　　上必需品。

　　　　　當事人或利害關係人對於警察機關執行保護令之內容有異議時，得
　　　　　於保護令失效前，向原核發保護令之法院聲明異議。

　　　　　關於聲明異議之程序，準用強制執行法之規定。

第二十一條　外國法院關於家庭暴力之保護令，經聲請中華民國法院裁定承認
　　　　　　後，得執行之。

　　　　　　當事人聲請法院承認之外國法院關於家庭暴力之保護令，有民事
　　　　　　訴訟法第四百零二條第一款至第三款所列情形之一者，法院應駁
　　　　　　回其聲請。

　　　　　　外國法院關於家庭暴力之保護令，其核發地國對於中華民國法院
　　　　　　之保護令不予承認者，法院得駁回其聲請。

第三章　刑事程序

第二十二條　警察人員發現家庭暴力罪或違反保護令之現行犯時，應逕行逮捕
　　　　　　之，並依刑事訴訟法第九十二條規定處理。

　　　　　　雖非現行犯，但警察人員認其犯家庭暴力罪嫌疑重大，且有繼續
　　　　　　侵害家庭成員生命、身體或自由之危險，而符合刑事訴訟法所定
　　　　　　之逕行拘提要件者，應逕行拘提之。並即報請檢察官簽發拘票。
　　　　　　如檢察官不簽發拘票時，應即將被拘提人釋放。

第二十三條　家庭暴力罪或違反保護令罪之被告經檢察官或法院訊問後，認無
　　　　　　羈押之必要，而逕命具保、責付、限制住居或釋放者，得附下列
　　　　　　一款或數款條件命被告遵守：

　　　　　　一、禁止實施家庭暴力行為。

　　　　　　二、命遷出被害人之住居所。

三、禁止對被害人為直接或間接之騷擾、接觸、通話或其他聯絡行為。

四、其他保護被害人安全之事項。

檢察官或法院得依當事人之聲請或依職權撤銷或變更依前項規定所附之條件。

第二十四條　被告違反檢察官或法院依前條第一項規定所附之條件者，檢察官或法院得命撤銷原處分，另為適當之處分；如有繳納保證金者，並得沒入其保證金。

前項情形，偵查中檢察官得聲請法院羈押之；審判中法院得命羈押之。

第二十五條　第二十三條、第二十四條第一項之規定，於羈押中之被告，經法院裁定停止羈押者，準用之。

停止羈押中之被告違反法院依前項規定所附之釋放條件者，法院於認有羈押必要時，得命再執行羈押。

第二十六條　檢察官或法院為第二十三條第一項及前條第一項之附條件處分或裁定時，應以書面為之，並送達於被告及被害人。

第二十七條　警察人員發現被告違反檢察官或法院依第二十三條第一項、第二十五條第一項規定所附之條件者，應即報告檢察官或法官。第二十二條之規定於本條情形準用之。

第二十八條　家庭暴力罪及違反保護令罪之告訴人得委任代理人到場。但檢察官或法院認為必要時，得命本人到場。

對智障被害人或十六歲以下被害人之訊問或詰問，得依聲請或依職權在法院外為之，或採取適當隔離措施。被害人於本項情形所為之陳述，得為證據。

第二十九條　對於家庭暴力罪或違反保護令罪案件所為之起訴書、不起訴處分書、裁定書或判決書，應送達於被害人。

第三十條　犯家庭暴力罪或違反保護令罪而受緩刑之宣告者，在緩刑期內應保保護管束。

一、禁止實施家庭暴力行為。

二、命遷出被害人之住居所。

三、禁止對被被害人為直接或間接之騷擾、接觸、通話或其他聯絡行為。

四、命接受加害人處遇計畫：戒癮治療、精神治療、心理輔導或其他治療、輔導。

五、其他保護被害人或其特定家庭成員安全或更生保護之事項。

法院為第一項緩刑宣告時，應即通知被害人及其住居所所在地之警察機關。

受保護管束人違反第二項保護管束事項情節重大者，撤銷其緩刑之宣告。

第三十一條　前條之規定，於受刑人經假釋出獄付保護管束者，準用之。

第三十二條　檢察官或法院依第二十三條第一項、第二十五條第一項、第三十條第二項或前條規定所附之條件，得指揮司法警察執行之。

第三十三條　有關政府機關應訂定並執行家庭暴力罪或違反保護令罪受刑人之處遇計畫。

前項計畫之訂定及執行之相關人員應接受家庭暴力防治教育及訓練。

第三十四條　監獄長官應將家庭暴力罪或違反保護令罪受刑人預定出獄之日期或脫逃之事實通知被害人。但被害人之所在不明者，不在此限。

第四章　父母子女與和解調解程序

第三十五條　法院依法為未成年小女酌定或改定權利裁務之行使或負擔之人時，對已發生家庭暴力者，推定由加害人行使或負責權利務不利於該子女。

第三十六條　法院依法為未成年子女酌定或改定權利義務之行使或負擔或全面交往之裁判後，發生家庭暴力者，法院得依害人、未成年子女、主管機關、社會福利機構或其他利害關係人之請求為子女之最佳利益改定之。

第三十七條　法院依法准許家庭暴力加害人會面交往其未成年子女時，應審酌子女及被害人安全，並得為下列一款或數款命令：

一、命於特定安全場所交付子女。

二、命由第三人或機關團體監督會面交往，並得定會面交往時應遵守之事項。

三、以加害人完成加害人處遇計畫或其特定輔導為會面交往條件。

四、命加害人負擔監督會面交往費用。

五、禁止過夜會面交往。

六、命加害人出具準時、安全交還子女之保證金。

七、其他保護子女、被害人或其他家庭成員安全之條件。

法院如認有違背前項命令之情形，或准許會面交往無法確保被害人或其子女之安全者，得依聲請或依職權禁止之。如違背前項第六款命令，並得沒入保證金。

法院於必要時，得命有關機關或有關人員保密被害人或子女住居所。

第三十八條　各直轄市及縣（市）政府應設未成年子女會面交往處所或委託辦理。

前項會面交往處所應有受過家庭暴力安全及防制訓練人員，其設置辦法及監督會面交往與交付子女之程序由各直轄市及縣（市）主管機關另訂之。

第三十九條　法院於訴訟或調解程序中如認為有家庭暴力之情事時，不得進行和解或調解，但有下列情形之一者，不在此限：

一、行和解或調解之人曾受家庭暴力防治之訓練並以確保被害人安全之方式進和和解或調解。

二、准許被害人選定輔助人參與和解或調解。

三、其他行和解或調解之人認為能使被害人免加害人脅迫之程序。

第五章　預防與治療

第四十條　警察人員處理家庭暴力案件，必要時應採取下列方治保護被害人及防止家庭暴力之發生：

　　　　一、於法院核發第十五條第三項之暫時保護令前，在被害人住居所守護或採取其他保護被害人及其家庭成員之必要安全措施。

　　　　二、保護被害人及其子女至庇護所或醫療處所。

　　　　三、保護被害人至被害人或相對人之住居所，確保其安全占有保護令所定個人生活上、職業上或教育上之必需品。

　　　　四、告知被害人其得行使之權利、救濟途徑及服務措施。

　　　　警察人員處理家庭暴力案件，應製作書面記錄，其格式由中央警政主管機關訂之。

第四十一條　醫事人員、社工人員、臨床心理人員、教育人員、保育人員、警察人員及其他執行家庭暴力防治人員，在執行職務時知有家庭暴力之犯罪嫌疑者，應通報當地主管機關。

　　　　前項通報人之身分資料應予保密。

　　　　主管機關接獲通報後，必要時得自行或委託其他機關或防治家庭暴力有關機關、團體進行訪視、調查。

　　　　主管機關或受其委託之機關、機構或團體進行訪視、調查時，得請求警察、醫療、學校或其他相關機關或機構協助，被請求之機關或機構應予配合。

第四十二條　醫院、診所對於家庭暴力之被害人，不得無故拒絕診療及開立驗傷診斷書。

第四十三條　衛生主管機關應擬訂及推廣有關家庭暴力防治之衛生教育宣導計畫。

第四十四條　直轄市及縣（市）政府應製作家庭暴力被害人權益、救濟及服務之書面資料，以供被害人取閱，並提供執業醫師、醫療機構及警察機關使用。

　　　　醫師在執行業務時，知悉其病人為家庭暴力被害人時，應將前項

　　　　資料交付病人。

　　　　第一項資料不得註明庇護所之住址。

第四十五條　中央衛生主管機關應訂定家庭暴力加害人處遇計畫規範，其內容
　　　　包括下列各款：

　　　　一、處遇計畫之評估標準。

　　　　二、司法機關、家庭暴力被害人保護計畫之執行機關（構）、加害
　　　　人處遇計畫之執行機關（構）間之連繫及評估制度。

　　　　三、執行機關（構）之資格。

第四十六條　加害人處遇計畫之執行機關（構）得為下列事項：

　　　　一、將加害人接受處遇情事告知被害人及其辯護人。

　　　　二、調查加害人在其他機構之處遇資料。

　　　　三、將加害人之資料告知司法機關、監獄監務委員會、家庭暴力
　　　　防治中心及其他有關機構。

　　　　加害人處遇計畫之執行機關（構）應將加害人之恐嚇、施暴、不
　　　　遵守計畫等行為告知相關機關。

第四十七條　直轄市、縣（市）政府應提供醫療機構及戶政機關家庭暴力防治
　　　　之相關資料，俾醫療機構及戶政機關將該相關資料提供新生兒父
　　　　母、住院未成年之父母、辦理結婚登記之新婚夫妻及辦理出生登
　　　　記之人。

　　　　前項資料內容包括家庭暴力對於子女及家庭之影響及家庭暴力之
　　　　防治服務。

第四十八條　社會行政主管機關應辦理社工人員及保育人員防治家庭暴力之在
　　　　職教育。

　　　　警察主管機關應辦理警察人員防治家庭暴力之在職教育。

　　　　司法院及法務部應辦理相關司法人員防治家庭暴力之在職教育。

　　　　衛生主管機關應辦理或督促相關醫療團體辦理醫護人員防治家庭
　　　　暴力之在職教育。

　　　　教育主管機關應辦理學校之輔導人員、行政人員、教師及學生防

治家庭暴力之在職教育及學校教育。

第四十九條　各級中小學每學年應有家庭暴力防治課程。

第六章　罰則

第五十條　違反法院第十三條、第十五條所為之下列裁定者，為本法所稱之違反保護令罪，處三年以下有期徒刑、拘役或科或併科新臺幣十萬元以下罰金：

一、禁止實施家庭暴力行為。

二、禁止直接或間接騷擾、接觸、通話或其他連絡行為。

三、命遷出住居所。

四、遠離住居所、工作場所、學校或其他特定場所。

五、命完成加害人處遇計畫：戒癮治療、精神治療、心理輔導或其他治療、輔導。

第五十一條　違反第四十一條第一項規定者，處新臺幣六千元以上三萬元以下罰鍰。

但醫事人員為避免被害人身體緊急危難而違反者，不罰。

違反第四十二條之規定者，處新臺幣六千元以上三萬元以下之罰鍰。

第七章　附則

第五十二條　警察機關執行保護令及處理家庭暴力案件辦法，由中央主管機關定之。

第五十三條　本法施行細則，由中央主管機關定之。

第五十四條　本法自公布日施行。

第二章至第四章、第五章第四十條、第四十一條、第六章自公布後一年施行。

二、家庭暴力防治法施行細則

家庭暴力防治法施行細則

中華民國八十七年六月二十二日
台內家字第八八八一○二四號

第一條　本細則依家庭暴力防治法（以下簡稱本法）第五十三條規定訂定之。

第二條　本法所稱各級地方政府，指直轄市政府及縣（市）政府。

第三條　各級地方政府依本法處理被害人保護相關事務，應以被害人之最佳利益為優先考量。

第四條　各級地方政府家庭暴力防治中心對於需要職業輔導之被害人，得將其轉介至當地公立職業訓練或就業服務機構，參加職業訓練或輔導就業。

第五條　各級地方政府家庭暴力防治中心每半年應邀集當地警政、教育、衛生、社政、戶政、司法、勞政等相關單位舉行業務協調會報，研議辦理本法第八條第一項各款措施相關事宜，必要時得召開臨時會議。

第六條　檢察官、警察機關或直轄市、縣（市）主管機關依本法第十一條第一項但書規定聲請暫時保護令時，應考量被害人有無遭受相對人虐待、威嚇、傷害或其他身體上、精神上不法侵害之現時危險，或如不核發暫時保護令，將導致無法回復之損害等情形。

第七條　本法第九條第一項所稱通常保護令，指由法院以終局裁定所核發之保護令；所稱暫時保護令，指於通常保護令聲請前或法院審理終結，前法院依本法第十一條第一項但書或第十五條第一項之聲請而核發之保護令。

第八條　依本法第十一條第一項前段規定以書面聲請保護令者，應記載下列事項：
　　　　一、聲請人非被害人者，其姓名、住居所、送達處所、公務所或事務所及與被害人之關係。

二、被害人之姓名、性別、出生年月日、住居所或送達處所。

三、相對人之姓名、性別、出生年月日、住居所或送達處所及與被害人之關係。

四、有代理人者，其姓名、性別、職業、住居所或事務所、營業所。

五、聲請之意旨及其原因、事實。

六、供證明之或釋明之證據。

七、附件及其件數。

八、法院。

九、年、月、日。

第九條　檢察官、警察機關或直轄市、縣（市）主管機關依本法第十一條第一項但書規定以言詞、電信傳真或其他科技設備傳送之方式聲請暫時保護令時，應表明前條各款事項，除有特殊情形外，並應以法院之專線為之。

第十條　本法第十一條第一項但書規定所稱夜間，為日出前、日沒後；所稱休息日，為星期例假日、應放假之紀念日及其他由中央人事主管機關規定應放假之日。

第十一條　法院受理本法第十一條第一項但書規定暫時保護令聲請之事件，如認現有資料無法審認被害人有受家庭暴力之急迫危險者，得請警察人員協助調查。

第十二條　法院受理本法第十一條第一項但書規定暫時保護令聲請之事件，得請警察人員電話或到庭陳述家庭暴力之事實，警察人員不得拒絕。

第十三條　警察人員依本法第二十七條規定報告檢察官及法院時，應以書面為之，並檢具事證及其他相關資料。但情況急迫者，得以言詞、電信傳真或其他科技設備傳送之方式報告。

第十四條　家庭暴力罪及違反保護令罪之告訴人依本法第二十八條第一項規定委任代理人到場者，應提出委任書狀。

第十五條　警察人員發現受保護管束人違反本法第三十條第二項於保護管束期間應遵守之事項時，應檢具事證，報告受保護管束人所在地或其最

後住所地之地方法院檢察署檢察官。

第十六條　本法第三十三條第一項家庭暴力罪或違反保護令罪受刑人之處遇計畫，由法務部會商行政院衛生署定之。

第十七條　本法第四十一條第一項規定之通報，其方式及內容，由中央主管機關定之。

第十八條　本法所定之罰鍰，由直轄市、縣（市）主管機關處罰之。

第十九條　本細則自發布日施行。

三、家庭暴力加害人處遇計畫規範

第一章　總則

一、本規範依家庭暴力防治法（以下簡稱本法）第四十五條規定訂定之。

二、本規範所稱處遇計畫，指下列各款之治療或輔導：

　　（一）戒癮治療。

　　（二）精神治療。

　　（三）心理輔導。

　　（四）其他治療與輔導。

　　前項第四款所稱輔導，包括認知教育輔導。

三、本規範所稱處遇計畫執行機構（以下簡稱執行機構），指下列之機構：

　　（一）經中央衛生主管機關醫院評鑑合格之醫學中心、區域醫院、精神科
　　　　　醫院、設有精神科病房之地區醫院。

　　（二）直轄市、縣（市）社區性心理衛生中心（以下簡稱心理衛生中心）。

　　（三）經直轄市、縣（市）政府指定之相關機構、團體或專業人員（以下
　　　　　簡稱指定之執行機構）。

四、經中央衛生主管機關醫院評鑑合格之醫學中心、區域醫院、精神科醫院、
　　設有精神科病房之地區醫院，得施行下列各款之處遇計畫：

　　（一）戒癮治療。

　　（二）精神治療。

　　（三）心理輔導。

　　（四）其他治療與輔導。

五、心理衛生中心及指定之執行機構，得施行下列各款之處遇計畫：

　　（一）心理輔導。

　　（二）其他輔導。

六、執行機構施行加害人處遇計畫之心理輔導或其他輔導，除指定之執行機構
　　外，必要時得委託相關機構、團體或專業人員為之。

七、加害人處遇計畫之內容，得參酌下列標準決定之：

　　（一）相對人有酗酒或濫用藥物之行為者。

（二）相對人罹患精神疾病或疑似罹患精神疾病者。

（三）相對人對被害人慣行施予暴力行為者。

（四）相對人對被害人施予暴力行為情節嚴重者。

第二章　相對人鑑定

八、直轄市、縣（市）政府家庭暴力防治中心（以下簡稱防治中心）應成立相
　　對人鑑定小組（以下簡稱鑑定小組），依法院囑託鑑定相對人有無施以處遇
　　計畫之必要。

　　前項鑑定小組由下列人員組成：

　　（一）精神科專科醫師。

　　（二）心理工作人員。

　　（三）社會工作人員、少年調查官、少年保護官或觀護人。

　　第一項鑑定，應由地方政府編列預算辦理之。

九、防治中心對於法院之囑託鑑定，應指定鑑定小組成員一人至三人為之，並
　　檢視下列資料；其資料不全者，應請法院或相關機關提供：

　　（一）民事保護令聲請書狀影本。

　　（二）警察機關處理家庭暴力案件調查記錄表影本。

　　（三）警察機關處理家庭暴力案件現場報告表影本。

　　（四）防治中心訪視會談記錄表影本。

　　（五）被害人驗傷診斷證明書或驗傷單影本。

　　（六）判決書（緩刑或假釋者）。

　　（七）危險評估量表。

　　（八）相對人前科資料（無前科者免提）。

　　（九）其他相關資料。

十、相對人不依指定期日接受鑑定時，防治中心應即通知囑託法院。

十一、鑑定人員應依相對人之身心狀況，視其有無精神異常、酗酒、濫用藥
　　　物、人格違常或行為偏差等及其與家庭暴力有無因果關係，鑑定相對人
　　　應否接受戒癮治療、精神治療、心理輔導或其他治療、輔導，並作成處
　　　遇計畫建議書。

十二、法院檢送相對人相關資料，囑託進行書面鑑定者，防治中心應即指定鑑定人員進行書面審查，作成處遇計畫建議書。

十三、警察機關接獲命相對人接受鑑定之暫時保護令時，應命相對人確實遵行。

十四、防治中心應於鑑定之日起七日內，將處遇計畫建議書送交囑託法院。

第三章　加害人處遇計畫

十五、加害人經法院裁定命完成處遇計畫者，應依裁定所定期日至指定之警察機關報到，接受處遇計畫之執行安排。

防治中心接獲前項裁定後，應即安排適當之執行機構及開始接受治療或輔導之期日，並通知警察機關、執行機構、被害人及其辯護人或執行保護管束之地方法院檢察署。

加害人未依前二項期日報到者，警察機關或執行機構應即通知防治中心。

十六、執行機構執行加害人處遇計畫時，應擬訂適當之治療或輔導計畫。

十七、執行機構認加害人處遇計畫有延長、縮短其期間或變更內容之必要者，應敘明理由及建議意見，通知防治中心。

十八、防治中心接獲前項通知，應即通知當事人及被害人，得依本法第十四條第二項規定向法院聲請撤銷、變更或延長通常保護令。

十九、加害人有接受處遇計畫之意願且經主管機關調查認定其確屬經濟困難者，得依規定向地方政府申請補助處遇計畫部分費用。

二十、加害人有恐嚇、施暴或未遵守治療、輔導計畫者，執行機構應即以書面通知防治中心。

二十一、防治中心接獲執行機構通知加害人有本法第四十六條第二項所定情事或不依規定接受處遇計畫或接受時數不足時，應即通知警察機關或地方法院檢察署。

二十二、加害人處遇計畫完成後，執行機構應於十日內將執行情形通知防治中心。

第四章　附則

二十三、防治中心辦理加害人處遇計畫業務，應置專責人員，負責聯絡、協調
　　　　及建立個案檔案資料。

　　　　前項專責人員之姓名、聯絡電話應知會法院、地方法院檢察署、警察
　　　　機關及執行機構。

　　　　執行機構辦理加害人處遇計畫，應置聯絡人，並知會防治中心。

二十四、加害人依本法第三十條第二項及第三十一條規定保護管束裁定應接受
　　　　之處遇計畫，適用本規範之規定。

四、警察機關執行保護令及處理家庭暴力案件辦法

第一條　本辦法依家庭暴力防治法（以下簡稱本法）第五十二條規定訂定之。

第二條　各直轄市、縣（市）警察局、警察分局應指定專責人員承辦家庭暴力防治業務。

第三條　警察機關處理家庭暴力案件之管轄，以發生地警察機關為主，被害人住、居住地或相對人住、居所地之警察機關協助處理。

第四條　警察機關受理家庭暴力案件，應即派員處理。非管轄案件，受理後應即通報管轄警察機關處理。

第五條　警察人員處理家庭暴力案件，應以適當方法優先保護被害人及其家庭成員之安全；發現傷患應即協助急救處理。

第六條　警察人員處理家庭暴力案件，應縝密蒐證，製作處理家庭暴力案件調查記錄表，凡至暴力發生現場處理者，並應製作處理家庭暴力案件現場報告表。發現有家庭暴力之犯罪嫌疑者，應即進行調查，並通報當地主管機關。

第七條　警察人員發現家庭暴力罪或違反保護令罪之現行犯時，應逕行逮捕之，並即解送檢察官。但所犯最重本刑為一年以下有期徒刑、拘役或專科罰金之罪、告訴或請求乃論之罪，其告訴或請求已經撤回或已逾告訴期間者，得經檢察官之許可，不予解送。雖非現行犯，但認其犯家庭暴力罪嫌疑重大，且有繼續侵害家庭成員生命、身體或自由之危險，而符合逕行拘提要件者，應依刑事訴訟法第八十八條之一規定處理。

第八條　警察人員處理家庭暴力案件，應告知被害人其得行使之權利、救濟途徑及服務措施。

第九條　警察機關得為被害人聲請保護令，並應以書面為之。聲請時得檢具處理家庭暴力案件調查記錄表或處理家庭暴力案件現場報告表等資料佐證。如被害人要求保密住、居所，應予保密，並於聲請保護令之書面敘明。

第十條　警察人員發現被害人有遭受家庭暴力之急迫危險者，應即報請警察分

　　　　局向法院聲請暫時保護令。

　　　　前項聲請得以言詞、電信傳真或其他科技設備傳送之方式為之，並得於夜間或休息日為之。

第十一條　警察機關於法院核發本法第十五條第三項之暫時保護令前，為保護被害人及防止家庭暴力之發生，必要時應派員於被害人住、居所守護或採取下列方法保護被害人及其家庭成員之安全：

　　　　一、協助轉介緊急安置。

　　　　二、緊急救助。

　　　　三、安全護送。

　　　　四、其他必要且妥適之安全措施。

第十二條　警察機關執行保護令，由接獲保護令之警察分局主辦；跨越不同轄區時，並應協調、通報相關警察分局配合執行。

第十三條　警察機關接獲法院核發之保護令，除本法第二十條第一項但書外，應派員執行；必要時得通知被害人協助。

第十四條　警察機關執行保護令，應即查閱保護令及通報主管警察分局，並應依主辦警局分局之協調，配合執行之。但被害人有生命、身體或自由遭受急迫危險之虞者，應即救助、處理。

第十五條　警察機關接獲被害人申請執行法院依本法第十三條第二項第八款、第九款、第十一款規定核發之保護令時，應告知申請人關於金錢給付之保護令，得為執行名義，向法院聲請強制執行。

第十六條　警察機關執行保護令，對保護令所列禁止行為及遵守事項，應命相對人確實遵行。

第十七條　警察機關依保護令命相對人遷出被害人之住、居所時，應確認相對人完成遷出之行為，確保被害人安全佔有住、居所。

第十八條　警察機關依保護令執行命相對人交付汽、機車或其他個人生活上、職業上或教育上之必需品時，應由被害人指明標的物所在地，命相對人交付之。相對人拒不交付者，得強制取交被害人。但不得逾越必要之程度。

交付物品應製作清單並記錄執行過程。

第十九條　警察機關依保護令執行交付未成年子女時，得審酌被害人與相對人之意見，決定交付時間、地點及方式。

前項執行遇有困難無法完成交付者，應記錄執行情形，並報告保護令原核發法院。

第二十條　警察機關遇當事人或利害關係人對執行保護令之內容有異議時，應告知其得向原核發保護令之法院聲明異議；未經原核發法院撤銷、變更或停止執行之裁定前，仍應繼續執行。

第二十一條　警察機關執行保護令，對於被害人或子女住、居所，應依法院之命令、被害人或申請人之要求，於相關文書及執行過程予以保密。

第二十二條　警察機關發現或經舉報有違反保護令罪之嫌疑者，應即進行調查，並依調查結果檢具事證移送管轄之地方法院檢察署偵辦。

第二十三條　警察機關執行保護令，應製作保護令執行記錄表，並依個案專卷保存。

配合執行保護令之警察機關，應將前項記錄表副送執行該保護令之主辦警察機關保存。

警察機關將保護令執行情形通報地家庭暴力防治中心。

第二十四條　警察機關處理家庭暴力案件，發現被害人有接受心理治療、輔導、安置、法律扶助及緊急診療之需要時，應即通知當地家庭暴力防治中心處理。

警察機關接獲家庭暴力防治中心、醫療院所或對相關單位通報請求協助處理家庭暴力案件時，應即派員協助處理。

第二十五條　本辦法有關執行保護令之規定，於警察人員受檢察官或法院依本法第三十二條規定指揮執行第二十三條第一項、第二十五條第一項、第三十條第二項或第三十一條所附之條件時，準用之。

第二十六條　警察機關於被害人或利害關係人，因被告或受保護管束人違反本法第二十條第一項、第二十五條第一項、第三十條第二項或第三

　　　　十一條規定所附之條件向警察機關舉報時，應詳細詣明違反情
　　　　節，並請其提供相關事證資料。
第二十七條　本辦法自發布日施行。

五、法院辦理家庭暴力案件應行注意事項

壹、民事類

甲、辦理一般民事事件（包括通常事件、簡易事件、小額事件、家事
　　事件及刑事附帶民事事件）部分。

一、（和解及調解之限制）

　　　法院於訴訟或調解程序中，認當事人間有家庭暴力情事，除有下列情形
　　之一者外，不得進行和解或調解：

　　　（一）行和解或調解之人曾受家庭暴力防治之訓練，並以確保被害人安
　　全之方式進行和解或調解。

　　　（二）准許被害人選定輔助人參與和解或調解。

　　　（三）其他行和解或調解之人，認為能使被害人免受加害人脅迫之程
　　序。

二、（得進行和解或調解事由之記載）

　　　法院於訴訟或調解程序中，認當事人間有家庭暴力情事而進行和解或調
　　解時，應將得進行和解或調解之事由載明於筆錄。

乙、辦理家事事件部分

一、（不利推定）

　　　法院依法為未成年子女酌定或收定權利義務之行使或負擔之人時，對已
　　發生家庭暴力力者，推定由加害人行使或負擔不利於該子女。

二、（裁判後發生暴力之改定）

　　　法院依法為未成年子女酌定或改定權利義務之使行或負擔或會面交往之
　　裁判後發生家庭暴力者，法院得依被害人、未成年子女、主管機關、社
　　會福利機構或其他利害關係人之請求，為子女之最佳利益改定之。

三、（准許會面交往時之特別規定）

　　　法院依法准許家庭暴力加害人會面交往其未成年子女時，應審酌子女及
　　被害人之安全，並得為下列一款或數款命令：

　　　（一）命於特定安全場所交付子女。

（二）命由第三人或機關團體監督會面交往，並得定會面交往時應遵守之事項。

（三）以加害人完成加害人處遇計畫或其他特定輔導為會面交往條件。

（四）命加害人負擔監督會面交往費用。

（五）禁止過夜會面交往。

（六）命加害人出具準時、安全交還子女之保證金。

（七）其他保護子女、被害人或其他家庭成員安全之條件。

法院如認有違背前項命令之情形，或准許會面交往無法確保被害人或其子女之安全者，得依聲請或依職權禁止之。如違背前項第六款命令，並得沒入保證金。

法院於必要時，得命有關機關或有關人員保密保護人或子女住居所。

丙、辦理民事保護令事件部分

一、（事務分配）

民事保護令事件，非有必要，不宜由辦理家事事件之專庭或專人以外之人辦理。

二、（事實上夫妻關係之認定）

第三條第二款所稱現有或曾有事實上夫妻關係，直斟酌加害人與被害人間之主觀意願及客觀事實，並參考下列事實妥適認定之：

（一）共同生活時間之長短及其動機；

（二）共同生活費用之多寡及其負擔；

（三）性活活之數數及其頻繁之程序；

（四）有無共同子女；

（五）彼此間之互動關係；

（六）其他足以認定有一般夫妻生活之事實。

三、（保護令之種類）

本法所稱通常保護令，指由法院經審理程序以終局裁定所核發，包括本法第十三條第二項各款內容之保護令。

本法所稱暫時保護令，指於通常保護令聲請前或聲請後，法院不經審理

程序或於審理終結前，依本法第十一條第一項但書或第十五條第一項之聲請，以裁定所核發，包括本法第十三條第二項第一款至第六款及第十二款內容之保護令。

四、（民事保護令之聲請人）

民事保護令事件之聲請人不以被害人為限，即檢察官〕警察機關或直轄市政府、縣市政府均得提出聲請。但依本法第十一條第一書規定聲請暫時保護令者，限於檢察官、警察機關、直轄市政府及縣市政府始得為之，被害人不得聲請。

被害人為未成年人或經宣告禁治產之身心障礙者，除得由其法定代理人、三親等以內之血親或姻親為聲請人，為其向法院聲請保護令外，其本人亦得為聲請人，但仍須由法定代理人代理聲請。

成年之被害人雖未經宣告禁治產，但屬身心障礙者，除其本人得為聲請人外，亦得由其三親等以內之血或姻親為聲請人，為其向法院聲請保護令。

成年之被害人因故難以委任代理人者，亦得由其三親等以內之血親或姻親為聲請人。至所謂「因故難以委任代理人」，宜斟酌下列情形定之：

（一）被害人之身體狀況。

（二）被害人之精神狀況。

（,三）被害人當時之處境。

五、（聲請民事保護令之時間及方式）

民事通常通護令及暫時保護令之聲請，原則上應以書面在上班時間為之。但在急迫情形，檢察官、警察機關、直轄市政府及縣市政府得以言詞、電信傳真或其他科技設備傳送方式為本法第十五條第三項規定暫時保護令之聲請，並得於夜間或休息日為之。

六、（法院受理緊急性暫時保護令聲請之處理程序）

地方法院應設專線，供檢察官、警察機關或直轄市、縣（市）主管機關依本法第十一條第一項但書聲請暫時保護令之用，上班時間接至記錄科，非上班時間接至法警室或法官寓所。

地方法院收受電信傳真方式之聲議書狀後，應即以電話向聲請人查證。
此項查證，得以詢問司法院每三個月發布保密代碼之方式為之。

法院收受聲請書狀後，如發現頁數不全或其他缺漏不明，得以電話或電
信傳真方式通知聲請人補正。如聲請人未依限補正無法命補正，得不予
受理。

上班時間地方法院人員依前項規定處理後，應即在聲請書狀文面加機關
全銜之收文章，註明頁數、時間及加蓋騎縫章，並完成收文程序後，即
送承辦法官辦理。非上班時間應由法官在聲請書狀上載明收受時間後即
刻辦理，或先由法警在書狀上載明收受時間，即刻送請法官辦；理並均
於次一上班之日中午前，將聲請書狀送法院收發室處理。

七、（定法院之管轄及保密被害人住居所之作法）

定法院之管轄，以事件受理時為準。

保護令聲請人或被害人要求保密被害人之住居所者，法院為定管權有調
查被害人住居所之必要時，應單獨訊問聲請人或被害人，並由書記官將
該筆錄及資料密封，不准閱覽。但於法官或檢察官因必要而拆閱時，應
於拆閱後再密封。

八、（視為通常保護令之聲請）

聲請人聲請暫時保護令，如尚未聲請通常保護令，於法院准許核發暫時
保護令後，視為原暫時保護令之聲請人已有通常保護令之聲請，法院應
即通知兩造行審理程序。

前項視為已有通常保護令聲請之情形，原則上應由原核發暫時保護令之
法官繼續審理。

九、（受審後之程序審查）

法院對於民事保護令之聲請事件，在指定審理日前，應先依據書狀審其
是否合法，如認有不合法之情形，而可以補正者，應速定期間命其補
正。若聲請人逾期未為補正或久缺原屬不能補正之要件者，無須進行審
理程序，逕行裁定駁回之。

十、（核發暫時保護之情形）

　　法院受理暫時保護令之聲請，如聲請人能釋明有正當、合理之理由足認已發生家庭暴力事件，而被害人有繼續受相對人虐待、威嚇、傷害或其他身體上、精神上不法侵害之危險，或如不暫時核發保護令將導致無法回復之損害者，得不通知相對人或不經審理程序，逕以書面核發暫時保護令。

十一、（保護令事件之審理方式）

　　保護令事件之審理程序不公開，法院得依職權調查一切可能影響法官裁定之事實及證據，亦得考量非由當事人所提出，但以其他方式所獲知之事實，並得訊問當事人、警政人員、知悉事件始末之人或其他關係人，必要時得行隔別訊別。

十二、（委任代理人及本人到場）

　　保護令事件之聲請人得委任代理人到場，但聲請人為被害人時，法院認為必要時得命本人到場。

十三、（聽取意見）

　　法院核發、變更或撤銷保護令前，宜聽取直轄市政府、縣市政府及社會福利機構之意見。

十四、（訊問時之態度）

　　訊問被害人應以懇切態度耐心為之，對於智障被害人或十六歲以下被害人之訊問，尤應體察其陳述能力不及常人或成年人，於其陳述不明瞭或不完足時，應令其敘明或補充之。

十五、（審理程序中安全措施）

　　法院於保護令事件審理程序中，應切實注意被害人或證人之出庭安全，必要時，得行隔別訊問，或使被害人或證人先行離開法庭，或為其他保護被害人或證人安全之適當措施。

十六、（核發保護令應斟酌之事項及內容）

　　審理終結後，如認為有家庭暴力之事實且有必要者，應核發通常保護令。

　　法院核發通常保護令或暫時保護令時，應斟酌加害人之性格、行為之特

質、家庭暴力情節之輕重、被害人受侵害之程度及其他一切情形，選擇
核發一款或數款內容最妥適之保護令。

法院核發保護令之內容，不受聲請人聲請之拘束，可核發聲請人所聲請
之保護令，亦可依職權核發聲請人聲請之保護令。但於通常保護令事件
核發聲請人所未聲請之保護令前，應令聲請人、相對人及被害人有陳述
意見之機會。

十七、（保護令裁定之記載方式）

保護令之裁定應記載當事人、主文及理由。

法院核發保護令之內容與聲請人聲請之內容不符時，無須於本文為駁回
該部分聲請之諭知。

十八、（核發第十三第二項第六款保護令時應考量事項）

法院於核發本法第十三條第二項第六款之保護令時，應斟酌本法第三十
五條及第三十六條之規定，並切考量子女之最佳利益，其子女為滿七歲
以上之未成年人，除有害其身心健康發展或有其他礙難情形者外，宜聽
取其意見。

十九、（核發第十三條第二項第七款保護令時應考量事項）

法院於核發本法第十三條第二項第七款之通常保護令時，應考量家庭暴
力因素確實保護被害人及其子女之安全，並得視實際情況核發本法第三
十七條第一項各款所定之命令。

二十、（核發第十三條第二項第八款、第九款及第十一次保護令時，應命給付
一定之金額，扶養費部分必要時得命分期給付。

廿一、（保護令之送達）

保護令應於核發後第二十四小時發送當事人、被害人、發生地警察機關
及直轄市、縣市政府。但法院於四小時內核發之暫時保護令，應以電信
傳真或其他科技設備傳送至發生地警察機關。

應送達於被害人之司法文書，如被害人及相對人應受送達處所為同一
者，應分別送達，不得互為代收。

廿二、（抗告及裁定書之付與）

因保護令事件之裁定而權利受侵害者，得為抗告，並得聲請法院付與裁定書。

貳、刑事類

一、（判決中應載明內容）

　　法官辦理刑事家庭暴力案件時，應於判決書中具體載明被告與被害人間具有本法第三條所指之家庭成員關係，並說明其屬本法第二條第二項之家庭暴力罪。

二、（聲請撤銷或變更條件及特別訊問程序之方式）

　　依本法第二十三條第二項及第二十八條第二項所為之聲請，應以書狀敘明理由為之。但於審判期日或受訊問時，得以言詞為之。

三、（文書送達之特別事項）

　　依本法第二十六條及第二十九條規定應送達於被害人之司法文書，如被害人及被告應受送達之處所為同一者，應分別送達，不得互為代收。

四、（告訴人委任代理人之方式）

　　告訴人委任代理人到場者，應提出委任書狀。

五、（撤銷緩刑宣告之方式）

　　依本法第三十條第四項撤銷受保護管束人緩刑宣告，法院不得逕依職權為之。唯由受保護管束人所在地或其最後住所之地方法院檢察署檢察官提出聲請，始符合刑事訴訟法第四百七十六條之規定。

六、檢察機關辦理家庭暴力案件注意事項

一、本注意事項所稱家庭暴力案件，指涉及家庭暴力防治法（以下簡稱本法）所定家庭暴力罪或違反保護令罪之案件。

二、家庭暴力案件之卷面，應加蓋「家庭暴力案件」戳記。如有遺漏，檢察官應注意諭知補蓋。

三、檢察官對於所偵辦之案件，如涉及被告對被害人實施體或精神上不法侵害之行為，應注意其間有無家庭成員關係，及如屬家庭成員時，其行為是否違反法院先前核發之民事保護令，以認定是否為家庭暴力案件。

四、檢察官受理家庭暴力案件，應注意被害人之人身安全是否無虞，例如：被害人是否仍與被告同住、有無繼續受害之可能、可無接受診療之必要等；必要時，並主動聯絡當地家庭暴力防治中心提供協助。

五、家庭暴力罪案件起訴時，應於起訴書事實欄中具體敘明被告與被害人間有家庭成員之關係，並於案由、論罪法條中，敘明係犯家庭暴力罪，以促請院注意。

六、檢察機關應主動對家庭暴力案件之被害人提供關於其得行使之權利、救濟途徑及當地家庭暴力防治中心等相關資訊。

七、對於警察機關依本法第二十二條逮捕移送之現行犯或逕行拘提之被告，檢察官處理時，縱被害人已表明不願起訴，仍應斟酌被害人之安全情形，為適當之處理。

八、警察機關依本法第二十二條第二項規定逕行拘提加害人，而報請檢察官簽發拘票時，檢察官除應注意其是否犯家庭暴力罪嫌重大，且有繼續侵害家庭成員生命、身體或自由之危險外，並應注意是否符合刑事訴訟法第八十八條之一所定逕行拘提之要件。

九、檢察官訊問被告後，認無聲請羈押之必要，而逕命具保、責付、限制住居或釋放者，應斟酌被告繼續威脅被害人人身安全之危險性，必要時，依本法第二十三條第一項之規定，附下列一款台數款條件命被告遵守：

（一）禁止實施家庭暴力行為。

（二）命遷出被害人之住居所。

（三）禁止對被害人為直接或間接之騷擾、接觸、通話或其他聯絡行為。

（四）其他保護被害人安全之事項。

　　前項所附條件，內容應具體明確，檢察官並得依當事人之聲請或依職權撤銷或變更之。

十、被告在偵查中違反檢察官依本法第二十三條第一項所附條件者，檢察官得依本法第二十四條第一項規定，銷原處分，另為適當之處分；如有繳納保證金者，並得沒入其保證金。另得依同條第二項規定，聲請法院羈押之。

十一、檢察官依本法第二十三條所為之附條件處分，應依本法第二十六規定，以書面為之，並送達於被告與被害人。所附條件經撤銷或變更時，亦同。

十二、檢察機關應提供被害侶證人安全出庭之環境與措施。檢察官傳訊家庭暴力案件之被害人或證人時，應主動注意其出庭安全，必要時，得與被告分別時間傳訊，或行隔別訊問，或於訊畢令被害人或證人先行離開偵查庭，或指示法警或志工護送其安全離開檢察機關，或為其他保護被害人或證人安全之適當措施。

十三、檢察官於家庭暴力案件之告訴人依本法第二十八第一項規定，委任代人到場時，應注意有無提出委任書狀。檢察官認為必要時，仍得命本人到場。

十四、檢察官對家庭暴力案件被害人之訊問，應以懇切態度耐心為之。對於智障被害人或十六歲以下被害人之訊問或詰問，得依本法第二十八條第二項規定，依聲請或依職權在法庭外為之，或採取適當隔離措施；訊問時，尤應體察其陳述能力不及常人或成年人，耐心給與充分陳述之機會，詳細調查。

十五、被告所涉家庭暴力罪屬告訴乃論之罪時，為使被害人免受被告脅迫，檢察官應盡量避免勸導息訟。

十六、檢察官認家庭暴力案件被告犯罪情節輕微，而衡量是否依職權為不起訴處分時，應充分考量被害人之安全問題，並宜聽取輔導被害人或被告之直轄市、縣（市）政府或社會福利機構之意見。

十七、檢察官偵辦家庭暴力安件，認有必要傳訊被告或被害人之未成年子女作
　　　證時，應盡量採隔別訊問，並注意其情緒變化，避免使其受過度之心理
　　　壓力；於起訴時，如非必要，應避免於起訴書內引用被告未成年子女之
　　　證詞，作為認足被告罪嫌之唯一佐證。

十八、家庭暴力案件之起訴書、不起訴處分書，應確實依本法第二十九條規
　　　定，送達於被害人。

十九、檢察官開庭或製作書類時，應注意有無對被害人住居所予以保密之必
　　　要，尤應注意不得暴露安置被害人之庇護處所。

二十、家庭暴力案件之受刑人假釋出獄前，檢察官聲請法院付保護管束時，得
　　　於聲請書內載明擬聲請法院命被告於假釋付保護管束期間遵守之事項。

二十一、對檢察官依本法第二十三條第一項所附之條件，及法院依本法第三十
　　　　條第二項或依第三十一條準用第三十條規定，判決或裁定命受保護管
　　　　束人於保護管束期間應遵守之事項，檢察官得發函檢附該命令、判決
　　　　或裁定，指揮司法警察執行之。

二十二、受保護管束人違反法院所命於保護管束期間應遵守事項，且情節重大
　　　　時，檢察官應即檢具事證，向法院聲請裁定撤銷其緩刑之宣告，或通
　　　　知原執行監獄，報請撤銷假釋。

二十三、檢察官執行家庭暴力案件之確定判決時，應於指揮書上記明為家庭暴
　　　　力案件，促請監獄長官於受刑人預定出獄前或脫逃時，依本法第三十
　　　　四條通知被害人。檢察機關並應依監獄長官之請求，協助提供被害人
　　　　之送達處所；該送達處所如屬庇護所或經被害人請求保密時，監獄並
　　　　應注意保密。

二十四、檢察官發現有家庭暴力情事，且被害人聲請保護令有困難或不便者，
　　　　得斟酌個案具體情形，依本法第九條之規定，檢具事證，向法院聲請
　　　　通常保護令。如預期被害人短期內仍有繼續受家庭暴力之可能，但尚
　　　　未至有急迫危險之程度，得聲請核發暫時保護令。

二十五、檢察官發現被害人有受家庭暴力之急迫危險者，得依本法第十一條一
　　　　項但書規定，以言詞、電信傳真或其他科技設備傳送之方式，聲請法

院依本法第十五條第三項核發時保護令，並得於夜間或休息日為之。但非上班時間，應盡量利用法院所設專線，以電信傳真方式聲請。

前項聲請以電信傳真方式為之者，應於聲請書狀前附加首頁，載明送書狀頁數、傳送人姓名、性別、職稱、所屬機關名稱、地址、電話號碼、回傳文件傳真號碼等項。

二十六、檢察官依本法第十一條第一項但書規定提出暫時保護令之聲請後，於法院核發暫時保護令，前得斟酌個案具體情形，令警察人員依本法第四十條第一項第一款規定，在被害人住居所守護或採取其他保護被害人及其家庭成員之必要安全措施。

二十七、檢察官聲請民事保護令時，經斟酌被害人之意願或繼續受家庭暴力之危險性等情形，如認對被害人住居所有保密必要，應在聲請書內載明此要求，並僅記載被害人送達處所。

二十八、檢察官聲請民事保護令，應注意蒐集具體事證，必要時，指揮警察至現場查證，令其作查證報告，併附於聲請書內，或於聲請後儘速補送法院參考。

二十九、檢察機關應與家庭暴力防治中心、警察、衛生、教育等防治家庭暴力有關機關建立聯絡人制度，以加強平時之業務聯繫，提昇被害人救援效能。

附錄二　相關書表格式

一、個案管理工作存檔目錄一覽表

☐ 1. 個案管理服務動態記錄表

☐ 2. 接案記錄表

☐ 3. 開案記錄表

☐ 4. 個案管理服務記錄表

☐ 5. 轉介表

☐ 6. 心理諮商記錄表

☐ 7. 法律諮詢記錄表

☐ 8. 法院陪同出庭記錄表

☐ 9. 法律訴訟相關資料（如驗傷單影本、訴狀影本等）

☐ 10. 財務相關資料（如財產總歸戶清單、各項補助相關資料等）

☐ 11. 其他個人資料（如戶籍謄本影本等）

☐ 12. 結案摘要表

二、個案管理服務動態記錄表

個案管理服務動態記錄表

姓名		性別 □女 □男	生日 年 月 日 ___歲	案件類別 □親密伴侶暴力 □兒少保護 □老人保護 □其他___		
服務期間	機構名稱	服務內容		聯絡人	電話或傳真	結案原因

三、接案記錄表

接案日期：＿＿年＿＿月＿＿日　　　　編號：

婦女姓名		年齡		電話			職業	
聯絡地址					戶籍地址			
婦女婚姻狀況	□已婚＿＿年 □未婚 □配偶遺棄 □同居 □分居＿ □其他＿				教育程度	□不識字 □小學 □國中 □高中 □大專 □大學 □碩士及以上		
婦女來源	□自行求助 □親友求助 □機構轉介＿＿＿＿＿＿ □社工主動發現				聯絡人			
					聯絡人電話			

陳述與求助內容

接案者評估

處理方式

□開案，個管者（姓名）＿＿＿　□暫時不提供服務，理由＿＿＿＿＿＿＿＿

□介紹其他機構，機構名稱＿＿＿＿＿＿＿＿＿＿＿＿　□簡單資訊提供

花費時間：＿＿分	督導		接案者	

四、開案記錄表

開案日期	___年___月___日	案號		個案管理者	

<table>
<tr><td rowspan="7">婦女資料</td><td>姓名</td><td colspan="2"></td><td>出生</td><td>年 月</td><td colspan="2">身份證字號</td><td colspan="2"></td><td>電話</td><td></td></tr>
<tr><td>戶籍</td><td colspan="4"></td><td colspan="2">聯絡地址</td><td colspan="4"></td></tr>
<tr><td rowspan="3">教育程度</td><td colspan="5">□不識字 □小學 □國中</td><td colspan="2" rowspan="3">婚姻狀態</td><td colspan="4">□已婚___年 □未婚</td></tr>
<tr><td colspan="5">□高中 □大專　□大學</td><td colspan="4">□配偶遺棄 □同居</td></tr>
<tr><td colspan="5">□碩士及以上</td><td colspan="4">□分居_____年□其他_____</td></tr>
<tr><td rowspan="2">職業</td><td colspan="7">□軍 □公 □教 □工 □商 □教 □農</td><td>月收</td><td colspan="2" rowspan="2">_____元</td></tr>
<tr><td colspan="7">□服務業 □自由業□家管 □學生 □其他：</td><td>入約</td></tr>
<tr><td rowspan="4">相對人</td><td>姓名</td><td colspan="2"></td><td>出生</td><td>年　月</td><td>關係</td><td colspan="2"></td><td>月收
入約</td><td colspan="2">_____元</td></tr>
<tr><td rowspan="3">教育程度</td><td colspan="5">□不識字 □小學 □國中</td><td rowspan="3">職業</td><td colspan="4">□軍 □公 □教 □工 □商 □教</td></tr>
<tr><td colspan="5">□高中 □大專　□大學</td><td colspan="4">□農 □服務業 □自由業 □家管</td></tr>
<tr><td colspan="5">□碩士及以上</td><td colspan="4">□學生 □其他：_____</td></tr>
<tr><td rowspan="4">重要成員</td><td>姓名</td><td>與婦女關係</td><td>年齡</td><td>教育</td><td colspan="2">職業</td><td colspan="3">與婦女同住否</td><td colspan="2">監護權歸屬</td></tr>
<tr><td></td><td></td><td></td><td></td><td colspan="2"></td><td colspan="3">□是 □否</td><td colspan="2"></td></tr>
<tr><td></td><td></td><td></td><td></td><td colspan="2"></td><td colspan="3">□是 □否</td><td colspan="2"></td></tr>
<tr><td></td><td></td><td></td><td></td><td colspan="2"></td><td colspan="3">□是 □否</td><td colspan="2"></td></tr>
<tr><td colspan="2">婦女來源</td><td colspan="10">□自行求助 □親友求助 □社工主動發現 □機構轉介_____</td></tr>
<tr><td colspan="2" rowspan="2">問題類別</td><td colspan="10">□親密伴侶暴力 □其他家暴_____ □居住 □就業□托育</td></tr>
<tr><td colspan="10">□經濟 □親子教育 □心理 □其他_____</td></tr>
<tr><td colspan="2" rowspan="2">項目服務</td><td colspan="10">□個別諮商 □團體諮商 □兒童諮商 □法律諮詢 □法院陪同</td></tr>
<tr><td colspan="10">□驗傷陪同 □其他_____</td></tr>
</table>

一、家系圖

二、婦女生態圖

三、暴力史與因應模式

四、婦女問題主訴

五、個案管理者初評（婦女擁有的資源、問題解決的助力、阻力）

六、處遇內容

七、未來處遇計畫

| 督導意見 | | 日期 | 年　月　日 |

五、個案管理服務記錄表

案號：_____   個案管理者：_____

聯繫對象 （機構名稱、 接洽者姓名、 電話）	年/ 月/ 日	方　式			服務過程摘述（對方陳 述、個管者處理要點）	後續處遇計畫
		電話	面談	其他		
督導意見						

六、法律諮詢記錄表

時間	__年__月__日	婦女姓名		案號		個管者姓名	
律師姓名		相對人姓名		保護令	□無 □緊急性暫時 □一般暫時 □通常	諮詢____次	進行時間____分

訴訟狀況	□未進行訴訟 □訴訟中；刑事_____民事_____
相關證物	□無 □驗傷單 □錄音帶 □人證 □其他
法律諮詢問題類型	□保護令 □離婚 □傷害 □子女監護權 □子女探視權
	□子女扶養費用 □夫妻財產 □其他_____

一、相關案情簡述：

二、婦女諮詢內容：

三、律師回應及適用法條：

律師簽章：

對此次法律諮詢律師的回答，是否清楚且能夠被理解（請婦女回答）： □是 □否，仍不清楚之處：

督導意見

七、陪同出庭記錄表

時間	__年__月__日	婦女姓名		相對人姓名		庭數 ___ 次	進行時間 __分
法院地點		法官姓名		股　別		個管者姓名	
訴訟類型		法官性別	□男 □女	其　他出席者			

四、庭前狀況

五、庭上狀況

六、庭後狀況

督導意見

八、轉介表

轉介單位：		地址：				電話：	
受理單位		電話		傳真			
婦女資料	姓名		出生	年月		電話	
	戶籍地		居住地		相對人姓名	關係	
	婚姻狀態	□已婚＿＿年　□未婚□配偶遺棄　□同居 □分居＿＿＿年 □其他＿＿＿＿＿					

一、案情簡述（含家系圖、家庭概況、主要問題等）：

二、轉介事由及處遇建議：

轉介日期		個管者：		督導：	

＿＿＿＿＿＿＿＿＿＿＿轉介回報單

受理單位		聯絡人姓名		回覆日期	
聯絡電話		傳真		地址	

處理結果：

□ 接受轉介，處理狀況摘述：

□ 未受案，說明：

九、結案摘要表

婦女姓名		案號		聯絡電話		個管者姓名	
地址			服務時間	__年__月__日 至 __年__月__日			

一、結案原因：
    □已達服務目標：＿＿＿＿＿＿＿＿＿＿＿＿＿＿＿＿＿＿＿
    □婦女無求助意願
    □與婦女失去聯繫達 3-6 個月
    □有後續處遇單位，單位名稱＿＿＿＿＿＿＿聯繫人：＿＿＿＿電話：＿＿＿＿
    □其他：＿＿＿＿＿＿＿＿＿

二、結案過程摘述

三、處遇計畫執行與評估

督導意見

十、家庭暴力與兒少保護事件通報表

※密件	請傳＿＿＿＿＿＿縣（市）政府（社會局／家庭暴力暨（及）性侵害防治中心） 電話：　　　　　　傳真：　　　　　　電子信箱：

家庭暴力與兒童少年保護事件通報表（非性侵害事件）　　　　　　　93.01.01起適用

案件類型：□ 婚姻／離婚／同居關係暴力 □兒少保護 □ 老人虐待 □ 其他

<table>
<tr><td rowspan="6">通報人</td><td colspan="2">通報單位</td><td colspan="4">□ 醫院 □ 診所 □衛生(所/局;心理衛生中心) □警政 □ 社政 □ 教育 □ 司法 □ 一一三 □ 防治中心□ 其他</td></tr>
<tr><td colspan="2">通報人員</td><td colspan="4">□ 醫護人員 □ 警察人員 □ 社會工作人員 □ 教育人員 □ 保育人員 □ 司法人員 □ 其他＿＿＿＿</td></tr>
<tr><td colspan="2">單位名稱</td><td colspan="2"></td><td colspan="2">受理單位是否需回覆通報單位：□是 □否</td></tr>
<tr><td colspan="2">姓名</td><td>職稱</td><td></td><td>電話</td><td></td></tr>
<tr><td colspan="2">受理時間</td><td colspan="2">年　月　日　時　分</td><td>通報時間</td><td>年　月　日　時　分</td></tr>
</table>

<table>
<tr><td rowspan="8">受保護／被害人</td><td colspan="2">姓名</td><td>性別□男□女</td><td>出生日期</td><td>年　月　日</td><td colspan="2">身分證號碼（或護照號碼）</td></tr>
<tr><td rowspan="3">籍　別</td><td colspan="6">□ 本國籍非原住民　□ 無國籍　□ 資料不明</td></tr>
<tr><td colspan="6">□ 本國籍原住民□ 布農□ 排灣□ 賽夏□ 阿美□ 魯凱□ 泰雅□ 卑南達悟(雅美)□ 鄒□ 邵□噶瑪蘭□ 其他＿＿＿</td></tr>
<tr><td colspan="6">□ 大陸籍□ 港澳籍□ 外國籍（□泰國□ 印尼□ 菲律賓□ 越南□ 柬埔寨□ 其他＿＿＿＿）</td></tr>
<tr><td colspan="7">教育程度：□ 國小 □ 國中□ 高中（職）□ 專科 □ 大學 □ 研究所以上 □ 不識字 □ 自修 □ 不詳</td></tr>
<tr><td colspan="7">戶籍地址：</td></tr>
<tr><td colspan="7">聯絡地址：</td></tr>
<tr><td colspan="7">電話:宅：　　　　　公：　　　　　行動：</td></tr>
</table>

安全聯絡人：　　　　　電話：　　　　　與受保護（被害）人關係：

<table>
<tr><td rowspan="7">相對人</td><td colspan="2">姓名</td><td>性別□男□女</td><td>出生日期</td><td>年　月　日</td><td colspan="2">身分證號碼（或護照號碼）</td></tr>
<tr><td rowspan="3">籍　別</td><td colspan="6">□ 本國籍非原住民　□ 無國籍　□ 資料不明</td></tr>
<tr><td colspan="6">□ 本國籍原住民□ 布農□ 排灣□ 賽夏□ 阿美□ 魯凱□ 泰雅□ 卑南達悟(雅美)□ 鄒□ 邵□噶瑪蘭□ 其他＿＿＿</td></tr>
<tr><td colspan="6">□ 大陸籍□ 港澳籍□ 外國籍（□泰國□ 印尼□ 菲律賓□ 越南□ 柬埔寨□ 其他＿＿＿＿）</td></tr>
<tr><td colspan="7">戶籍地址：</td></tr>
<tr><td colspan="7">聯絡地址：</td></tr>
<tr><td colspan="7">電話:宅：　　　　　公：　　　　　行動：</td></tr>
</table>

其他可聯絡之親友：　　　　　電話：

具體事實	一、發生時間：　　年　月　日　時 二、發生地點：　　縣（市）　　鄉（鎮、市、區）　　村（里）　鄰　　路 　　　　　　　　段　巷　弄　　號之　樓 三、案情陳述：

家庭暴力事件(婚姻／離婚／同居／老人／其他)	兒童及少年保護案件
一、兩造關係： 　□ 婚姻中（□ 共同生活 □ 分居） 　□ 離婚（□ 共同生活 □ 分居） 　□ 現有或 □ 曾有： 　□ 事實上夫妻關係　□ 家長家屬　□ 家屬間 　□ 直系血親　　　　□ 直系姻親 　□ 四親等內旁系血親□ 四親等內旁系姻親（關係 　描述：＿＿＿＿）□ 其他：（＿＿＿＿） 二、建議向需協助事項：□ 驗傷□ 診療 □ 經費補助 　□ 法律扶助 □ 心理治療與輔導 □ 緊急安置／ 　庇護□ 聲請保護令□ 戶政問題協助 　□ 協助報案□ 其他＿＿＿＿	一、相對人身分：□ 父□ 母□ 養父□ 養母□ 照顧者□ 機構人員 　□ 母之同居人或繼父□ 父之同居人或繼母□ 親戚（＿＿） 　□ 其他＿＿＿ 二、就學狀況：□ 未入學□ 學前教育 □ 就學中□ 輟學 □休學 □ 未再升學□ 就讀學校：＿＿＿＿ 三、通報依據：兒童及少年福利法（詳閱背面，請勾選） 　□ （一）第26條第1項第2款。 　□ （二）第28條第1項。 　□ （三）第30條：第＿＿＿款。 　□ （四）第36條第1項：第＿＿＿款。 　□ （五）遭受其他傷害之情形：＿＿＿＿

備註	一、依家庭暴力防治法第41、51條及兒童及少年福利法第34條規定，各相關人員在執行職務時知有家庭暴力之犯罪嫌疑者或兒童及少年保護事件，應立即以任何方式通報當地主管機關，並於二十四小時內填具本通報表送當地主管機關，未盡通報責任者，依法應處新臺幣六千元以上三萬元以下罰鍰。 二、通報單位應主動確認受理單位是否收到通報，通報單位須自存乙份。 三、通報時應注意維護被害人之秘密及隱私，不得洩露或公開。

（背面）
兒童及少年福利法
（一）第 26 條第 1 項第 2 款：
施用毒品、非法施用管制藥品或其他有害身心健康之物質。
（二）第 28 條第 1 項：
充當酒家、特種咖啡茶室、限制級電子遊戲場及其他涉及賭博、色情、暴力等足以危害其身心健康場所之侍應。
（三）第 30 條：任何人對兒童及少年不得有下列行為：
第 1 款：遺棄。
第 2 款：身心虐待。
第 3 款：利用其從事有害健康等危險性活動或欺騙之行為。
第 4 款：利用身心障礙或畸形兒童供人參觀。
第 5 款：利用其行乞。
第 6 款：剝奪或妨礙其接受國民教育之機會。
第 7 款：強迫其婚嫁。
第 8 款：拐騙、綁架、買賣、質押，或以其為擔保之行為。
第 9 款：強迫、引誘、容留或媒介其為猥褻行為或性交。
第 10 款：供應刀械或其他危險物品。
第 11 款：利用其拍攝或錄製暴力、猥褻、色情或其他有害其身心發展之出版品、影片、光碟、網際網路或其他物品。
第 12 款：違反媒體分級辦法，對其提供或播送有害其身心發展之出版品、影片、光碟、網際網路或其他物品。
第 13 款：帶領或誘使其進入有礙其身心健康之場所。
第 14 款：其他利用其犯罪或為不正當之行為。
（四）第 36 條第 1 項：生命、身體或自由有明顯而立即之危險者：
第 1 款：未受適當之養育或照顧。
第 2 款：有立即接受診治之必要，但未就醫者。
第 3 款：遭遺棄、虐待、押賣，被強迫或引誘從事不正當之行為或工作者。
第 4 款：遭受其他迫害，非立即安置難以有效保護者。

十一、警察機關處理家庭暴力與兒少保護案件調查記錄（通報）表

警察局 分局處理家庭暴力與兒少保護案件調查記錄（通報）表								

通報人	職稱姓名：					電話：		
	接收通報單位是否需回覆通報單位：□是□否							
	受理時間　年　月　日　時					通報時間　年　月　日　時		

通報方式	□通報（縣市名稱）家庭暴力暨性侵害防治中心							
	電話：　　　　傳真：　　　　接收通報人：							
	□通報(該縣市其他受理機關)電話：　　傳真：　　接收通報人：							

被害人	姓　名		性別	□男 □女	出生日期		民國　年　月　日	
	職　業	教育程度		國民身分證統一編號 （護照或居留證號）				
	住居所	戶籍地：	市縣（市） 鄉鎮		區	聯絡地址：			
	身分別	□本國（□原住民　　族） □大陸籍□港澳籍 □外國籍（請註明：　　　） □無國籍 □資料不明（請註明：　　　）			電話		現住地： 工作場所： 行動電話： 其他可聯絡之親友姓名： 電話： 地址：		

相對人	姓　名		性別	□男 □女	出生日期		民國　年　月　日	
	職　業	教育程度		國民身分證統一編號 （護照或居留證號）				
	住居所	戶籍地：	市縣（市） 鄉鎮		區	聯絡地址：			
	身分別	□本國（□原住民　　族） □大陸籍□港澳籍 □外國籍（請註明：　　　） □無國籍 □資料不明（請註明：　　　）			電話		現住地： 工作場所： 行動電話： 其他可聯絡之親友姓名： 電話： 地址：		

| 家庭暴力案件 | 一、被害人、相對人兩造關係？□婚姻中（□共同生活□分居）□離婚；□現有或□曾有下列關係：□事實上夫妻關係□家長家屬□家屬間□直系血親□直系姻親□四親等內旁系血親□四親等內旁系姻親。（關係描述：　　　　　）
　　家庭暴力類型：□婚姻關係暴力□離婚關係暴力□同居關係暴力□兒童虐待□少年虐待□老人虐待□兄弟姊妹間暴力□其他：
二、發生時間：____年____月____日____時　　發生地點：場所（　　　　　　）
　　地址：_____
　　發生原因：□感情問題□外遇□個性不合□生活習慣不合□慣常虐待□財務問題□親屬間相處問題□不良嗜好□賭博□酗酒□施用毒品、禁藥或迷幻物品□精神異常□出入不正當場所（場所種類：_____）□缺乏親職知識□兒童身心疾病□對子女教養態度□其他：
三、被害人是否曾因受家庭暴力向警察機關請求協助？□否□是，方式為□報案□告訴，共____次，最近一次時間：____年____月____日
四、被害人及其家庭成員是否遭受身體上不法侵害？□否□是，如是，身體上遭何種侵害？□傷害□殺人□殺人未遂□妨害性自主□妨害自由□其他。
　　何人遭攻擊：_____。遭何人攻擊：_____。如何攻擊：_____。
　　是否受傷？□否□是，如是，受傷部位為何？_____
　　是否使用武器或工具？□否□是，如是，武器或工具種類？_____
　　是否驗傷？□否□是，如是，是否開具驗傷單？□否□是。
五、相對人是否對被害人及其家庭成員恐嚇、辱罵及其他精神不法侵害？
　　□否□是，內容為何_____
六、是否有任何財物毀損？□否□是
　　（財物內容：_____財物所有人：_____何人毀損：_____）
七、本案有無其他兒童或少年遭受家庭暴力？□無□有，如有，姓名：_____
　　本案有無兒童或少年目睹家庭暴力？□無□有，如有，姓名：_____
　　是否有其他證人？□無□有，如有，與被害人之關係？_____ |||||||||

證人基本年籍資料：（姓名：_____ 性別：□男□女　出生年月日：_____

身分證字號：_____　　　　　）

住居所：_____　　　　　　　　電話：_____

八、相對人以前是否曾對被害人及其家庭成員實施暴力行為？□否□是，如是共 次，
最近一次時間：　年　月　日

九、相對人以前是否曾因家庭暴力罪被捕？□否□是，如是，被害者何人：

十、相對人以前是否曾因家庭暴力行為被法院核發保護令？□否□是，如是，
共___次

十一、相對人以前是否曾以言詞或文字恐嚇被害人不得報警或尋求協助？□否□是

十二、本案相對人有無下列情事？□無□有（□酗酒□施用毒品□施用迷幻物品□施用
禁藥□其他：_____）

十三、被害人及其家庭成員有無需要協助？□無□有（□緊急診療□緊急安置□法律扶助
□心理治療□安全護送□住居守護□生活扶助□職業輔導□其他_____

十四、被害人是否要求其本人或子女住居所予以保密？□是□否

十五、本案被害人有無受家庭暴力之急迫危險？□無　□有，並由警察分局聲請緊急性
暫時保護令

十六、本案是否要請保護令？□否□是，□代為聲請（□通常保護令□一般性暫時保護
令）；□自行聲請

十七、本案是否製作其他記錄？□無　□有；□家庭暴力案件現場報告表□其他：

十八、本家庭暴力案涉及_____ 罪名，□非告訴乃論□告訴乃論：□提出告訴
□暫不提告訴□不提告訴；

相對人之處置：□未拘捕　□拘捕：□以（準）現行犯逮捕□逕行拘提。

十九、其他補充意見：_____

前調查記錄經被害人閱覽或向其朗讀無訛後，始簽名捺印。

被害人：_____　　（法定代理人：_____　）

處理單位：_____　　主管核章：_____　　處理員警：_____

兒童及少年保護案件	一、就學狀況：□未入學□學前教育□就學中□輟學□休學□未再升學　就讀學校： 二、健康狀況： 三、被害人、相對人兩造關係：□父□母□養父□養母□照顧者□機構人員□繼父或母之同居人□繼母或父之同居人□親戚□其他 四、通報依據：兒童及少年福利法 （一）第36條第1項：生命、身體或自由有明顯而立即之危險者：□未受適當之養育或照顧□有立即接受診治之必要，但未就醫者□遭遺棄、虐待、押賣，被強迫或引誘從事不正當之行為或工作者□遭受其他迫害，非立即安置難以有效保護者。 （二）第30條：□遺棄□身心虐待□利用其從事有害健康等危險性活動或欺騙之行為□利用身心障礙或畸形兒童供人參觀□利用其行乞□剝奪或妨礙其接受國民教育之機會□強迫其婚嫁□拐騙、綁架、買賣、質押，或以其為擔保之行為□強迫、引誘、容留或媒介其為猥褻行為或性交□供應刀械或其他危險物品□利用其拍攝或錄製暴力、猥褻、色情或其他有害身心發展之出版品、影片、光碟、網際網路或其他物品□違反媒體分級辦法，對其提供或播送有害身心發展之出版品、影片、光碟、網際網路或其他物品□帶領或誘使其進入有礙身心健康之場所□其他利用其犯罪或不正當之行為。 （三）第26條第1項第2款：□施用毒品、非法施用管制藥品或其他有害身心健康之物質。 （四）第28條第1項：□充當酒家、特種咖啡茶室、限制級電子遊戲場及其他涉及賭博、色情、暴力等足以危害其身心健康場所之侍應。 （五）遭受其他傷害之情形：

一、依家庭暴力防治法第四十一、五十一條規定及兒童及少年福利法第三十四條規定，各相關
人員在執行職務時知有家庭暴力之嫌疑者或兒童及少年保護事件，應通報當地主管機關；
未盡通報責任，依法應處新台幣六千元以上三萬元以下罰鍰（兒少保護案件如涉及家庭成
員間之暴力，優先用家庭暴力案件處理；如發生在非家內之暴力案件，用兒少保護案件
表）

二、**本調查記錄表為處理家庭暴力與兒童及少年保護案件共用之通報表，請於受理時間起二十
四小時內以傳真、影印郵寄或 E-Mail 為之均可**，通報各地方主管機關，通報時應注意維
護被害人之隱私，不得洩漏或公開。若需受理單位回覆處理者，請勾選，受理單位責任社
工應盡速電話聯繫回覆。

三、本記錄表一式四聯，第一聯報分局（白）、第二聯交被害人（黃）（兒少保護案件由處理
單位併第四聯存查）、第三聯陳報警察局（藍）、第四聯處理單位存查（紅）。

十二、民事通常保護令聲請書

民事通常保護令聲請書狀

聲請人（即）　　　設（住）
法定代理人　　　　住
代理人　　　　　　住
被害人　　　　　　□男、□女　住
　　　　　　　　　　　　送達處所：
相對人　　　　　　□男、□女　住

為聲請民事通常保護令事：

聲請意旨

聲請對相對人核發下列內容之通常保護令（請勾選符合您所欲聲請之保護令內容）：

□相對人不得對下列之人實施身體或精神上不法侵害之行為：□被害人；□被害人子女（姓名）_____；□被害人其他家庭成員（姓名）　　。

□相對人不得直接或間接對於被害人為下列聯絡行為：□騷擾；□通話；□通信；□其他_____。

□相對人應在　　年　　月　　日　　時前遷出被害人之下列住居所：　　，將全部鑰匙交付被害人。□相對人不得就上開不動產（包括建物及其座落土地）為任何處分行為；亦不得為下列有礙於被害人使用該不動產之行為：□出租；□出借；□設定負擔；□其他_____。

□相對人應遠離下列場所至少　　公尺：

□被害人住居所（地址：_____）；

□被害人學校（地址：_____）；

□被害人工作場所（地址：_____）；

□其他被害人或其特定家庭成員經常出入之場所及其地址：
　　_____。

□相對人應遠離下列區域□___縣（市）___鄉鎮市___以東___以西___以南___以北。□___鄰里。□其他_____。

□下列物品之使用權歸被害人：□汽車（車號：_____）；□機車（車號：_____）；□其他物品____。□相對人應於___年___月___日___時前，在_____將上開物品連同相關證件、鑰匙等交付被害人。

□下列未成年子女權利義務之行使或負擔，由□被害人、□相對人、□被害人及相對人共同，以下述方式任之：未成年子女姓名、性別、出生年月日、權利義務行使負擔之內容及方法：
　　_____
　　_____

□相對人應於___年___月___日___午___時前，將子女_____交付被害人。

□相對人得以下列方式與前開未成年子女會面交往：_____
　　_____
　　_____
　　_____

□相對人不得與前開未成年子女為任何會面交往。

□相對人應按月於每月_____日前給付被害人：□住居所租金（新臺幣，下同）_____元、□扶養費_____元、□未成年子女（姓名）之扶養費_____元。

□相對人應交付下列費用予被害人或特定家庭成員（姓名）_____：□醫療費用_____元、□輔導費用_____元、□庇護所費用_____元、□財物損害費用_____元、□其他費用元。

□相對人應完成下列處遇計畫：□戒癮（□酒精、□藥物濫用、□毒品、□其他_____）治療、□精神治療、□心理輔導、□其他_____。

□相對人應負擔律師費_____元。

□其他保護被害人及其特定家庭成員之必要命令

_____

_____

_____

□程序費用由相對人負擔。

原因事實

（請勾選符合您本件聲請之事實，如有其他補充陳述，請在「其他」項下填寫）

（一）被害人、相對人之關係：□婚姻中（□共同生活□分居）□離婚；□現有或□曾有下列關係：□事實上夫妻關係□家長家屬□家屬間□直系血親□直系姻親□四親等內旁系血親□四親等內旁系姻親□其他：_____。

（二）被害人之職業_____、經濟狀況_____、教育程度_____；相對人之職業_____、經濟狀況_____教育程度_____；□有共同子女_____人；其中未成年子女_____人，姓名及年齡_____。

（三）家庭暴力發生之時間、原因、地點：

發生時間：___年___月___日___時___分

發生原因：□感情問題□個性不合□口角□慣常性虐待□酗酒□施用毒品、禁藥或其他迷幻藥物□財務問題□兒女管教問題□親屬相處問題□不良嗜好□精神異常□出入不當場所（場所種類：_____）□其他：_____。

發生地點：_____。

（四）被害人及其家庭成員是否遭受相對人暴力攻擊？□是□否；如是，遭受攻擊者姓名：_____，係□兒童□少年□成人□老人。

遭受何種暴力？□普通傷害□重傷害□殺人未遂□殺人□性侵害□妨害自由□其他_____。

攻擊態樣：□使用槍枝□使用刀械□使用棍棒□徒手□其他：

_____。

是否受傷？□是□否，如是，受傷部位 ＿＿＿＿ 。

是否驗傷？□是□否，如是，是否經醫療院所開具驗傷單？□是□否。

（五）被害人及其家庭成員是否遭受相對人恐嚇、脅迫、辱罵及其他精神上不法侵害？□是□否，如是，其具體內容為：＿＿＿＿ 。

（六）是否有任何財物毀損？□是□否，如是，被毀損之物品為： ，屬於＿＿＿＿所有。

（七）相對人以前是否曾對被害人及其家庭成員實施暴力行為？□是□否，如是，共 ＿＿＿＿ 次，最近一次之時間： ＿＿＿ 年 ＿＿＿ 月 ＿＿＿ 日，被害人：＿＿＿＿ 。

相對人以前是否曾因家庭暴力行為，經法院核發民事保護令？□是□否，如是，共 ＿＿＿ 次。

（八）相對人以前是否曾以言詞、文字或其他方法恐嚇被害人不得報警或尋求協助？□是□否。

（九）相對人以前是否曾受□戒癮（□酒精、□藥物濫用、□毒品、□其他＿＿＿＿）治療、□精神治療、□心理輔導？如是，其治療或輔導機構為：＿＿＿＿成效如何？＿＿＿＿ 。

（十）被害人希望相對人交付物品之場所為：＿＿＿＿＿＿＿ 。

被害人是否要求對其本人及子女之住居所予以保密？□是□否。

其他：＿＿＿＿＿＿＿ 。

證據

（一）證人姓名及住所：

（二）證物：

此致

臺灣　　　　地方法院家事法庭

具　狀　人　　　　　（蓋章）

法定代理人　　　　　（蓋章）

代　理　人　　　　　（蓋章）

撰　狀　人　　　　　（蓋章）

中華民國　　　　年　　　　月　　　　日

十三、家庭暴力安全計畫書

家庭暴力安全計畫書	
當我與施暴者還居住在一起時：	
1.	我可以將我的處境告訴我可以信任的家人、同事、老闆、朋友。
2.	我可以訂一個「暗號」當我需要幫助可用案好讓他們知道我需要幫助。
3.	當我意識到暴力即將發生時，我會設法讓施暴者冷靜下來，並設法到家中比較安全的地方去，保護自己的安全。
4.	我會告訴較年長的子女，如果遇到緊急狀況，設法保護自己的安全，向外求助，不要和施暴者有正面衝突，並教導我的子女如何打電話報警。
5.	我會告訴子女一個暗號，看到暗號就不要進入，應立即打電話求助。
6.	我應將一些錢、證件等重要物品訪在我認為安全的地方，緊急時我可以帶著這些必需品離開。
7.	當我遭受暴力傷害時，我可以到醫院驗傷，以保留證據。
當我已經決定離開施暴者時：	
1.	如果我已經決定離開，我要記得帶：身份證、健保卡、駕照、提款卡、信用卡、銀行存摺、印章、支票簿、錢、聯絡電話簿、戶籍騰本、驗傷單。
2.	我可以到警察局、家庭暴力防治中心去請求協助聲請保護令，我也可以直接到法院聲請保護令。
我已經離開施暴者時：	
1.	我有權不接受騷擾電話，我可以利用電話答錄機或請家人、同事、老闆、朋友幫我過濾電話和訪客。
2.	我可以隨時變更我的電話號碼或請我信任的人當發現我的加害人再度騷擾、侵害我時，幫我打電話報警。
3.	當我下班時，我可以變換路線回家。
4.	當我需要有關家庭、婚姻、法律或情緒方面的諮商時，我可以打 113（婦幼保護專線）電話和設工員晤談。
5.	我知道離家最近的警察局、醫院的地點。
當保護令核發後：	
1.	保護令核發時，我應該隨身攜帶一張保護令，並留一張影印本給大廈管理員、警衛及我信任的親戚或朋友。
2.	當施暴者違反保護令時，如：電話騷擾、跟蹤、未遠離我的住所、繼續侵害我時我應該立即打「110」電話報警。
緊急救援電話號碼：全國婦女保護專線 113	

十四、家庭暴力被害人保護服務方案流程

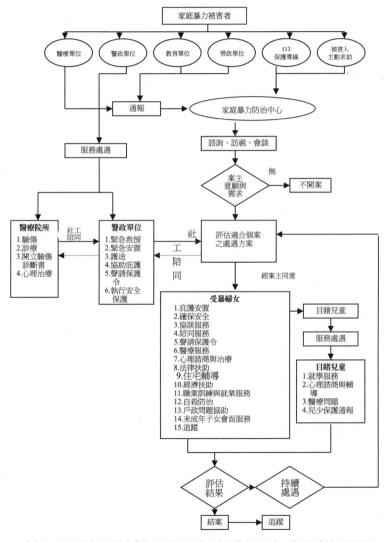

參考內政部家庭暴力防治委員會所訂定之各縣市家庭暴力防治中心受理個案流程圖及祝
健芳（2002）家庭暴力被害人保護流程圖

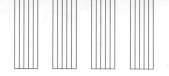

地址：_____

姓名：_____

 麗文文化事業股份有限公司
Liwen Publishers Co.,Ltd.

麗文文化·巨流圖書·高雄復文·駱駝

通訊地址：80252高雄市五福一路41巷12號

電話：07-2265267 /07-2261273 傳眞：07-2264697

e-mail1:liwen@liwen.com.tw

e-mail2:fuwen@liwen.com.tw

網址：http://www.liwen.com.tw

收

....

請沿虛線對摺，謝謝！

麗文文化事業股份有限公司
Liwen Publishers Co.,.Ltd.

麗文文化·巨流圖書·高雄復文·駱駝

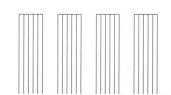

巨流圖書股份有限公司
CHULIU BOOK COMPANY

閱讀是個人內涵的累積.閱讀是生活質感的提升

感謝您購買我們的出版品，請您費心填妥此回函，您的指教是我們真誠的希望，我們也將不定期寄上麗文文化事業機構最新的出版訊息。

讀者回函

姓名：	出生： 年 月 日
性別：	聯絡電話：
郵區：	E-MAIL：
連絡住址：	
書名：	

教育程度：□國小□國中□高中/職□專科□大學□研究所以上

職業：□學生 □教師□軍警□公 □商/金融 □資訊業□服務業□傳播業
　　　□出版業□家管□SOHO族 □銷售業 □其他＿＿＿＿＿＿＿＿＿

您如何發現這本書？
□書店□網路□報紙□雜誌□廣播□電視□親友推薦□其他＿＿＿＿＿＿

您從何處購得此書？
□大型連鎖書店□傳統書店□網路□郵局劃撥□傳真訂購□其他＿＿＿＿

您喜歡閱讀哪些類別的書籍？
□哲學□教育□心理□宗教□社會科學□傳播□文學□傳記□財經商業
□資訊□休閒旅遊□親子叢書□其他＿＿＿＿＿＿＿＿＿＿＿＿＿＿＿

您購買此書的原因：

＿＿＿＿＿＿＿＿＿＿＿＿＿＿＿＿＿＿＿＿＿＿＿＿＿＿＿＿＿＿＿

您對我們的建議：

＿＿＿＿＿＿＿＿＿＿＿＿＿＿＿＿＿＿＿＿＿＿＿＿＿＿＿＿＿＿＿